KB151548

판결과 기록의 공개, 그리고 투명한 사법

이 상 원

景仁文化社

책머리에

우리 사회가 변하고 있다. 아니 소용돌이치고 있다. 지위 자체로 안일하게 유지되던 전통적인 권위가 무너져 내리고 있다. 권력의 대상이던 필부필녀가 국민의 이름으로 권력의 전면에 나서고 있다. 인터넷의 발달은 그러한 권력을 가속화시키고 현실화시켰다. 국민이 지지하지 않는 권력은 화무십일홍이다.

사법부 역시 이에서 자유롭지 아니하다. 어쩌면 우리 사회의 이해대립이 극한으로 내달아 정상적인 정치과정에서 해결되지 못한 채 밀려드는 아우성을 감당하여야 하는 최후의 보루인 사법부로서는 국민의 신뢰와 지지가 그 존립기반 자체인지도 모른다. 이제 장막의 저편에서 신비에 가려진 권위는 더 이상 존재하기 어려운 상황이 되었다. 국민이 신뢰할 수 있는 권위, 국민이 의지할 수 있는 권위만이 권력을 가질 수 있다. 결정의 과정과 결과가 비밀에 싸인 채 남아 있는 재판은 신뢰받지 못한다. 투명한 사법만이 신뢰를 받을 수 있다. 재판은 공개되어야 한다.

이 책은 이런 문제의식하에서 재판의 공개에 눈을 돌렸다. 그리고 그와 관련하여 최근 논쟁이 된 재판기록과 판결서의 공개에 관하여 고민해보고자 하였다. 2011년 민사소송법과 형사소송법의 개정에도 불구하고 이에 관하여는 아직 많은 문제점이 남아 있다. 이 책은 그런 문제점을 드러내고 나름대로의 해결책을 모색하여 보았다. 그러나 필자의 아둔함과 게으름은 현황에 대한 깔끔한 그림도, 대책에 대한 쓸모 있는 그림도 그릴 수 없게 하였다.

그럼에도 불구하고 설익은 과일을 따 이 책에 담은 이유는, 보다 완성된 연구를 그리며 꿈만 꾸다가 허공에 내짓는 손짓이 오히려 무의미 하리라는 생각에 의지하여, 후일 필자를 포함한 누군지 모를 연구자가 냇물을 건널 때 징검다리로 쓰일 조악한 조약돌 하나라도 놓는 것이 설익은 과일을 따는 뻔뻔함으로 오는 수치심을 피하는 것보다는 낫겠다는 생각에 이르렀기 때문이다.

부족한 책임에도 이 책이 빛을 보는 데 흔쾌한 도움을 주신 경인문화사의 사장님, 신학태 부장님께 마음 속 깊은 감사를 드린다.

2012년 1월
저자 씀

차 례

제4장 재판공개 관련 입법의 최근 현황 113

제5장 재판공개의 방안 135

제6장 결론 199

참고문헌 203

별첨 211

제1장 서론

우리 헌법은 제27조 제3항에서 "형사피고인은 상당한 이유가 없는 한 지체 없이 공개재판을 받을 권리를 가진다."고 규정하여 공개재판을 받을 권리를 형사피고인의 기본권으로 명시하고 있는 한편, 제109조에서 "재판의 심리와 판결은 공개한다."라고 규정하여 형사재판뿐만 아니라 재판 일반에 대하여 그 심리와 판결을 공개하도록 함으로써, 공개재판을 제도적으로 보장함과 동시에 기본권으로서 보장하고 있다.

이처럼 재판의 공개가 헌법적으로 요청됨에도 불구하고 현실에서는 충분하게 공개가 이루어지고 있지 않다는 비판이 지속적으로 있어 왔고 근자에 이르러서는 특히 재판기록과 판결문을 둘러싸고 그 공개에 대한 구체적인 요구가 정치적, 사회적으로 나타났다.

2003. 10. 28. 대법원에 설치되었던 사법개혁추진위원회는 2004. 12. 31. 그 활동을 종료하면서 '사법개혁을 위한 건의문'을 대법원장에게 제출하였다. 이 건의문은 그 'VII. 추가심의안건'의 항 중 '1. 재판기록 및 재판정보의 공개'에서 판결과 재판기록의 공개에 관하여 다음과 같은 내용을 건의하였다. 이 건의문은 2004. 1. 12. 대통령에게 전달되었다.

헌법과 법률에 재판공개의 원칙이 규정되어 있음에도 재판기록 및 정보의 공개가 미진하다는 지적이 있어 왔습니다.

재판기록 및 정보의 공개는 재판의 적정성 여부를 판단하는 기본자료가 되기 때문에 법관에 대한 평가의 중요한 자료가 될 것이며, 재판 내용의 확인을 통하여 사법절차를 보다 더 투명하게 하고 나아가 재판에 대한 국민의 신뢰를 제고하는데 기여할 수 있을 것입니다.

현재 법원이 보관하는 민사재판기록에 대하여는 이해관계를 소명하면 열람할 수 있습니다. 검찰청에서 보관하는 형사재판확정기록의 경우 피고인을 제외한 피해자나 참고인 등에 대하여는 검찰보존사무규칙에 의하여 본인의 진술이 기재된 서류 등에 한하여 열람·복사가 허용되고 있습니다.

앞으로 재판기록의 공개 범위를 더 확대하는 방안을 강구할 필요가 있습니다. 다만, 기록공개가 제한 없이 확대될 경우 소송당사자의 프라이버시가 침해되거나 공개에 소요되는 비용이 엄청나게 증가하게 되는 등의 문제가 있으므로 프라이버시 보호문제나 비용문제 등 제반 여건을 고려하여 탄력적으로 시행해야 할 것입니다.

특히 기소된 형사사건의 경우에는 수사 및 재판기록에 대하여 피해자 및 그 가족 등의 열람권을 합리적인 범위 안에서 확대 인정하되, 이를 법률로서 규정하는 방안을 검토할 필요가 있습니다.

한편 현재 주요 판시사항이 포함된 대법원판결문은 대법원에서 비실명처리를 한 후 대법원홈페이지, 판례공보 등을 통하여 일반 공중에게 공개하고 있으나, 1·2심 판결의 경우에는 재판부에서 중요한 판결로서 제출하여 하급심판결집, 하급심판결공보에 수록되는 것에 한하여 공개하고 있습니다.

하급심 판결의 경우 하급심판결공보 등의 수록 범위를 점차 확대시키고 각급 법원의 웹사이트 등을 이용하여 신속하게 주요 최신 판결을 비실명처리 후 공개하는 방안을 검토할 필요가 있습니다. 다만, 전면적 공개까지 이어지려면 프라이버시 침해 문제의 발생 방지를 위한 비실명 처리비용이 막대하게 소요되므로, 그와 연계하여 공개범위를 확대하여 나갈 필요가 있습니다. 원칙적으로 공개에 소요되는 비용은 국가가 부담하는 것이 바람직합니다.

사법개혁위원회의 활동이 종료될 무렵인 2004. 11. 2. 대법원장이 대통령에게 후속추진기구의 설치를 건의하고 이에 2004. 12. 15. 제정·공포된 사법제도개혁추진위원회 규정에 따라 구성된 사법제도개혁추진위원회가 2005. 1. 18. 제1차 회의를 열고 활동을 시작한 이래[1] 형사소송법 등 법률 및 대법원규칙 등 법규의 정비가 있었고, 법원에서도 공개의 범위를 확대하여 왔다.

그러나 재판공개에 대한 요청은 현재진행형이다. 특히 제18대 국회에 설치된 사법개혁특별위원회에서는 사법개혁을 위한 여러 논의를 진행하고 있는데, 2011. 3. 10. 위 특별위원회 6인 소위원회가 도달한 합의사항 중에는 판결문과 법원작성 증거목록의 공개를 요구하는 내용이 있다. 또한 현재 국회에는 재판공개에 관한 많은 법률안이 제출되어 있다. 현재 이러한 요청은 판결문과 소송기록의 공개를 둘러싸고 이루어지고 있다.

이러한 재판공개의 요청은 위 건의문에서 제시한 바와 같이 재판의 공정성을 확보하고 사법절차를 투명하게 함으로써 사법부에 대한 국민의 신뢰를 높이고자 하는 것이다. 그러나 재판공개가 이러한 가치를 추구하는 이면에는 역시 보호되어야 하는 다른 이익들의 침해가 뒤따를 위험이 있다. 그리하여 재판공개를 현실에서 실현함에는 간단하지 않은 문제가 뒤따르게 된다.

이 글은 재판공개의 구체적인 범위를 정함에 있어서 가장 합리적인 공개범위방안의 내용이 무엇인지를 강구해 보고자 한다. 이 때 논의의 집중을 위하여 판결문과 소송기록의 공개에 중점을 두고 논의하려 한다. 한편, 우리 제도에 대하여 본격적으로 논함에 앞서 우리와 유사한 상황에 있는 일본의 제도와 현황을 살펴 그로부터 우리 제도의 구상에 시사점을 얻고자 한다.

이에 이 글은 제1장 서론에 이어 제2장 일본의 현황을 살핀 다음 제3장부터 우리 제도를 논하되, 제3장에서는 현재의 재판공개 현황을, 제4장에서는 재판공개에 관한 법률안과 최근 개정된 법률의 내용을, 제5장에서는 재판공개의 구체적인 방안을 강구한 다음 제6장에서 결론을 맺으려 한다. 위 공개방안을 강구함에 있어서는 우선 공개의 기준을 마련하는 기본판단틀을 헌법적 관점에서 제시한 다음, 이 틀을 구체적 쟁점에 적용하여 구체적인 결론을 찾아, 최종적인 공개범위를 제시하는 방식을 취한다.

---

1) 사법제도개혁추진위원회 자료는 http://pcjr.pa.go.kr/ (2011. 5. 31.) 참조.

제2장 일본의 현황

I. 서언

일본은 헌법에 재판공개의 원칙을 규정하고 있다. 재판공개의 원칙은 사건관계인 외 일반인에게 재판을 공개하는 것이다.

민사소송기록의 공개에 관하여는 일본 민사소송법과 민사소송규칙이 그 기본적인 내용을 규정하고 있다. 민사절차 중 조정절차는 비공개를 원칙으로 하며 당사자나 이해관계인이 아닌 제3자는 기록을 열람할 수 없다.[1] 마찬가지로 가정재판소의 절차도 원칙적으로 공개하지 않으며 사건관계인이 아닌 제3자는 기록을 열람할 수 없다.[2] 인사소송 중 사실조사부분의 열람에 관하여도 당사자 또는 이해관계인에게만 제한적인 열람규정을 두고 있다.[3]

형사소송기록에 관한 공개는 형사소송법과 형사소송규칙에서 그 기본을 규정하고 있다. 다만 소년사건의 심판은 공개하지 않으며 보호사건의 기록이나 증거물은 가정재판소의 허가가 있는 경우 외에는 열람이나 등

---

1) 일본 民事調停規則, 제10조, 제23조.
2) 일본 家事審判法 제6조, 제12조.
3) 일본 人事訴訟法 제35조

사가 허용되지 아니한다.[4)]

한편 판결에 대하여는 헌법에서 유보 없는 공개를 선언하고 있다. 이에 일본 재판소는 판례집(재판례집)에 의하여 판결을 공간하고 있고 재판소 홈페이지를 통하여 이를 제공하고 있다. 또한 민간업체가 발행하는 법률잡지나 상업용 DB를 통하여 제공되기도 한다.

이하에서 사건관계인이 아닌 일반 제3자에 대한 기록과 판결의 공개를 중심으로 일본의 현황을 살펴본다.

4) 일본 少年法 제22조; 일본 少年審判規則 제7조

II. 기록의 공개

1. 헌법

일본 헌법 제82조는 재판의 공개에 대하여 다음과 같이 규정하고 있다.

> 第82조(재판의 공개)
> ① 재판의 대심(對審) 및 판결은 공개법정에서 행한다.
> ② 재판소가 재판관의 전원일치로 공공의 질서 또는 선량한 풍속을 해할 우려가 있다고 결정한 경우에는 대심은 공개하지 아니하고 이를 행할 수 있다. 다만, 정치범죄, 출판에 관한 범죄 또는 헌법 제3장에서 보장하는 국민의 권리가 문제되는 사건의 대심은 항상 이를 공개하여야 한다.

위 제1항은 대심과 판결의 공개원칙을 선언한 것이고, 제2항은 그 중 대심에 관하여 공개하지 않을 수 있는 예외를 설정하고 있다. 이 때문에 판결은 절대적 공개로 이해되고 있는데[5] 이에 비추어 보면 대심은 상대적 공개라고 할 수 있다. 형사소송의 공판절차는 여기서의 대심에 해당한다.[6] 또 일본 헌법이 요구하는 '공개'란 "국민에게 공개된다고 하는 일반공개, 구체적으로는 국민일반의 방청을 허용하는 것"[7]이라고 하는데, "재판을 일반에게 공개하여 재판이 공정하게 행해지는 것을 제도로서 보장하고 나아가 재판에 대한 국민의 신뢰를 확보하려는 데에" 그 취지가 있다[8]고 한다.[9] 위 第82조는 일본 헌법 '제6장 사법'의 장에 규정된 것으로서 사법제도의 측면에서 재판의 공개를 규정한 조항이다.

---

5) 松本, 특정사항, 25쪽. 인용문헌 약어는 [참고문헌] 참조(이하 같다).
6) 松本, 특정사항, 25쪽.
7) 佐藤行治, 憲法(第三版), 316頁.
8) 日最判 1989. 3. 8. 民集 43卷 2号 89頁.
9) 松本, 특정사항, 25쪽.

한편 일본 헌법 제37조는 형사피고인의 권리를 규정하고 있는데 그 중 제1항은 다음과 같이 규정하고 있다.

제37조(형사피고인의 권리)
① 모든 형사사건에서 피고인은 공평한 재판소의 신속한 공개재판을 받을 권리를 가진다.

이 규정은 피고인의 공개재판을 받을 권리를 규정하고 있다. 위 제82조가 사법제도의 측면에서 재판의 공개를 규정한 것이라면 위 제37조 제1항은 기본권의 측면에서 재판의 공개를 규정한 것이라고 할 수 있다.[10] 그러나 '재판의 공개' 자체의 의미에 관하여 양자가 달리 인식되고 있는 것으로 보이지는 아니하며 학자들이나 판례는 이들을 함께 논하고 있다.[11]

2. 민사소송법

일본 민사소송법에서는 소송기록의 열람을 다음과 같이 규정하고 있다.

제91조 (소송기록의 열람 등)
① 누구라도 재판소서기관에게 소송기록의 열람을 청구할 수 있다.
② 공개를 금지한 구술변론에 관계되는 소송기록에 대하여는 당사자 및 이해관계를 소명한 제3자만이 제1항의 규정에 따른 청구를 할 수 있다.
③ 당사자 및 이해관계를 소명한 제3자는 재판소서기관에게 소송기록의 복사, 그 정본·등본·초본의 교부, 또는 소송에 관한 사항의 증명서의 교부를 청구할 수 있다.
④ 제3항의 규정은 소송기록 가운데 녹음테이프 또는 비디오테이프(videotape)(이들에 준하는 방법에 따라 일정한 사항을 기록한 물건을 포함한다)에는 이를 적용하지 아니한다. 이 경우 이러한 물건에 대하여 당사

10) 松原, 재판공개, 427쪽.
11) 松本, 특정사항, 25쪽; 松原, 재판공개, 427쪽; 日最裁 2008. 3. 5. 第1小法廷決定 (平成 18년 (あ)第2339号) (判タ 1266号 149頁).

자 또는 이해관계를 소명한 제3자가 청구하는 때에는 재판소서기관은 복제를 허용하여야 한다.

⑤ 소송기록의 열람, 복사 및 복제의 청구는 소송기록의 보존이나 재판소의 업무에 지장이 있을 때에는 허용되지 아니한다.

제92조(비밀보호를 위한 열람 등의 제한)

① 다음 중 어느 하나의 사유에 해당한다는 소명이 있는 경우에는 재판소는 당사자의 신청에 따라 결정으로 소송기록 중 비밀이 적혀 있거나 기록되어 있는 부분의 열람·복사, 그 정본·등본·초본의 교부 또는 그 복제(다음부터 이 모두를 "비밀기재부분의 열람 등"이라 한다)를 청구할 수 있는 자를 당사자로 한정할 수 있다.

1. 소송기록 중에 당사자의 사생활에 관한 중대한 비밀이 적혀 있거나 기록되어 있고 또한 제3자에게 비밀기재부분의 열람 등을 허용하면 당사자의 사회생활에 현저한 지장이 있을 염려가 있는 것
2. 소송기록 중에 당사자가 보유한 영업비밀(부정경쟁방지법 제2조 제4항에 규정한 영업비밀을 말한다. 제132조의2 제1항 제3호 및 제2항에서 같다)이 기재 또는 기록되어 있는 것

② 제1항의 신청이 있는 경우에는 그 신청에 관한 재판이 확정될 때까지 제3자는 비밀기재부분의 열람 등을 청구할 수 없다.

③ 비밀기재부분의 열람 등의 청구를 하고자 하는 제3자는 소송기록을 보관하고 있는 재판소에 제1항에 규정하는 요건이 없거나 없어졌다는 것을 이유로 제1항의 결정의 취소를 신청할 수 있다.

④ 제1항의 신청을 각하한 재판 및 제3항의 신청에 관한 재판에 대하여는 즉시항고를 할 수 있다.

⑤ 제1항의 결정을 취소하는 재판은 확정되어야 효력을 가진다.

3. 형사소송법

가. 관련규정

일본 형사소송법에서는 소송기록의 열람을 다음과 같이 규정하고 있다.

제53조(소송기록의 열람)

① 누구든지 피고사건의 종결 후 소송기록을 열람할 수 있다. 다만, 소송기록의 보존 또는 재판소나 검찰청의 사무에 지장이 있는 때에는 그러하지 아니하다.

② 변론공개를 금지한 사건의 소송기록 또는 일반의 열람에 적합하지 아니한 것으로 그 열람이 금지된 소송기록은 전항의 규정에 불구하고 소송관계인 또는 열람에 대하여 정당한 이유가 있고 특히 소송기록 보관자의 허가를 받은 자가 아니면 이를 열람할 수 없다.

③ 일본국 헌법 제82조 제2항 단서에서 정하는 사건에 대하여는 열람을 금지할 수 없다.

④ 소송기록의 보관 및 그 열람 수수료에 대하여는 별도의 법률로 정한다.

제53조의2(정보공개법의 적용제외)

① 소송에 관한 서류 및 압수물에 관하여는 행정기관이 보유하는 정보의 공개에 관한 법률(평성 11년<1999> 법률 제42호) 및 독립행정법인 등이 보유하는 정보의 공개에 관한 법률(평성 13년<2001> 법률 제100호)의 규정은 적용하지 아니한다.

② 소송에 관한 서류 및 압수물에 기록되어 있는 개인정보에 관하여는 행정기관이 보유하는 개인정보의 보호에 관한 법률(평성 15년<2003> 법률 제58호) 제4장 및 독립행정법인 등이 보유하는 개인정보의 보호에 관한 법률정보의 공개에 관한 법률(평성 15년<2003> 법률 제59호100호) 제4장의 규정은 적용하지 아니한다.

나. 입법취지

전후 일본의 헌법과 법률 제정과정에 커다란 영향을 미친 GHQ[12]의 의향이 일본 형사소송법 제53조에도 반영되었는데, 이는 1948. 4. 12.부터 같은 해 5. 5. 사이에 개최된 형소개정협의회에 제출된 "プロブレムシート"[13]에 나타나 있다.[14] 여기에는 "누구라도 확정재판이 내려진 형사사건

---

12) General Headquarters(연합군최고사령부) : 2차 대전 이후 1952. 4. 28.까지 일본을 실질적으로 지배하였다.

13) 刑法雜誌 3卷3号(1953) 41頁 참조.

14) 福島, 기록법, 11쪽(梅田 豊 집필부분).

에 관하여 그 기록을 열람할 권리가 있다."고 하여 기록열람을 국민의 권리로 파악하고 있다. 또한 일본 형사소송법의 입법과정에서 제출된 제안이유설명 등에 의하면 형사소송법 제53조의 기록열람제도는 확정기록을 일반국민에게 공개함으로써 '재판의 공정'을 기하기 위한 것이었다고 한다.[15)]

4. 형사확정소송기록법

가. 개요

일본에서 형사소송기록의 열람에 관하여 위와 같이 일본 헌법과 일본 형사소송법 제53조에 의하여 규율되어 왔지만 그 밖에는 별다른 규율이 없었다. 다만, 관행상 검찰청이 기록보관을 담당한 관계로 법무성 검찰국장 통달인 訴訟記錄閱覽事務取扱要領(法務省檢察局長通達1950年劍務第38715号)이 구체적 절차 등을 규율하고 있었다.[16)]

그러다가 1987년에 "刑事確定訴訟記錄法(昭和六十二年六月二日法律第六十四号, 이하 '기록법')"을 제정하게 되는데, 이 법률은 형사피고사건에 관한 소송기록의 소송종결 후 보관, 보전 및 열람에 관하여 필요한 사항을 정함을 목적으로 한다.[17)] 기록법은 소송기록의 보관(제2조), 재심절차를 위한 보존(제3조), 보관기록의 열람(제4조), 재심보존기록의 열람(제5조), 열람자의 의무(제6조), 열람의 수수료(제7조), 불복신청(제8조), 형사참고기록의 보존 및 열람(제9조), 법무성령에의 위임(제10조)을 규정하고 있다(별첨 I-A 참조).

한편 기록법의 시행을 위한 법무성령으로 刑事確定訴訟記錄法施行規

---

15) 福島, 기록법, 12~14쪽(梅田 豊 집필부분).

16) 福島, 기록법, 14~16쪽(梅田 豊 집필부분). 기록법제정과정에 관하여는 같은 책, 17~21쪽 참조.

17) 기록법 제1조.

則(昭和六十二年十二月十四日法務省令第四十一号)이 제정되었다(별첨 I-B 참조).

기록법에 관하여는 여러 문헌이 있지만, 『福島至 編, コメンタール 刑事確定訴訟記録法』이 가장 잘 정리된 문헌의 하나이므로 이하 일본의 위 법률을 살펴봄에는 주로 위 책을 참조하기로 한다.[18)]

나. 형사확정소송기록열람의 의의

(1) 기본적 의미

형사확정소송기록에 대한 열람은 재판공개의 원칙을 실질적으로 담보한다는 측면과 국가기관이 보유하는 정보에 대한 알권리를 구체화한다는 측면 및 학문의 자유를 보장하는 필요적 전제라는 측면의 3가지 측면에서 그 의미를 파악해 볼 수 있다.

(가) 공개원칙

재판공개원칙(일본 헌법 제82조)이 민주주의사회에서 중요한 원칙임은 두말할 필요가 없다. 역사상 비공개재판이 재판소의 위엄을 유지한다는 효과를 가진 시대도 있었지만, 그러한 밀실재판은 재판의 공정을 실질적으로 담보하는 수단이 되지 못하고 많은 생명·자유·재산이 희생되었다.

이러한 희생자를 내지 않기 위하여 재판을 받는 자(피고인)의 권리로서 공개재판의 보장(일본 헌법 제37조 제1항)이 요청된다. 동시에 피고인뿐만 아니라 민사를 포함하여 재판을 받는 자 일반에 대하여 공평한 재판을 담보하는 것으로서 공개재판을 받을 권리가 보장되고 있다(일본 헌법 제32조).

이러한 소송당사자의 권리로서의 공개재판에 더하여 재판의 공개(헌법

---

18) 이하 「이 항 福島, 기록법」은 당해 항목의 내용이 위 책에 토대를 둔 부분이다.

制82조)는 재판이라는 국가행위에 관하여 주권자인 국민이 이에 참가하고 감시(control)하는 기회를 보장한다는 의미가 있다. 이러한 control은 제1차적으로는 바로 직접 재판을 방청하는 것에 의하여 실현된다(본래 의미의 재판공개원칙). 그러나 재판의 방청은 모든 국민에게 보장되어 있다고는 할 수 없다. 방청에는 장소적·시간적 제약이 있다. 그래서 이를 보완하기 위하여 소송기록의 열람이 보장될 필요가 있다.

기록의 열람은 사후적인 감시가 되기 때문에 본래의 재판공개원칙과는 차원을 달리하지만, 기록에 의한 검증이 보다 효과가 있다는 측면도 있다. 특히 일본의 재판 실제에 있어서는 증거물의 전부가 방청인에게 제시되지는 않고 진술조서(供述調書) 등의 낭독에 관하여도 요지의 고지로 끝내는 것(경우에 따라서는 이조차 생략된다)이 사실이다. 따라서 판결확정 후에 소송기록을 공개하는 것에 의하여 처음으로 재판의 공개가 실질적으로 보장되게 되었다.[19]

(나) 알권리

민주주의 사회에 있어서는 여러 가지 수단에 의하여 "모든 종류의 정보와 생각을 구하고 받으며 전할 자유"(자유권규약 제19조 제2항)가 보장되어야 한다. 그 중에서도 통치기관이 가진 정보를 알권리는 특별히 중요하다. 주권자인 국민이 국정에 관한 중요한 판단재료를 입수하고 그 자유로운 판단의 기초에서 국정에 참여하는 것이 보장됨으로써 진정한 민주적인 사회, 민주주의국가는 성립하기 때문이다.

이러한 통치기관의 행위 중 하나인 재판의 내용을 국민이 아는 것은 재판이라고 하는 국정상 가장 중요한 행위의 하나로서 국민이 관여하기 위한 판단자료를 제공한다는 점에서 더없이 중요하다.

알권리의 의의에 관하여는 일본 최고재판소도 법정메모 사건에서 "각자가 여러 가지 의견, 지식, 정보에 접하고 이를 취득할 기회를 갖는 것은

---

19) 이 항 福島, 기록법, 22~23쪽(梅田 豊 집필부분).

그 사람이 개인으로서 자기의 사상 및 인격을 형성, 발전시키고 사회생활 가운데 이를 반영하여 나감에 있어서 없어서는 아니될 것이며, 민주주의 사회에서 사상 및 정보의 자유로운 전달, 교류의 확보라는 기본적 원리를 실효 있게 하기 위하여도 필요하므로, 이처럼 정보 등에 접하고 이를 취득할 자유는 위 규정의 취지, 목적으로부터 그 파생원리로서 당연히 도출되는 것이다. 시민적 권리 및 정치적 권리에 관한 국제규약 제19조 제2항의 규정도 마찬가지의 취지이다."[20]라고 판시하고 있다.[21]

(다) 학문의 자유

학문의 자유(일본 헌법 제23조)라는 관점에서 본다면, 형사절차 및 재판에서의 사실인정을 연구함에 있어서도 소송기록은 중요하다. 적정절차와 사실인정의 바람직한 모습을 논함에는 실제로 행해지고 있는 재판에 대한 정확한 인식이 필요하다. 그러한 인식을 얻기 위해서 소송기록이 중요한 자료가 됨은 두 말할 필요도 없다. 재판에 관한 정보는 언론의 보도 등에 의하여도 얻을 수 있지만, 현재의 언론보도는 그 신속성이 중시되어 때로는 흥미본위의 관점에서 왜곡되어 정확성과 공평성이 희생되는 것이 적지 않다. 소송기록에 기초한 조사결과의 발표를 통하여 정확하고 공정한 정보를 사회에 제공하고 그러한 언론의 문제성을 지적하여 잘못된 정보를 시정하는 것은 민주주의사회에서 존재하는 학술연구자의 중요한 책무일 것이다.

그렇다고 하여 소송기록의 열람에 관하여 언론기관 및 학술연구자가 일반시민보다도 특별하게 취급되어야 한다는 것은 아니다. 표현의 자유, 알권리가 모든 국민에게 평등하게 보장되어야 하는 것을 전제로 하여, 거기에 봉사하는 임무를 언론기관과 학술연구자는 자각할 필요가 있고, 그 임무를 수행한 연후에 소송기록의 열람이 중요하다는 것을 주장하여야 한다.[22]

---

20) 日最判 1989. 3. 8. 民集 43卷 2号 89頁.
21) 이 항 福島, 기록법, 23쪽(梅田 豊 집필부분).

(2) 헌법상의 의미

(가) 헌법상 의미에 대한 논의

종래 일본 형사소송법 제53조는 주로 일본 헌법 제82조의 재판공개원칙과 관련하여 논의되었다. 즉, 일본 형사소송법 제53조의 취지·목적은 재판공개의 원칙(일본 헌법 제82조)을 확장하여 재판의 공정을 담보하고 재판에 대한 국민의 이해를 깊게 함에 있다고 한다.[23] 다만, 일반적으로는 일본 헌법 제82조는 소송기록의 열람(공개)까지 보장하는 것은 아니어서 그것은 입법정책에 맡겨져 있다고 해석되고 있다.[24] 일본 최고재판소 판례도 "헌법의 위 각 규정(헌법 제21조, 제82조)이 형사확정소송기록의 열람을 권리로서 요구할 수 있는 것까지도 인정하는 것이 아님은 당재판소 대법정판례의 취지에 비추어 명백하다"[25]고 한다.

이에 대하여 재판의 공개는 기록의 공개도 포함된다고 해석하는 견해도 있다. 이 견해는 "공개는 (i) 방청의 자유, (ii) 보도의 자유, (iii) 소송기록 공개의 보장을 포함한다고 해석된다. … 공개는 소송기록의 공개까지 포함하지 않는다는 유력한 견해도 있지만 이 보장이 없는 공개는 공개의 의의를 반감시켜 공개원칙의 취지에도 반하게 될 것이다."라고 하거나,[26] "재판이 공개되어도 소송기록이 공개되지 않으면 재판공개의 요청은 그림의 떡에 지나지 않는다. 결국, 재판공개의 요구는 소송기록 공개의 요구를 당연히 내포하고 있다고 하여야 할 것이다.",[27] 또는 "헌법 제82조 제1항은 소송기록공개의 요청을 포함한다."[28]고 하여, 일본 헌법 제82조가

---

22) 이 항 福島, 기록법, 24쪽(梅田 豊 집필부분).
23) 伊藤, 주석형소, 377쪽(香城敏麿 집필부분); 押切, 기록법, 39쪽.
24) 宮澤, 헌법, 698~699쪽; 樋口, 주석헌법, 1295쪽(浦部法穗 집필부분); 佐藤, 주석, 1076쪽 등.
25) 日最決 1990. 2. 16. 判例時報 1340号 145頁.
26) 杉原, 헌법, 393쪽.
27) 松井, 재판권리, 306쪽.
28) 內野, 공개원칙, 64쪽 이하.

직접 기록의 공개를 포함한다는 입장을 취하고 있다.

이러한 견해에 의하면, 일본 형사소송법 제53조에 의한 기록의 열람(공개)은 일본 헌법 제82조를 구체화한 바로 그것이며, 위 제53조는 헌법의 취지를 단순히 입법정책으로 확장한 것에 불과한 것이 아니라 직접 헌법상의 보장을 받는 것이 되게 된다. 이 입장에서는, 일본 헌법 제82조의 보장은 형사확정소송기록에 대한 국민의 구체적인 열람청구권의 보장을 포함하는 것이라고 파악될 것이다. 그리하여 "헌법 제82조는 국민이 헌법 제21조에 기하여 공개된 법정에서 정보를 수집하는 권리와 함께 재판기록을 열독(閱讀)하는 헌법적 권리도 보장하고 있다고 생각하여야 한다."고 한다.[29]

한편, 일본 헌법 제82조가 형사확정소송기록의 공개까지 포함하는 것은 아니라는 통설적 이해를 전제하면서도 일본 헌법 제21조의 알권리의 내용으로서 형사확정소송기록의 공개가 헌법상 요청된다고 하는 유력한 견해도 있다.[30] 이 견해에 의하면, 판결서(판결원본)의 공개는 일본 헌법 제82조의 요청이라고 할 것이지만, 그 밖의 소송기록의 공개까지는 위 조항에서 도출되지 않는다. 재판공개원칙(일본 헌법 제82조)은 기본적으로 당사자의 공정한 재판을 받을 권리를 담보하는 것이고, 이에 대하여 소송관계자의 프라이버시 권리도 보장되지 않으면 안 되며, 재판에 대한 민주적 통제 및 재판에 대한 국민의 알권리 등의 전부를 일본 헌법 제82조에 부담시킴은 적절하지도 않고 필요하지도 않다는 것이다. 그것은 일본 헌법 제21조에서 도출되는 알권리의 내용으로서 헌법상 당연히 요청되는 것이 된다. 이 입장에 선다면, 헌법상 알권리의 내용을 구체화하는 규정의 하나가 일본 형사소송법 제53조이라고 하게 될 것이다.[31]

---

29) 松井, 매스미디어, 211쪽; 田宮, 주석형소, 75쪽.
30) 浦部法穗, 소송기록, 197쪽 이하.
31) 이 항 福島, 기록법, 24~26쪽(梅田 豊 집필부분).

(나) 일본 헌법 제82조설과 제21조설

종래 일본 헌법 제82조의 취지를 일본 형사소송법 제53조가 확충(擴充)한 것이라 하여 일본 헌법 제82조를 근거로 하는 견해가 일반적이었다. 이 견해는 일본 형사소송법 제53조 제2항 및 제3항이 열람제한에 관하여 헌법 제82조의 공개원칙에 상응한 규정을 두고 있는 점에도 부합한다.

다만, 이 견해를 취하더라도 일본 헌법 제82조의 재판공개의 원칙의 보호범위에 대한 입장에 따라 소송기록열람권의 헌법상 의미가 달라질 수 있다. 일본의 통설·판례는 재판공개원칙이 재판방청청구권까지 보장하는 것은 아니라고 해석하고 있는데, 이에 따르면 소송기록열람권이 헌법적으로 보장된다고 해석하기는 어렵게 된다(이 경우 일본 형사소송법 제53조가 입법정책으로서 열람권을 보장하고 있다고 이해할 수 있다). 반대로 일본 헌법 제82조가 재판방청권도 보장하는 것이라고 본다면 소송기록열람권도 헌법상 보장되는 권리라고 해석하기가 비교적 쉬울 것이다.

일본 헌법 제21조를 근거로 하는 경우에는 열람권을 알권리의 구체화로 파악함에 따라 그 권리성을 도출하는 것이 비교적 용이할 것으로 생각된다. 일본 형사소송법 제53조는 미국법의 영향을 강하게 받고 있다 할 것인데, 미국에서는 역사적으로 재판공개와 소송기록의 열람도 알권리의 관점에서 파악되어 왔다.[32]

그렇지만, 일본 헌법 제82조와 제21조가 반드시 서로 배척된다고 할 것은 아니다. 오히려 밀접한 연관이 있다고 하여 재판공개원칙과 알권리를 결부시켜 이해하는 견해도 유력하게 주장되고 있다. 예컨대, 일본 헌법 제21조가 보장하는 정부정보개시청구권과 일본 헌법 제82조를 비교하여 해석함으로써 재판방청권을 헌법상의 구체적인 권리라고 해석하는 견해가 있다.[33] "헌법 제82조 제1항은 헌법 제21조에 보장된 (협의의) 알권리(그 자체로는 일반적으로 추상적 권리)에 대응하여 그것을 구체적으로 보장하

---

32) 葛野, 기록법, 93쪽 이하.
33) 奧平, 표현자유, 265쪽.

는 취지(추상적 권리의 구체화)라고 해석된다."고 하는 견해도 있다.[34)]

그러나 일본 헌법 제82조와 제21조가 밀접한 관계에 있다고 하여도 제82조가 알권리의 개념에 의하여 전부 설명될 수는 없을 것이다. 재판공개원칙이 지향하는 바는 재판·사법의 공정한 확보라는 점에 있고, 이에는 단순히 재판의 절차·내용을 알권리를 충족하는 것뿐만 아니라 재판의 절차·내용을 국민이 감시한다는 강한 요청이 근저에 있다. 이는 정치범죄, 출판범죄, 기본적 인권에 관한 사건에 대하여 일본 헌법 제82조가 절대적 공개를 요구하고 있는 점에도 표현되어 있다. 이 점에서 일본 헌법 제82조의 재판공개의 원칙은 제21조의 알권리를 넘어서는 내용이 포함되어 있다 할 수 있다.

이러한 관점에서 본다면, 소송기록의 공개도 재판공개원칙에 기초함과 동시에 이를 담보하는 것이라 파악하는 쪽이 재판·사법의 공정을 확보하기 위한 제도적 틀로서는 보다 일관된 것이라고 말할 수 있을 것이다.[35)]

(3) 일본 형사소송법 제53조와 기록법의 관계

기록법은 형사확정소송기록의 보관·보존에 주안이 있지만, 소송기록의 열람(제한) 등에 대하여도 상세한 규정을 두고 있다. 이 점에서 실질상 일본 형사소송법 제53조를 대체하는 것이라는 견해도 있다.[36)] 또 위 법의 입안에 관여한 사람에 의하면, 소송기록의 열람에 관한 규정은 형사소송법 제53조에 추상적으로 규정된 소송기록의 열람제한사유를 구체화하고 열람에 관한 절차를 정한 것이어서 "형사소송법 제53조 제1항부터 제3항의 열람에 관한 규정의 실시법" 이라는 성격을 가지고 있다고 한다.[37)] 그러나 기록법에는 일본 형사소송법 제53조의 본래의 취지에서 볼 때 간과할 수 없는 몇 가지 중요한 문제가 있다.

---

34) 佐藤, 헌법, 536쪽.
35) 이 항 福島, 기록법, 26~28쪽(梅田 豊 집필부분).
36) 伊藤, 주석형소, 377쪽.
37) 押切, 기록법, 76쪽.

입안관여자의 기본생각 중에는 일본 형사소송법 제53조가 형사확정소송기록의 열람을 국민의 구체적 권리로 규정하는 것은 아니라는 이해가 있었다. 그것은 예컨대 일본 형사소송법 제53조와 기록법의 규정형식의 차이에도 드러나 있다. 일본 형사소송법 제53조의 주체는 "何人も(누구든지) … (열람할 수 있다.)"라고 되어 있어서, 결국 열람하는 측을 주체로 생각하고 있다. 이 규정형식에서 본다면 "누구든지" 기록을 열람하는 권리가 있는 것을 규정한 것이라는 이해가 곧바로 나온다. 즉, 일본 형사소송법 제53조는 열람의 권리성이 명확하다. 그런데 기록법에서 주체는 "보관검찰관은 (… 열람하게 하여야 한다. … 열람시키지 않는 것으로 한다.)"이어서, 결국 열람하게 하는 (열람을 제한하는) 측을 주체로 규정하고 있다. 이와 같은 규정형태에서는 기록보관자의 의무가 전제이고 열람자측의 열람권은 당연히는 나오지 않는다 하게 될 것이다. 이처럼 열람의 권리성을 부정하는 태도의 배경에는 열람을 최대한 제한하려고 하는 생각이 깔려 있는데, 이에 따라 형사확정소송기록법의 보관목적 및 보관기관에 대한 이해도 달라지게 된다.[38]

다. 소송기록 열람과 프라이버시

(1) 열람과 공표의 준별

소송기록의 열람과 관계자의 명예·프라이버시 사이의 관계를 고려함에 있어 우선 공개·열람과 공표·보도를 준별한다는 관점이 중요하다. 넓은 의미의 '표현' 가운데에는 대상이 되는 정보의 수집·전달·수령이라는 과정이 포함되는데 그 중 어느 것이라도 없으면 표현의 자유는 충분하지 않지만, 정보수집의 단계와 그 전달의 단계는 성격이 같지 아니하다.

즉, 개인의 명예·프라이버시에 관한 정보가 어느 정도 수집된 단계에는 그것만으로는 아직 그 명예·프라이버시에 대한 침해의 정도는 작다. 이에

38) 이 항 福島, 기록법, 29~30쪽(梅田 豊 집필부분).

대하여 그 정보가 불특정다수의 사람에 대하여 인식되는 수단에 의하여 발표·표현되는 경우, 즉 공표되는 경우에는 그 명예·프라이버시에 대한 침해의 정도는 훨씬 심대하게 된다.

다음으로 대상이 되는 정보의 종류·성격에 의하여도 달리 취급할 필요가 있다. 대상이 되는 정보가 순순하게 사적인 영역에 속하는 것인 경우에는 표현의 자유를 제한할 필요가 있다. 이에 대하여 대상이 되는 정보가 공적인 것인 경우에는 그에 대하여 표현의 자유를 제한하는 것은 건전한 민주주의사회의 유지·발전을 저해하는 것이 된다. 공적인 정보는 민주주의사회에서는 원칙적으로 표현의 자유의 대상이 된다.

이상의 두 가지 관점에서 형사확정소송기록의 열람을 살펴볼 수 있다. 우선 열람은 아직 정보수집 단계의 문제이고 발표(공표) 단계의 문제는 아니다. 다음 그 대상이 되는 정보의 종류의 점에서도 공적인 정보인 것은 명백하다. 그리하여 어느 모로 보나 공개원칙 및 알권리가 우월하다고 할 것이다.[39)]

(2) 보관검찰관의 책임과 열람자의 책임

이 점에 관하여 기록법 입안자는 "보관검찰관이 열람청구를 한 자에게 보관기록을 열람시킨 결과 그 자가 제6조의 규정에 위반하는 행위를 한 경우, 보관검찰관이 보관기록을 열람을 허용할 것인가에 대한 판단을 잘못하여 이를 열람시킨 행위가 위법하고 나아가 고의 또는 과실로 열람시킨 것에 의하여 손해가 발생하는 등 다른 요건이 충족되는 때에는 국가는 국가배상법에 기하여 손해를 배상할 책임을 진다."라고 한다.[40)] 나아가 그러한 가능성이 있는 경우에는 열람시키지 않는다고 하게 될 것이다.[41)]

그러나 이것은 일견 범인의 개선·갱생 및 관계인의 명예·프라이버시에

---

39) 이 항 福島, 기록법, 32~34쪽(梅田 豊 집필부분).
40) 押切, 기록법, 46쪽.
41) 津田, 형사기록, 22쪽.

대한 배려에서 보관검찰관에게 무거운 책임을 지우는 것으로서 논리의 비약이 있다는 비판이 가능하다. 또 형사확정소송기록의 열람에 대한 제한적인 운용을 정당화할 수 있다. 그러나 기록의 열람을 허가받은 자가 당연히 그에 의하여 취득한 정보를 그대로 공표할 권리가 있다고 할 수는 없다고 한다면 보관검찰관의 책임을 경감시킬 수 있는 여지가 있게 된다.[42)]

라. 소송기록의 열람

(1) 보관기록의 열람

기록법 제2조는 다음과 같이 규정하여 '보관검찰관'과 '보관기록'의 개념을 정의하고 있다.

> 제2조 (소송기록의 보관)
> ① 형사피고사건에 관한 소송의 기록(범죄피해자등의 권리이익의 보호를 꾀하기 위한 형사절차에 부수하는 조치에 관한 법률(2000년 법률 제75호) 제14조 제1항에 규정한 화해기록에 대하여는 그 등본)은 소송종결 후에는 당해 피고사건에 대한 제1심 재판을 한 재판소에 대응하는 검찰청의 검찰관(이하 '**보관검찰관**'이라 한다)이 보관한다.
> ② 제1항의 규정에 의하여 보관검찰관이 보관하는 기록(이하 '**보관기록**'이라 한다)의 보관기간은 별표 상란(上欄)에 기재된 보관기록의 구분에 따라 각각 같은 표 하란(下欄)에 정한 기간에 의한다.

기록법 제4조는 보관기록의 열람에 관하여 규정하고 있다. 그 내용은 다음과 같다.

> 제4조 (보관기록의 열람)
> ① 보관검찰관은 청구가 있는 때에는 보관기록(형사소송법 제53조 제1항의 소송기록에 한한다, 이하 이 항에서 같다.)을 열람하도록 하여야 한다. 다만, 같은 조 제1항 단서에 규정한 사유가 있는 경우는 그러하지 아니하다.

---

42) 이 항 福島, 기록법, 34쪽(梅田 豊 집필부분).

② 보관검찰관은 보관기록이 형사소송법 제53조 제3항에 규정하는 사건의 것인 경우를 제외하고, 다음에 기재된 경우에는 보관기록(제2호의 경우에는 종국재판의 재판서를 제외한다.)을 열람하게 하지 않는 것으로 한다. 다만, 소송관계인 또는 열람에 대해서 정당한 이유가 있다고 인정되는 사람이 열람을 청구하는 경우에는 그러하지 아니하다.
1. 보관기록이 변론공개를 금지한 사건의 것인 때
2. 보관기록에 관계된 피고사건이 종결된 후 3년이 경과한 때
3. 보관기록을 열람하게 하는 것이 공공질서(公の秩序) 또는 선량한 풍속을 해하게 될 염려가 있다고 인정될 때
4. 보관기록을 열람하게 하는 것이 범인의 개선 및 갱생을 현저하게 방해하게 될 염려가 있다고 인정될 때
5. 보관기록을 열람하게 하는 것이 관계인의 명예 또는 생활의 평온을 현저하게 해하게 될 염려가 있다고 인정될 때
6. 보관기록을 열람하게 하는 것이 재판원, 보충재판원, 선임예정 재판원 또는 재판원 후보자인 개인을 특정시키게 될 염려가 있다고 인정될 때

③ 제1항의 규정은 형사소송법 제53조 제1항의 소송기록 이외의 보관기록에 대하여 소송관계인 또는 열람에 대하여 정당한 이유가 있다고 인정되는 사람이 열람을 청구한 경우에 준용한다.

④ 보관검찰관은 보관기록을 열람하게 하는 경우 그 보존을 위하여 적당하다고 인정될 때에는 원본의 열람이 필요한 경우를 제외하고 그 등본을 열람하게 할 수 있다.

(2) 재심보존기록의 열람

기록법은 '보관기록'이라는 개념과 별도로 '재심보존기록'이라는 개념을 사용하고 있다. 재심보존기록은 보관기록의 보관기간 만료후에도 재심절차를 위하여 보존할 수 있도록 지정하는 것인데, 검사가 직권으로 하거나 재심청구자 등의 청구에 의하여 한다. 다음은 관계규정의 내용이다.

제3조(재심절차를 위한 보존)

① 보관검찰관은 보관기록에 대하여 재심절차를 위하여 보존의 필요가 있다고 인정하는 때에는 보존할 기간을 정하여 그 보관기간만료 후에도 이것을 재심보존기록으로 보존한다.

② 재심청구를 하려고 하는 자, 재심청구를 한 자 또는 형사소송법 제440조 제1항의 규정에 의하여 선임된 변호인은 보관검찰관에 대하여 보관기록을

재심보존기록으로 보존할 것을 청구할 수 있다.
③ 전항의 규정에 의한 청구가 있는 때에는 보관검찰관은 청구에 관한 보관기록을 재심보존기록으로 보존할 것인지를 결정하고, 청구를 한 자에게 그 취지를 통지하여야 한다. 다만, 청구에 관한 보관기록이 재심보존기록으로 보존되어 있을 때에는 그 취지의 통지만을 한다.
④ 재심보존기록의 보존기간은 연장할 수 있다. 이 경우에는 전 3항의 규정을 준용한다.

재심보존기록의 열람은 재심청구인이나 청구예정인 또는 재심변호인에게만 인정되며 학술연구를 위한 열람을 허용하고 있다.

제5조(재심보존기록의 열람)
① 보관검찰관은 제3조 제2항에 규정한 자가 청구한 때에는 재심보존기록을 열람하도록 하여야 한다.
② 제4조 제1항 단서 및 제4항의 규정은 전항의 청구가 있는 경우에 준용한다.
③ 보관검찰관은 학술연구를 위해 필요하다고 인정하는 경우, 기타 법무성령이 정한 경우에는 신청에 의해 재심보존기록을 열람하도록 할 수 있다. 이 경우에는 제4조 제4항의 규정을 준용한다.

(3) 형사참고기록의 열람

형사법제와 그 운용 및 범죄에 관한 조사연구에 중요한 참고가 될 기록은 형사참고기록으로서 보존한다. 이에 대한 열람은 제1심 재판소에 대응하는 검찰청의 장에게 신청한다.[43] 이에는 특별히 열람제외사유가 없으며 기록법 제6조에 의한 열람자의 의무 규정이 준용되도록 하였을 뿐이다.[44] 기록법 제6조는 보관기록이나 재심보존기록의 열람자에 대하여 일정한 의무사항을 규정하고 있는 내용이다.[45]

---

43) 기록법 제9조 제2항은 법무대신의 권한으로 규정하였으나 같은 조 제4항에 기하여 법무성령인 刑事確定訴訟記錄法施行規則(이하 '기록법규칙') 제15조가 검찰청장의 권한으로 위임하였다.
44) 기록법 제9조 제2항.
45) 기록법 제6조

제9조(형사참고기록의 보존 및 열람)
① 법무대신은 보관기록 또는 재심보존기록에 대하여 형사법제와 그 운용 및 범죄에 관한 조사연구에 중요한 참고자료라고 보일 때에는 그 보관기간 또는 보존기간이 만료된 후, 이를 형사참고기록으로 보관한다.
② 법무대신은 학술연구를 위하여 필요하다고 인정하는 경우, 기타 법무성령으로 정한 경우에는 신청에 의하여 형사참고기록을 열람하도록 할 수 있다. 이 경우에는 제4조 제4항 및 제6조의 규정을 준용한다.
③ 형사참고기록에 대하여 재심절차를 위하여 보존이 필요하다고 인정될 경우 그 보존 및 열람에 대하여는 재심보존기록의 보존 및 열람의 예에 의한다.
④ 법무대신은 법무성령에서 정한 바에 따라 제1항 또는 제2항의 규정에 기한 권한을 관할직원에게 위임할 수 있다.

(4) 열람의 의미

일반공개이든 특정공개이든 공개의 방식은 모두 '열람'으로 되어 있다. 기록의 열람은 검찰청의 건물 내 지정장소에서 통상의 근무시간 내에 행해진다.[46] 검찰관은 열람의 일시, 장소를 지정할 권한을 가진다.[47]

메모가 가능한가에 관하여는 "메모를 하는 것은 방청하는 재판을 인식, 기억하기 위하여 행해지는 것인 한 헌법 제 제21조 제1항의 정신에 비추어 존중함이 상당하고 이유 없이 방해되어서는 아니 된다."는 일본 최고재판소판결[48]위 취지에 따라 판단하여야 할 것이라면서, 기록을 열람한 것을 인식, 기억하기 위하여는 메모는 당연히 인정되어야 한다고 하는 견해가 있다.[49] 기록법 입안관여자도 메모를 작성하는 정도는 열람에 포함된다고 한다.[50]

보관기록 또는 재심보존기록을 열람한 자는 열람에 의하여 취득한 사항을 무단히 사용하여 공공질서 또는 선량한 풍속을 해하거나, 범인의 개선 및 재생을 방해 또는 관계인의 명예, 생활의 평온을 해하는 행위를 하여서는 아니 된다.

46) 福島, 기록법, 95쪽(飯田正剛 등 집필부분).

47) 기록법규칙 제12조 제1항.

48) 日最判 1989. 3. 8. 民集 43卷 2号 89頁.

49) 福島, 기록법, 95쪽(飯田正剛 등 집필부분).

50) 押切, 기록법, 127쪽.

나아가 등사가 가능한가에 관하여, 일본 민사소송법 제91조가 열람을 모든 사람에 대하여 인정하면서 등사는 당사자와 이해관계인에 한정하고 있다는 점에 비추어 볼 때 열람에 당연히 등사가 포함된다고는 말하기 어렵다. 실제에 있어서도 양자는 그로 인하여 발생할 수 있는 폐해의 내용과 정도가 다르다. 그렇지만 실제에 있어 기록을 정독검토하기 위해서는 등사하는 것이 필요가 경우가 많다. 복사가 부당하게 외부로 누설되지 않도록 하는 방법을 강구하든가(넘버링을 하여 책임의 소재를 명확하게 하는 방법 등), 등사를 허용하지 않는 기록을 최소한으로 축소하는 등의 조치를 강구함으로써 등사할 수 있는 범위를 확대하는 방법을 연구하는 것이 필요하다. 이 경우 기록법 제6조의 열람자의 의무의 존재도 고려되어야 한다.[51]

5. 심리의 비공개와 기록의 비공개

가. 서언

일본 형사소송법 제53조는 변론공개를 금지한 사건의 소송기록은 소송관계인 또는 정당한 이유가 있어 허가를 받은 자가 아니면 이를 열람할 수 없다고 하고 있다. 변론이 공개되지 않은 이상 이와 연장선상에서 소송기록 역시 공개하지 않으려는 취지이다.

이와 관련하여 변론의 양적 또는 질적인 일부가 공개되지 아니한 것으로 평가될 수 있는 상황이 있다. 이른바 비닉결정(秘匿決定)이 있은 경우와 차폐시설과 영상시설에 의하여 증인심문을 한 경우가 그것이다.

51) 이 항 福島, 기록법, 95쪽(飯田正剛 등 집필부분).

나. 비닉결정

일본 형사소송법 제290조의2는 피해자를 특정할 수 있는 정보(피해자특정사항)가 공개법정에서 공개되지 않도록 하는 결정(비닉결정, 秘匿決定)에 관하여 규정하고 있다. 그 내용은 다음과 같다.

형사소송법 제290조의2 (공개된 법정에 있어서 피해자특정사항의 비닉)

① 재판소는, 다음에 게기한 사건을 취급하는 경우, 당해 사건의 피해자 등(피해자 또는 피해자가 사망한 경우 또는 그 심신에 중대한 장애가 있는 경우 그 배우자, 직계친족이나 형제자매를 말한다. 이하 같다.) 또는 당해 피해자의 법정대리인 또는 이들로부터 위탁을 받은 변호사가 신청하는 때에는, 피고인 또는 변호인의 의견을 들어 상당하다고 인정하는 경우는, 피해자특정사항(성명 및 주소 기타 당해사건의 피해자를 특정하게 되는 사항을 말한다. 이하 같다.)을 공개된 법정에서 밝히지 않는다는 취지의 결정을 할 수 있다.

1. 형법 제176조부터 제178조의2까지 또는 제181조의 죄, 같은 법 제225조 또는 제226조의2 제3항의 1죄(외설 또는 결혼목적에 관계된 부분에 한한다. 이하 이 호에서 같다.), 같은 법 제227조 제1항(제225조 또는 제226조의2 제3항의 죄를 범한 자를 방조할 목적에 관계된 부분에 한한다.) 또는 제3항(외설 목적에 관계된 부분에 한한다.) 또는 제241조의 죄 또는 이들 죄의 미수죄에 관계된 사건
2. 아동복지법 제60조 제1항의 죄 또는 같은 법 제34조 제1항 제9호에 관계된 같은 법 제60조 제2항의 죄 또는 아동매춘, 아동포르노에 관한 행위 등의 처벌 및 아동의 보호 등에 관한 법률 제4조부터 제8조까지의 죄에 관계된 사건
3. 제2호에 게기한 사건 외에, 범행의 태양, 피해의 상황, 기타의 사정에 의하여 피해자특정사항이 공개된 법정에서 밝혀지는 것에 의하여 피해자 등의 명예나 사회생활의 평온이 현저하게 해쳐질 염려가 있다고 인정되는 사건

② 전항의 신청은 먼저 검찰관에게 하여야 한다. 이 경우 검찰관은 의견을 붙여 이를 재판소에 통지한다.

③ 재판소는 제1항에 정한 것 외에 범행의 태양, 피해의 상황, 기타의 사정에 의하여 피해자특정사항이 공개법정에서 밝혀지는 것에 의하여 피해자 또는 그 친족의 신체나 재산에 해를 가하거나 이들을 외포시키거나 곤혹하게 하

는 행위가 행해질 염려가 있다고 인정되는 사건을 다루는 경우, 검찰관 및 피고인 또는 변호인의 의견을 들어 상당하다고 인정되는 때에는 피해자특정사항을 공개된 법정에서 밝히지 않는다는 취지를 결정할 수 있다.

④ 재판소는 제1항 또는 전항의 결정을 한 사건에 관하여, 피해자특정사항을 공개된 법정에서 밝히지 않는 것이 상당하지 않다고 인정하기에 이른 때, 제312조의 규정에 의하여 벌조가 철회 또는 변경되었기 때문에 제1항 제1호 또는 제2호에 게기한 사건에 해당하지 않게 된 때 또는 같은 항 제3호에 게기한 사건 또는 전항에 게기한 사건에 해당하지 않는다고 인정하기에 이른 때에는, 결정으로 제1항 또는 전항의 결정을 취소하여야 한다.

[2007년 법률 제95호로 본조 신설]

(호칭의 정함, 법 제290조의2)

형사소송규칙 제196조의4

재판소는 법 제290조의2 제1항 또는 제3항의 결정을 한 경우, 필요가 있다고 인정하는 때에는 피해자의 성명 기타 피해자특정사항에 관한 명칭에 대신하는 호칭을 정할 수 있다.

이 규정과 관련하여 2008. 3. 5. 최고재판소의 결정이 있었다.[52] 그 사건의 경과는 아래와 같다.[53]

폭력단 내부의 본부장에서 밀려나자 후임 본부장 등 5인을 권총으로 살해한 사건의 상고심에서 피해자 A, C의 유족이 위 피해자들에 관한 비닉결정신청을 하자 검사가 형사소송법 제290조의2 제1항 제3호에 의한 비닉결정이 상당하다는 의견을 붙여 최고재판소 제1소법정에 신청이 있었다는 통지를 하였다. 최고재판소 제1소법정은 A, C에 관하여는 위 제290조의2 제1항에 의하여, B, D, E에 관하여는 같은 조 제3항에 의하여 피해자특정사항을 공개된 법정에서 밝히지 아니한다는 결정을 하였다. 변호인은 피해자특정사항을 공개된 법정에서 밝히지 아니한다는 취지의 결정을 하는 것은 헌법 제37조 제1항에 정한 공개재판을 받을 권리를 침해하고 나아가 헌법 제32조의 재판을 받을 권리를 공동화(空洞化)할 염려가 있다고 주장하였다. 그러나 위 최고재 소법정은 재판을 비공개로 하는 취지는 아님이 명백하여 공개재판을 받을 권리를 침해한다고는 할 수 없기 때문에 위 주장은 전제를 흠결한 것이라 할 것이라고 판단하였다.

---

52) 日最裁 2008. 3. 5. 第1小法廷決定 (平成 18년 (あ)第2339号) (判タ 1266号 149頁).

53) 松本, 특정사항, 24~25쪽.

비닉결정제도(秘匿決定制度)를 규정하고 있는 일본 형사소송법 제290조의2는 2007년 법률개정으로 신설되었다. 일본에서는 근래 범죄피해자 등을 보호·지원할 목적으로 소송절차에 관한 법을 정비하였는데, (i) 형사소송법(1999년 법률 제138호), (ii) 이른바 범죄피해자보호2법(2000년 법률 제74호, 제75호), (iii) 범죄피해자등기본법(2004년 법률 제161호), (iv) 형사소송법(2007년 법률 제95호)이 그것이다. 그 중 2007년의 형사소송법 개정은 위 범죄피해자등기본법 및 이에 기하여 2005. 12. 각의(閣議) 결정된 범죄피해자등기본계획을 근거로 하여 개정된 것이다.

이 개정 전에도 실무상 소송관계인의 동의가 있으면 가명 등을 사용하여 왔다.[54]

일본 헌법 제82조 제1항은 재판의 판결에 대하여 절대적 공개를 규정하고 있고 같은 조 제2항은 재판의 대심(對審)에 대하여 일정한 예외적인 경우를 제외하고는 공개법정에서 행하도록 규정하고 있다. 형사소송에서 공판절차는 이 대심에 해당한다. 일본 헌법이 요구하는 '공개'란 "국민에게 공개된다고 하는 일반공개, 구체적으로는 국민일반의 방청을 허용하는 것"[55]이라고 하는데, "재판을 일반에게 공개하여 재판이 공정하게 행해지는 것을 제도로서 보장하고 나아가 재판에 대한 국민의 신뢰를 확보하려는 데에" 그 취지가 있다[56]고 한다.[57]

위 최고재판소 결정은 재판이 일반의 방청을 허용하는 공개법정에서 행하여지고 있는 이상 피해자특정사항을 공개법정에서 밝히지 아니한다는 결정을 하더라도 재판을 비공개로 행하는 것이라고는 할 수 없기 때문에 "전제를 흠결하였다"고 하였다. 이 결정은 최고재판소의 변론에 비닉결정이 내려진 최초의 사례이다. 이 결정은 일본헌법 제37조의 공개[58]에

54) 酒卷匡 編, Q&A 平成19年犯罪被害者の刑事手續關連法改正, 129頁 [松本, 특정사항, 25쪽에서 인용].
55) 佐藤行治, 憲法(第三版), 316頁.
56) 日最判 1989. 3. 8. 民集 43卷 2号 89頁.
57) 松本, 특정사항, 25쪽.
58) 기본권의 측면에서 공개재판을 받을 권리를 규정한 조항.

대해서만 설시하고 있지만 일본헌법 제82조 제1항의 공개[59]에 대해서도 당연히 적용된다고 한다.[60]

비닉결정제도를 위헌이라고 할 수는 없지만 위 결정의 논리에는 의문이 있다는 비판이 있다.[61] 이는 비닉이 헌법 제82조 제2항에서 말하는 "공개하지 아니하"는 조치에 해당한다고까지는 말할 수 없더라도 피해자 특정사항은 (차폐조치의 경우와 비교하면 간접적일지는 모르겠지만) 방청인에 의한 재판감시의 실효성확보와 관계가 없다고 할 수 없어서, 결국 비닉은 공개주의의 후퇴와 다르지 아니하고 예외적으로 정당화가 요구되는 것이라 할 것임에도 "소론은 전제를 결하였다"고 판단한 것은 문제라는 것이다.[62]

위 최고재판소 결정은 차폐조치(遮へい措置)와 비디오링크방식(앞서 본 '범죄피해자2법'에 의하여 도입되었다.)이 일본 헌법 제82조 제1항에 위반되지 않는다고 한 최고재판소 판결[63]의 논리적 귀결이라고 평가되고 있다.[64] 그러한 때문에 차폐조치와 공개와의 관계에 대하여 비닉결정에 관한 위 비판과 유사한 지적이 있다.[65]

다. 차폐장치와 영상시설에 의한 증인심문

이에 관하여는 2004. 4. 14. 일본 최고재판소 판결이 있었다.[66] 그 사건의 경과는 아래와 같다.[67]

---

59) 사법제도의 측면에서 재판의 공개를 규정한 조항.
60) 松本, 특정사항, 25쪽.
61) 松本, 특정사항, 25쪽.
62) 같은 곳.
63) 日最裁 2005. 4. 14. 第1小法廷判決 (平成 16年 (あ)第1618号) (刑集 59巻 3号 259頁, 判タ 1187号 147頁).
64) 松本, 특정사항, 25쪽.
65) 堀江愼司, "判比", 刑事法ジャーナル 2号 115頁 [松本, 특정사항, 25쪽에서 인용].
66) 日最裁 2005. 4. 14. 第1小法廷判決 (平成 16年 (あ)第1618号) (刑集 59巻 3号 259頁, 判タ 1187号 147頁).

피고인이 知人의 妻를 상해·강간하였다고 하여 기소된 사건에서 제1심이 피해자를 비디오링크방식과 차폐조치(증인과 피고인 상호간, 증인과 방청인 사이)에 의하여 증인심문을 하고 유죄판결을 하였다. 이에 피고인측이 심판의 공개규정(일본 형사소송법 제377조) 및 소송절차의 법령위반을 주장하며 항소하였다. 제2심은 이를 받아들이지 않고 항소는 기각되었다. 이에 대하여 피고인측은 증인의 차폐와 비디오링크방식에 의한 증인심문을 정한 일본 형사소송법 제157조의2 및 제157조의 4는 일본 헌법 제37조 제1항·제82조 제1항(재판의 공개) 및 제37조 제2항 전단(피고인의 증인심문권의 보장)에 위반된다고 주장하면서 상고하였다.
상고는 기각되었다.

상고심의 이 부분 판결이유 요지는 아래와 같다.[68]

증인심문이 공판기일에서 행해지는 경우 방청인과 증인 사이에 차폐조치가 취해지거나 비디오링크방식에 의하는 경우 나아가 양자가 동시에 취해지는 경우라도 심리가 공개되어 있음에는 변함이 없으므로 위 규정들은 헌법 제82조 제1항, 제37조 제1항에 위반되지 아니한다.

또 증인심문을 할 때 피고인이 증인의 상태를 인식할 수 없게 하는 차폐조치가 취해진 경우 피고인은 증인의 모습을 볼 수는 없지만 진술을 들을 수는 있고 스스로 심문도 할 수 있으며 더욱이 변호인이 출석하여 있는 경우에 한하여 취할 수 있는 것이어서 변호인이 증인의 진술태도 등을 관찰하는 것은 방해되지 않으므로 이러한 제도의 취지에 비추어볼 때 피고인의 증인심문권은 침해되지 않는다고 할 수 있다. 비디오링크방식의 경우 피고인은 영상과 음성의 송수신을 통하고 있다 할지라도 증인의 모습을 보면서 진술을 듣고 스스로 심문하는 것이 가능하기 때문에 피고인의 증인심문권은 침해되지 아니한다고 할 수 있다. 나아가 비디오링크방식에 더하여 피고인이 증인의 상태를 인식할 수 없게 하는 차폐조치가 취해지더라도 증인의 진술을 듣는 것은 가능하고 스스로 심문하는 것도 가능하며 변호인에 의하여 증인의 진술상태 등을 관찰하는 것은 저해되지 않으므로 결국 피고인의 증인심문권은 침해되지 않는다고 할 수 있다. 따라서 일본 형사소송법 제157조의2, 제157조의4는 헌법 제37조 제2항 전단에 위반되지 아니한다.

차폐조치는 "방청인과 증인 사이에 서로 상대방의 상태를 인식할 수 없도록 하려는 조치"[69]이고, 비디오링크방식은 "재판관 및 소송관계인이 증인을

67) 松原, 재판공개, 426쪽.
68) 松原, 재판공개, 426쪽.

심문하기 위하여 재석하는 장소 이외의 장소(이들이 재석하는 장소와 같은 구내에 한한다.)에 증인을 재석시키고, 영상과 음성을 송수신하여 상대방의 상태를 서로 인식하면서 통화할 수 있는 방법에 의하여 심문하는"[70] 것이다. 일본 형사소송법은 여러 가지 조건을 붙여서[71] 이러한 제도의 이용을 허용하고 있다. 위 최고재판소 는 증인심문이 공판기일에서 행해지는 경우, 비디오링크방식에 의한 위에 방청인과 증인 사이에 차폐조치를 하더라도 심리가 공개되어 있음에는 변함이 없다고 하여 위 규정들은 일본헌법 제82조 제1항이나 제37조 제1항에 위반되지 않는다고 하였다.

라. 기록공개와의 관계

일본 최고재판소의 입장은 피해자특정사항에 관하여 비닉이 된 채로 재판하는 것 또는 차폐장치나 영상시설에 의하여 증인심문을 하는 것은 공개재판주의에 위반되지 않는다는 취지이다.

이를 토대로 소송기록의 공개에 관하여 생각해 보면, 일본 형사소송법 제290조의2[72] 제1항 각호가 규정한 사건(성범죄가 주된 대상이지만 제3호에 의하여 일반사건에 확장될 수 있다)에 관하여 그 피해자를 특정할 수 있는 사항은 비닉하고 공개할 수 있고, 적어도 차폐장치에 의하여 증언한 사람은 차폐로 인하여 비공개된 부분만큼은 공개하지 아니할 수 있다고 생각된다.

---

69) 일본 형사소송법 제157조의3 제2항. 피고인과 증인 사이의 차폐조치는 같은 조 제1항에서 규정하고 있다.

70) 일본 형사소송법 제157조의4 제1항.

71) 위 각 조항 외에, 같은 법 제157조의4 제1항 제1호～제3호.

72) 이는 위 형사사건의 상고심 계속중인 2007. 12. 26. 범죄피해자등의 권리이익의 보호를 꾀하기 위하여 신설되어 시행되었다. 松本, 특정사항, 25쪽.

6. 소결

가. 요약

이상의 논의를 토대로 일본에서 기록이 공개되는 내용을 요약해 보면 아래와 같다.

<table>
<tr><th>법</th><th colspan="2">원칙</th><th>예외</th></tr>
<tr><td>헌법
(기록, 판결)</td><td colspan="2">▪대심 및 판결의 공개
▪절대적 공개
-정치범죄, 출판범죄, 기본권 관련 사건
-판결</td><td>▪재판관 전원일치로 다음 사유로 비공개 결정
-공공질서
-선량한 풍속</td></tr>
<tr><td>민소법
(기록)</td><td colspan="2">▪일반인에 열람공개
▪재판소서기관에게 신청
▪기록보존이나 재판소업무 지장 없는 한도에서 허용</td><td>▪일반공개 법정금지
-변론공개 금지사건
[당사자, 이해관계를 소명한 제3자만 청구가능]
▪당사자 신청으로 재판소가 일반공개 금지결정
-중대한 사생활 비밀, 공개시 사회생활 지장 사항
-영업비밀</td></tr>
<tr><td>형소법
(기록)</td><td colspan="2">▪일반인에 열람공개
▪기록보존자에게 신청
▪허용범위
-사건종결 후
-기록보존이나 재판소업무 지장 없는 한도
▪절대적 공개
-정치범죄, 출판범죄, 기본권 관련 사건</td><td>▪일반공개 법정금지
-변론공개 금지사건
-일반열람 부적합사건
[당사자, 열람에 정당이유 있어 허가 받은 자는 가능]</td></tr>
<tr><td>기록법
(기록)</td><td>보관기록</td><td>▪일반인에 열람공개
-보관검찰관에 청구
▪허용범위</td><td>▪다음의 경우 일반공개 금지
-변론공개사건
-종결 후 3년 경과</td></tr>
</table>

		-기록보존이나 재판소 업무 지장 없는 한도 ▪절대적 공개 -정치범죄, 출판범죄, 기본권 관련 사건	-공공질서, 선량한 풍속 침해 염려 -범인의 개선, 갱생 현저 방해 염려 -관계인의 명예, 생활의 평온 현저 침해 염려 -재판원 등의 특정 염려 ▪다음 특정인에 열람공개 -소송관계인 -정당한 이유 있는 자
	재심보존 기록	▪보관검찰관에 청구 ▪특정인에 열람공개 -재심청구(예정)인 -재심변호인 ▪허용범위 -기록보존이나 재판소 업무 지장 없는 한도 ▪학술연구 열람공개	
	형사참고 기록	▪학술연구 열람공개 -검찰청장에 청구	

나. 제도의 평가

이와 관련하여 특히 「松井茂記, “裁判の公開と” 「秘密」 の保護」의 형사확정소송기록법에 관한 다음 평가는 적절한 것으로 보여 아래에서 그 요지를 소개한다.[73)]

형사소송법 53조의 규정이 있었지만 소송기록의 열람에 관한 제도가 확립되어 있지 않아서 실제로는 형사소송기록의 공개에는 많은 결함이 있었다. 1987년에 형사확정소송기록법이 성립되어 소송기록의 공개가 제도화되었다. 그런데 이 법률의 소송기록 공개제도에는 여러 가지 문제가 많아 기록공개의 취지에 합치한다고 말하기 어려운 상황이다.

민사소송에 관하여 (구 일본) 민사소송법 제151조는 “누구라도 소송기록의 열람을 … 청구할 수 있다.”고 하고 다만 “단, 소송기록의 보존 또는 재판소의 집무에 지장이 있는 때에는 그러하지 아니하다.”고 규정하고 있다. 이에 대하여는 민사소송법학은 기

73) 松井, 재판공개(3), 767~769쪽.

록공개가 과도하게 널리 인정되고 있다고 하는 비판적 목소리가 유력하다.[74]

최고재판소는 기록의 열람제한을 인정한 형사확정소송기록법 제4조 제2항의 합헌성이 다투어진 사례에서, 그 합헌성을 지지하면서 헌법 제21조, 제82조는 '형사확정소송기록의 열람을 권리로서 요구할 수 있는 것까지를 인정한 것이 아닌 것은' 최고재판소 판례의 취지에 비추어 명백하다고 판단하고 있다.[75]

이 사건은 프리랜서(저널리스트)가 잡지기사를 집필하기 위한 자료라면서 형사사건의 소송기록의 열람을 청구한 사안에 관한 것이었다. 그런데 보관검찰관은 청구가 형사확정소송기록법 제4조 제2항 제3호, 제4호, 제5호에 해당한다고 하여 불허가하였다. 그래서 열람을 청구한 저널리스트가 그 결정을 다투었던 것이다. 이에 대하여 원결정[76]은 형사확정소송기록법 제4조 제2항의 열람제한은 헌법 제21조, 제82조에 위반되지 않는다고 판단하였다. 최고재판소는 이 판단을 지지한 것이다. 최고재판소 판단의 배경에는 소송기록은 재판과는 다른 것이기 때문에 재판의 공개는 의무라 하더라도 헌법상 소송기록에 대하여까지 공개의 요청이 존재하지는 않는다고 하는 사고방식이 깔려 있는 것으로 보인다. 학설 중에도 "재판공개원칙은 소송기록공개의 요청을 포함하는 것이 아니다"라고 명백히 밝히는 견해가 있다.[77] 같은 견해를 가진 학자들도 있다.[78] 그러나 재판이 공개되어도 소송기록이 공개되지 않으면 재판의 공개의 요청은 그림의 떡에 지나지 않는다. 결국 재판의 공개의 요구는 소송기록의 공개의 요구를 당연히 내포하고 있다고 할 것이다.[79]

다만 이것은 비공개심리로 행하여진 기록까지 포함하여 공개하여야 한다는 것을 의미하지는 않는다. 당사자가 비공개심리, 대리인만에 의한 심리를 구하고 재판소가 그것을 받아들여 비공개심리, 대리인만에 의한 심리를 행한 경우에는 그 심리에 관한 소송기록은 비공개로 할 수 있다.

결국 이에 따르면 법제의 정비에도 불구하고 기록공개가 제한적으로 행해지고 있으며, 최고재판소는 그에 대한 적법성을 확인해 주고 있는 상황이라고 할 수 있다. 더구나 일반공개의 방법을 '열람'이라고 명시함으로써 단지 읽을 수만 있는지, 메모는 할 수 있는지, 복사가 가능한지에 관하여 분명하지 아니하다.[80]

---

74) 田辺, 민사소송, 40쪽.
75) 日最決(三小決) 1990. 2. 16. 判例時報 1340号 145頁.
76) 静岡地沼律支決 1989. 12. 7. 判例時報 1334号 239頁
77) 佐藤, 코멘타르 (內野正幸 집필부분), 334쪽.
78) 樋口, 주석헌법 (浦部法穗 집필부분), 1295쪽; 山名, 기록개시, 157~158쪽.
79) 松井, 재판공개(3), 768쪽; 杉原, 헌법, 393쪽.

이러한 상황이므로 기록을 웹싸이트에 게시하여 누구나 열람할 수 있도록 하는 수준의 공개에 관하여는 별다른 논의가 발견되지 않는다. 이와 관련하여 행정정보에 관하여는 전자적 공개에 대한 학계의 요청이 있었고[81] 일본 행정기관이 보유하는 정보의 공개에 관한 법률(行政機關の保有する情報の公開に關する法律)은 제14조에서 전자적 기록의 존재를 전재로 구체적인 공개방법은 정령(政令)으로 정하도록 하였다. 그러나 재판기록에 관하여는 그러한 규정이 없다.

80) 앞서 본 바와 같이 이에 관하여 전향적으로 보아야 한다는 주장이 있기는 하다.
81) 松井, 전자기록, 47쪽.

III. 판결문의 공개

1. 개요

일본 헌법 제82조는 재판의 심리(對審)뿐만 아니라 판결도 공개의 대상으로 하고 있다. 특히 심리는 제2항에서 비공개의 예외를 두고 있는데 비하여 판결에 대하여는 이러한 예외규정을 두고 있지 아니하다. 이런 까닭에 판결은 그 공개가 절대적으로 요구되고 있는 것이라고 하겠다.

학설은 이 판결은 재판소의 종국적 판단을 의미하는 것이라 해석하고 있지만 일반적으로 공개된 법정에서 언도되어야 하는 것은 판결주문이고 판결이유까지 반드시 공개된 법정에서 낭독하여야 하는 것은 아니라고 해석되고 있다.[82] 또 비송사건의 종국판단은 판결이 아니라 결정의 형식으로 이루어지는데 이 경우까지 공개를 요구할 필요는 없다고 여겨지고 있다.[83] 그러나 판결의 선고에 관한 한 심리와 달리 헌법 제82조는 예외를 인정하지 아니하고 있는 이상 반드시 공개하여야 한다고 여겨지고 있다.[84] 그리고 일본 헌법 제32조[85]에서 판결을 비공개로 행하는 것을 구하는 권리까지 도출하는 것은 곤란하다고 한다.[86]

이처럼 판결에 대하여 절대적 공개를 요구하는 것은 프라이버시 보호와 영업비밀 보호의 관점에서 문제가 있다는 비판을 받을 수 있다. 가령 종래 금지판결(差止判決)의 경우에 판결주문에서 금지행위가 명시되고

---

82) 松井, 재판공개(3), 766쪽; 浦部法穗 等, 注釋 日本國憲法 (下), 1294頁.
83) 松井, 재판공개(3), 766쪽.
84) 같은 곳.
85) 제32조(재판을 받을 권리)
누구든지 재판소에서 재판을 받을 권리를 가진다.
86) 松井, 재판공개(3), 766쪽.

결국 원고의 영업비밀이 명시되어 버리거나 판결이유 가운데 결국 영업비밀이 명시되어 버리는 것을 고려할 때 판결에 관하여도 비밀보호의 필요성이 인정된다는 견해가 그것이다.[87] 이에 대하여는, 일본 헌법 제82조는 판결이 공개법정에서 선고되어야 한다는 것을 요구하고 있는데, 여기서 선고되는 판결에 반드시 포함(기재)되어야 하는 것이 무엇인지는 정하지 않고 있다고 하면서, 판결공개가 헌법적 요청이라고 하더라도 그 판결 중에 프라이버시 및 영업비밀까지 공개하라는 것은 아니며, 오히려 판결 중에 무엇이 포함되어야 하는가는 판결공개의 문제가 아니라 적법절차의 문제(당사자의 절차적 듀프로세스의 문제)라고 하는 재비판이 있다.[88] 그리하여 금지된 행위에 관하여는 요컨대 금지된 행위가 무엇인지 피고가 구별할 수 있으면 되기 때문에 반드시 영업비밀을 명시할 필요는 없을 것이고 마찬가지로 판결이유 중에도 원고의 영업비밀을 명시할 필요는 없다고 하면서, 판결주문을 '피고는 별지 기재의 방법에 의하여 제품의 제조 판매를 하여서는 아니된다.'라는 형식으로 표기하고, 영업비밀에 해당하는 부분을 별지로 하여 그 부분의 공개를 피하든가, 또 판결이유 중에도 영업비밀의 상세를 판결이유 중에 기재하지 않고 상세를 기재한 별지를 밀봉한 상태로 첨부하여 이것에 대하여는 재판소가 선임한 변호사에만 열람을 허한다는 방법을 생각할 수 있다고 한다.[89]

요컨대, 소송기록과 달리 판결은 절대적 공개임이 원칙이지만, 프라이버시와 영업비밀 등을 보호하기 위하여 적법절차의 관점에서 적절한 제한을 할 수도 있다는 것이다.

일본 판례는 判例集(裁判例集)에 공간되고,[90] 재판소 웹사이트에 게시되며,[91] 법률잡지에 게재된다.[92] 상업용 웹사이트에서도 접근이 가능하

87) 田辺, 소송절차, 142~143쪽.
88) 松井, 재판공개(3), 767쪽.
89) 松井, 재판공개(3), 767쪽.
90) 예컨대, 「裁判集刑 293号 689頁」.
91) 예컨대, 「裁判所ウェブサイト」.
92) 예컨대, 「判タ 1266号 149頁」.

다. 아래에서는 이와 같은 방법으로 판결문을 공개하는 구체적인 모습과 이 때 프라이버시와 영업비밀을 보호하기 위하여 어떠한 조치를 취하는지를 중심으로 살펴본다.

2. 판례집

판례집은 일본 판례를 공식적으로 공간하는 곳이다. 일반사건은 재판소의 종류에 따라 「最高裁判所判例集」, 「高等裁判所判例集」, 「下級裁判所判例集」 등의 판례집을 공간하고 있고, 특별사건은 「行政事件裁判例集」, 「勞働事件裁判例集」, 「知的財産裁判例集」을 공간하고 있다.

과거의 판례집에서는 비실명처리 등 공개에 따른 피해예방을 위한 고려가 없었다. 그러나 근자에 인터넷을 통하여 판결문을 공개하면서 이에 대한 고려를 구체적으로 하기 시작하였다. 그 구체적 내용은 아래 3.에서 살펴본다.

3. 재판소 홈페이지

가. 공개의 개요

일본은 최고재판소 이하 각급 재판소의 공통 홈페이지를 두고 여기서 각 재판소로 연결되도록 하였다.[93] 이 웹사이트에서 제공하는 판례검색시스템을 통하여 누구나 각 재판소의 판결례를 검색할 수 있다. 판결 요지뿐만 아니라 전문이 제공되고 있다. 여기서 제공되는 판결례는 대체로 판례집(재판례집)에 공간된 것들이다.

---

93) http://www.courts.go.jp/

판례를 검색한 1차 검색결과 화면에서 판결의 개략적 정보를 제공한다. 아래는 주제어를 '刑事訴訟' 및 '公開'로 하여 검색한 예이다.

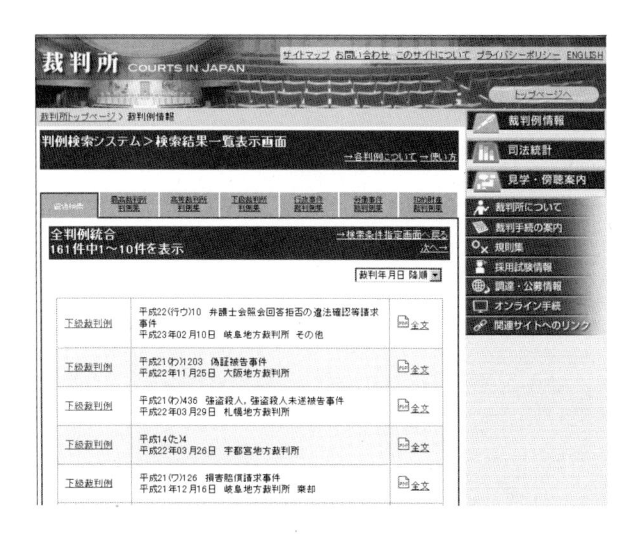

위에서 「下級裁判例」를 클릭하면 보다 상세한 사건정보가 제공된다. 아래는 위 검색결과 중 세 번째 재판례를 클릭한 것이다.

또 판결 전문을 제공하고 있다. 이 판결 전문은 PDF 파일로 제공되는데 판결의 형식적 기재사항은 삭제하고 판결의 주문과 이유, 선고일자, 선고재판부, 재판관 성명(실명)이 제공되고 있다. 아래는 위 판결 전문의 제공례이다.

主文

被告人を無期懲役に処する。
未決勾留日数中２７０日をその刑に算入する。

理由

(罪となるべき事実)

被告人は,<A> (当時３７歳)及, >び<B> (当時７歳)を殺害して<A>から金品を強取しようと企て, …

そこで, 被告人に対しては, 死刑ではなく, 無期懲役刑を科し, 生涯にわたって, 自己の悪業を真摯に顧みて反省し, 深く悔悟する日々を過ごさせることが相当であると判断した。

平成２２年３月２９日
札幌地方裁判所刑事第３部
裁判長裁判官　辻　川　靖　夫
裁判官　石　井　伸　興
裁判官　佐　藤　薫

아래는 당사자에게 교부된 판결등본의 예인데, 이것과 비교해 보면 생략된 부분의 내용을 알 수 있다.[94][95]

94) 본적을 가린 부분은 당사자가 가린 것이다.
95) http://www.a-kitazume.com/hanketusyo20-6.htm

平成２０年9月１１日宣告　裁判所書記官　藤田　亮

平成１８年わ第２９２０号

判　　決

本　籍

住　居　東京都大田区池上４丁目２６番９号　第一安藤荘１０１

電　装　業

北　詰　淳　司

昭和２２年１０月３１日生

被告人に対する傷害被告事件について，当裁判所は，検察官篠田和邦出席の上審理し，次のとおり判決する。

主　　文

被告人を懲役１年に処する。

未決勾留日数中２５０日をその刑に算入する。

この裁判確定の日から３年間その刑の執行を猶予する。

理　　由

（罪となるべき事実）

被告人は，平成１８年5月２３日午後9時１０分ころ，千葉県市原市玉前８６番地４先路上に停車中の普通乗用自動車内において，河野洋子（当時５９歳）に対し，その顔面を手拳で数回殴打するなどの暴行を加え，よって，同人に全治約１６日間を要する両頬部打撲，左上腕打撲，歯牙打撲の傷害を負わせたものである。

(중략)

行為を止めてもらいたいが，刑務所に行ってもらいたいという気持ちがあるわけではないと述べていること，被告人には上記のほかに前科はないことなど，被告人のため有利に斟酌し得る事情も認められる。

以上の諸事情を総合考慮して，主文のとおり判決することとした。

（求刑　懲役１年）

平成２０年9月１１日

千葉地方裁判所刑事第１部

裁　判　官　作　田　寛　之

これは謄本である
平成 20年 9 月 19 日
千葉地方裁判所刑事第1部
裁判所書記官 藤 田 亮

나. 정보 제한의 정도

(1) 형식적 기재사항의 생략

우선 재판소 홈페이지에서 제공하는 판결문 전문에는 원고와 피고, 변호사 이름 등 판결문 앞부분의 형식적 기재사항이 생략된 채 주문부터의 내용이 기재되어 있다. 다만, 사건번호와 사건명을 앞부분에서 간단하게 제시하는 경우도 있다.[96] 판결문 말미에 기재된 선고연월일과 재판부 및 재판관의 실명이 공개된다. 말미에 검사와 변호사의 출석을 기재하면서 실명을 공개하는 경우도 있다.[97]

그러나 이러한 형식적 기재사항은 당해사건에 대한 요약정보를 통하여 확인할 수 있다.

(2) 비실명처리

위 전문은 비실명처리가 된 상태로 게시되어 있다. 비실명처리는 매우 강하게 하고 있다.

(가) 당사자

당사자 이름을 비실명처리한다. 어차피 판결 앞머리의 당사자 표시를 생략하기 때문에 당사자가 1인인 경우에는 단순히 '피고인'등과 같이 판결원문에 표시된 그대로 공개하는데 문제가 없다.[98] 그러나 당사자가 2인

---

96) 예컨대, 名古屋地方裁判所 2001. 9. 8. 判決에서는 검색된 판결전문 첫줄에「平成２０年(わ)第２０２５号 公電磁的記録不正作出, 同供用被告事件」라고 기재되어 있다.

97) 예컨대, 위 名古屋地方裁判所 2001. 9. 8. 判決에서는 판결전문 말미에「(検察官齋智人, 被告人Ａ１につき弁護人森川仁, 同山本 伊仁, 被告人Ａ２につき弁護人渡辺伸二各出席)」라고 기재되어 있다.

98) 예컨대, 札幌地方裁判所 2010. 3. 29. 判決 (平成21年(わ)436号 強盜殺人, 強盜殺人未遂被告事件).

이상인 경우에는 영어 알파벳을 이용하여 비실명처리한다.

예컨대, 위 名古屋地方裁判所 2001. 9. 8. 判決에서는 피고인이 2명이었는데, 다음과 같이 'A1', 'A2'로 특정되었다(밑줄 필자 추가, 이하 이 항에서 같다).

> 被告人Ａ１を懲役２年６月に，被告人Ａ２を懲役２年に処する。

공동피고인도 특별히 구분하지 아니하고 'A3' 등으로 특정한다.

원고를 'P1', 'P2'로 승계인을 'P3'으로 특정한 예도 있다.[99]

> 被告人Ａ１は，岐阜地方法務局表示登記専門官として，被告人Ａ２は，同法務局総務登記官として，…，同法務局首席登記官であった分離前の相被告人Ａ３，同法務局総括表示登記専門官であった同Ａ４及び不動産売買等を業とする株式会社Ｂ１の実質的経営者であり，… 分譲宅地等造成事業を行っていた同Ａ５との間で，上記Ａ５が …，上記Ａ３ほか２名と共謀の上，…

(나) 피해자 및 관계자

피해자나 관계자도 영어 알파벳으로 특정한다.

아래는 위 札幌地方裁判所 2010. 3. 29. 判決의 예인데, 피해자를 '<A>', '<B>'로 특정하고 있다.

> 被被告人は<A>（当時３７歳)及　び<B>（当時７歳)を殺害して<A>から金品を強取しようと企て，平成１９年９月１４日午後９時ころ，北海道磯谷郡 … 場において，
> 第１　前記<A>に対し，… 同人を… 殺害し，同人所有の現金約４０万円在中の財布１個を強取し，
> 第２　前記<B>に対し，… 同人を殺害するに至らなかった。

99) 大阪地方裁判所 2010. 12. 17. 判決 (平成19年(行ウ)78号等　所得税更正處分等取消請求事件) 등.

(다) 법인, 영업소

법인이나 영업소도 영어의 알파벳으로 특정하고 있는데, 특별이 다른 계열의 알파벳을 사용하지는 않고 있다.

아래는 大阪地方裁判所 2010. 11. 25. 判決의 일부인데, 주식회사, 음식점, 대학 등을 'C', 'D', 'E'로 특정한 예이다.[100)]

> 被告人は，有名タレントであるAが，平成１３年６月上旬　ころから同年１０月１日ころまでの間に，Ｂに対し，未公開であった株式会社Ｃの株式（以下'Ｃ株'という。)が１株当たり４０万円で入手可能`であるにもかかわらず，... 東京都... 所在の飲食店'飲食店Ｄ'に１週間に一，二回の頻度で行く状況にはなく，仮に自己が平成１２年ころに飲食店ＤでＡからＢを紹介され，...
> 被告人は，Ａ事件第１７回公判期日において，Ａの弁護人の主尋問に対して，「最終学歴は平成３年にＥ大学の歯学部を卒業しまして...

아래는 위 名古屋地方裁判所 2001. 9. 8. 判決의 예인데, 주식회사를 'B1'로 특정하고 있다.

> 被告人Ａ１は，... 不動産売買等を業とする株式会社Ｂ１の実質的経営者であり，... 分譲宅地等造成事業を行っていた同Ａ５との間で，...

(라) 주소 등 장소

주소도 영어 알파벳을 이용하여 특정하고 있다.

아래는 위 札幌地方裁判所 2010. 3. 29. 判決의 일부인데, 주소를 소문자 알파벳을 이용하여 '< a >', '< b >'등으로 특정하고 있다.

---

100) 大阪地方裁判所 2010. 11. 25. 判決 (平成21年(わ)1203号　偽証被告事件).

> 被告人は<A>（当時３７歳)及び<B>（当時７歳)を殺害して<A>から金品を強取しようと企て，平成１９年９月１４日午後９時ころ，<u>北海道磯谷郡<ａ>町字<ｂ><ｃ>番<ｄ><ｅ>線道路改良工事<ｂ>工区</u>内の土捨て場において，…

이와 달리 위 名古屋地方裁判所 2001. 9. 8. 判決에서는 'A'', 'B''와 같이 대문자에 아포스트로피(apostrophe)를 더하여 특정하고 있다.

> 被告人Ａ１は，岐阜地方法務局表p示登記専門官として，被告人Ａ２は，同法務局総務登記官として，いずれも，<u>岐阜市Ａ'町Ｂ'丁目Ｃ'番地</u>所在の同法務局登記部門に勤務し不動産の表ｔ示の登記に関する事務に従事していたものであるが，…

(마) 요약

요컨대, 일본 재판소 웹사이트에 공개되는 판결문 비실명화는 아래와 같이 이루어진다고 할 수 있다.

> 1. 영어 알파벳을 사용한다.
> 2. 사람에 대한 특정은 아래와 같다.
>   가. 피고인인지 관계인인지 여부는 구별하지 않는다.
>   나. 대문자로 특정한다.
>   다. 꺽쇠괄호(< >)를 할 수도 안할 수도 있다. → 예: A 또는<A>
>   라. 적정한 경우에는 알파벳에 숫자를 더할 수 있다. → 예: A1
> 3. 법인, 영업점, 기관 등도 위와 같다.
> 4. 주소나 장소의 특정은 아래와 같다.
>   가. 대문자에 아포스트로피를 가하거나 소문자를 사용한다. → 예: A' 또는 a
>   나. 꺽쇠괄호(< >)를 할 수도 안할 수도 있다. → 예: a 또는<a>
> 5. 국가, 자치단체 기타 행정기관 등은 비실명화하지 아니한다.

다. 정보제한의 완화

지식재산권사건에서는 대체로 판결 머리의 형식적 기재사항도 함께 제공되고 있다. 이 때 당사자의 주소는 상세부분을 생략하는 방식을 사용하고 있다. 아래는 그 예이다.[101]

평成２２年１２月２２日判決言渡同日原本‑領収裁判所書記官
平成２１年（ワ)第２５３０３号特許権侵害差止等請求事件
口頭弁論終結日平成２２年１０月４日

判　決

埼玉県川越市＜以下略＞

原　告	A			
同訴訟代理人弁護士	西	田	研	志
同訴訟復代理人弁護士	倉	橋	芳	英
同	川	村	拓	矢
同	神	保	宏	充
同訴訟代理人弁護士	大	隅	愛	友
同	川	瀬	裕	之

東京都渋谷区＜以下略＞

被　告	東日本·旅客鉄道株式会社		
同訴訟代理人弁護士	久保利	英	明
同	上	山	浩
同	小長谷	真	理

主　文

1 原告の請求をいずれも棄却する。
2 訴訟費用は，原告の負担とする。

이러한 사건에서 당사자가 법인인 경우 법인명은 실명을 사용한다.[102] 그러나 이들도 개인은 비실명처리를 하고 있다.[103] 업체명도 실명으로 기

101) 지식재산권에 관한 東京地方裁判所 2010. 12. 22. 判決 (平成21年 (ワ)第25303号 特許權侵害差止等請求事件).

102) 예컨대, 지식재산권에 관한 東京地方裁判所 2010. 12. 27. 判決 (平成21年 (ワ)40387号 損害賠償請求事件)에서 원고 '社団法人私的錄畵補償金管理協會', 피고 '株式會社東芝'를 그대로 표시하였고,

재하는데 업체의 대표인 개인은 비실명화하여 표시하고 있다.[104)]

4. 법률잡지

판례를 수록하는 대표적인 법률잡지로 判例時報社의 「判例時報」와 判例タイムズ社의 「判例タイムズ」가 있다. 이들도 대체로 위 3.의 기준에 따르는 것으로 보인다. 다만, 이들은 보다 공개된 정보를 이용하여 보다 원문에 가깝게 재구성하기도 하며, 경우에 따라서는 실명을 사용하기도 한다.

예컨대 判例タイムズ를 보면, 헌법판결례인 福岡高等裁判所 2011. 1. 28. 第四民事部判決 (平成22年(行ケ)1号 選擧無效請求事件)에서 원고 甲野太郎과 피고 福岡選擧管理委員會의 실명을 그대로 쓰고 있고,[105)] 행정판결례인 東京地方裁判所 2010. 8. 27. 民事第二部判決 (平成22年(行ウ)255号 處分取消請求事件)에서 원고 甲野花子와 피고 日本司法支援センター의 실명을 그대로 쓰고 있으며,[106)] 민사판결인 さいたま地方裁判所 2011. 1. 26. 第四民事部判決 (平成22年(ワ)1274号)에서 원고 甲野太郎과 피고 下平健一의 실명을 그대로 쓰고 있다.[107)]

이는 判例時報의 경우도 유사하다. 상고인을 X라고 하는 등 비실명처리하고 있지만, 행정판례로 분류된 東京高等裁判所 2010. 2. 18. 民事第二

---

103) 예컨대, 지식재산권에 관한 東京地方裁判所 2010. 12. 22. 判決 (平成21年(ワ)第25303号 特許權侵害差止等請求事件)에서 개인인 원고는 'A'로, 법인인 피고는 '東日本－旅客鐵道株式會社'로 표시하였다.

104) 東京地方裁判所 2010. 12. 24. 判決 (平成21年(ワ)34337号 特許權侵害差止等請求事件)에서 원고는 'スタジオオーシャンマーク' 라는 상호(屋号)로 낚시도구를 개발 판매하는 개인 사업주인데 판결 앞부분 형식적 기재사항의 원고 표시에 'スタジオオーシャンマ ークことA'라고 처리하였다.

105) 判例タイムズ 1346号(2011. 7. 1.), 130, 133頁.

106) 判例タイムズ 1346号(2011. 7. 1.), 160頁.

107) 判例タイムズ 1346号(2011. 7. 1.), 187頁.

一部判決 (平成20年(ネ)2955号 損害賠償請求控訴事件)에서 항소인(控訴人) 원고 甲野太郎의 실명을 기재하고,[108] 민사판결인 東京地方裁判所 2011. 1. 20. 民事第四四部判決 (平成20年(ワ)25857号 損害賠償請求事件)에서 원고 株式會社大倉 同代表理事取締役 三合洋明과 피고 株式會社ドムス 同代表理事取締役 上野英之의 실명을 그대로 사용하고 있으며,[109] 지식재산권판례인 知的財産高等裁判所 2011. 3. 23. 第三部判決 (平成22年(行ケ)102565号 審決取消償請求事件)에서 원고 アイノベックス株式會社 大倉 代表者代表取締役 岩城廣至와 피고 アプト株式會社 代表者代表取締役 岡山峰伸의 실명을 쓰고 있다.[110]

위와 같이 법률잡지에서는 재판소 웹사이트보다 실명을 사용하는 빈도가 높은데, 그럼에도 불구하고 당사자의 주소 등 개인식별정보는 어느 경우에든 기재하지 아니하고 있다. 또한 형사판결에는 실명을 사용하는 예를 발견하기 어렵다.

5. 상업용 DB

가. Westlaw Japan

상업용 법률 DB의 하나인 Westlaw Japan도 대체로 재판소 공식 웹사이트의 기준을 따르고 있다. 재판관과 변호사 이름은 실명으로 공개하고 있으나 사건관계인 이름은 가명을 사용하고 있다. 아래는 그 구체적 예 중 하나이다.

108) 判例時報 2111号(2011. 7. 1.), 13頁.
109) 判例時報 2111号(2011. 7. 1.), 49頁.
110) 判例時報 2111号(2011. 7. 1.), 101頁.

(1) 최고재판소

아래 사안에서 피해자를 A, B로 특정하였다. 재판관은 실명을 사용하였다.

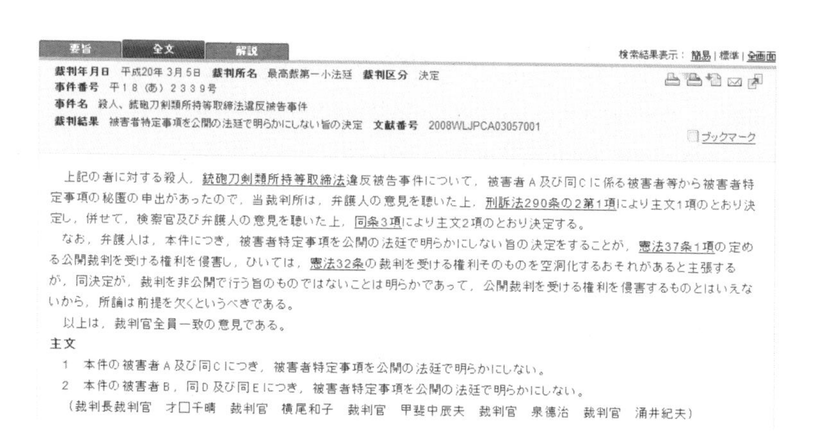
要旨 全文 解説 検索結果表示： 簡易 | 標準 | 全画面

裁判年月日 平成20年 3月 5日 **裁判所名** 最高裁第一小法廷 **裁判区分** 決定
事件番号 平１８（あ）２３３９号
事件名 殺人、銃砲刀剣類所持等取締法違反被告事件
裁判結果 被害者特定事項を公開の法廷で明らかにしない旨の決定 **文献番号** 2008WLJPCA03057001

ブックマーク

上記の者に対する殺人，銃砲刀剣類所持等取締法違反被告事件について，被害者Ａ及び同Ｃに係る被害者等から被害者特定事項の秘匿の申出があったので，当裁判所は，弁護人の意見を聴いた上，刑訴法290条の２第１項により主文１項のとおり決定し，併せて，検察官及び弁護人の意見を聴いた上，同条３項により主文２項のとおり決定する。

なお，弁護人は，本件につき，被害者特定事項を公開の法廷で明らかにしない旨の決定をすることが，憲法37条１項の定める公開裁判を受ける権利を侵害し，ひいては，憲法32条の裁判を受ける権利そのものを空洞化するおそれがあると主張するが，同決定が，裁判を非公開で行う旨のものではないことは明らかであって，公開裁判を受ける権利を侵害するものとはいえないから，所論は前提を欠くというべきである。

以上は，裁判官全員一致の意見である。

主文

1　本件の被害者Ａ及び同Ｃにつき，被害者特定事項を公開の法廷で明らかにしない。

2　本件の被害者Ｂ，同Ｄ及び同Ｅにつき，被害者特定事項を公開の法廷で明らかにしない。

（裁判長裁判官　才口千晴　裁判官　横尾和子　裁判官　甲斐中辰夫　裁判官　泉徳治　裁判官　涌井紀夫）

(2) 고등재판소

아래에서 당사자는 A, B로 사건관계인을 C, D로 익명처리하였다. 재판관은 역시 실명이다.

要旨 全文 解説 検索結果表示： 簡易 | 標準 | 全画面

裁判年月日 平成20年 3月 5日 **裁判所名** 高松高裁 **裁判区分** 決定
事件番号 平２０（ラ）１２号
事件名 相続放棄の申述受理申立却下審判に対する即時抗告事件
裁判結果 取消、認容 **上訴等** 確定 **文献番号** 2008WLJPCA03056001

ブックマーク

抗告人（申述人）　Ａ
被相続人　Ｂ

主文

原審判を取り消し，抗告人の相続放棄の申述を受理する。

理由

第１　抗告の趣旨及び理由

別紙即時抗告申立書及び同理由書各写し記載のとおり。

第２　当裁判所の判断

1　一件記録によれば，次の事実を認めることができる。

（1）　Ｃ（昭和○年×月×日生）は被相続人（大正○年×月×日生）の妻であり，抗告人（昭和○年×月×日生）及びＤ（昭和○年×月×日生）は，それぞれ被相続人とＣの長男及び二男である。

被相続人は平成18年6月×日に死亡した。

(중략)

3 よって，これと異なる原審判を取り消した上，抗告人の相続放棄の申述を受理することとし，主文のとおり決定する。
（裁判長裁判官　矢延正平　裁判官　豊澤佳弘　齋藤聡）

(3) 지방재판소

아래의 예는 東京지방재판소의 민사사건 판결이 공개된 예이다. 당사자는 원고의 경우 X1, X2로, 피고의 경우 Y1, Y2로 특정하고 각 당사자의 주소를 개략적으로만 밝혔다. 재판관의 성명은 다른 경우와 같이 실명으로 표시하였다. 또 변호사의 성명도 실명으로 밝혔다.

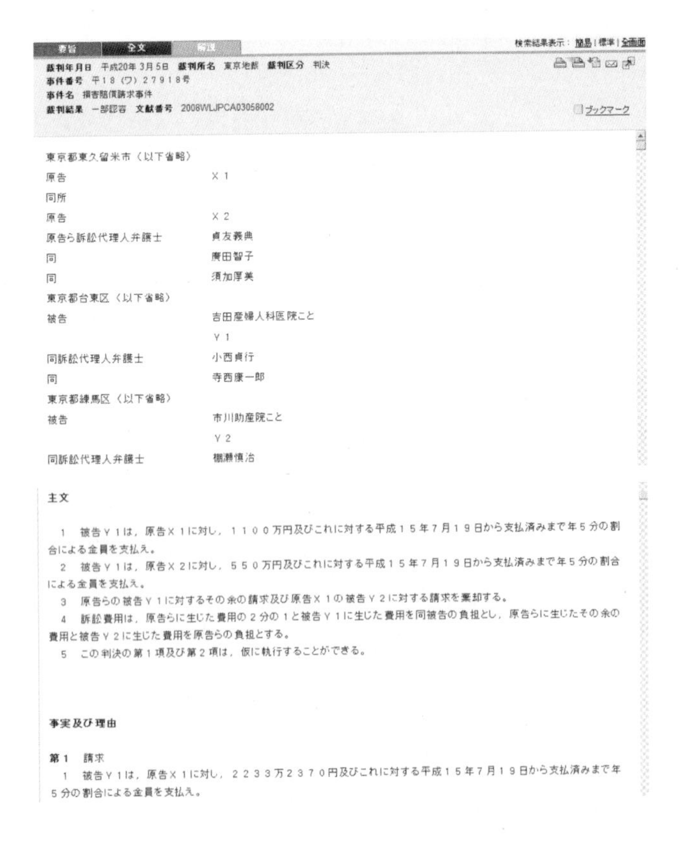

要旨　全文　解説　　検索結果表示：簡易｜標準｜全画面

裁判年月日　平成20年 3月 5日　裁判所名　東京地裁　裁判区分　判決
事件番号　平１８（ワ）２７９１８号
事件名　損害賠償請求事件
裁判結果　一部認容　文献番号　2008WLJPCA03058002　　ブックマーク

東京都東久留米市（以下省略）
原告　　Ｘ１
同所
原告　　Ｘ２
原告ら訴訟代理人弁護士　　貞友義典
同　　廣田智子
同　　須加厚美
東京都台東区（以下省略）
被告　　吉田産婦人科医院こと
　　Ｙ１
同訴訟代理人弁護士　　小西貞行
同　　寺西康一郎
東京都練馬区（以下省略）
被告　　市川助産院こと
　　Ｙ２
同訴訟代理人弁護士　　棚瀬慎治

主文

１　被告Ｙ１は，原告Ｘ１に対し，１１００万円及びこれに対する平成１５年７月１９日から支払済みまで年５分の割合による金員を支払え。
２　被告Ｙ１は，原告Ｘ２に対し，５５０万円及びこれに対する平成１５年７月１９日から支払済みまで年５分の割合による金員を支払え。
３　原告らの被告Ｙ１に対するその余の請求及び原告Ｘ１の被告Ｙ２に対する請求を棄却する。
４　訴訟費用は，原告らに生じた費用の２分の１と被告Ｙ１に生じた費用を同被告の負担とし，原告らに生じたその余の費用と被告Ｙ２に生じた費用を原告らの負担とする。
５　この判決の第１項及び第２項は，仮に執行することができる。

事実及び理由

第１　請求
１　被告Ｙ１は，原告Ｘ１に対し，２２３３万２３７０円及びこれに対する平成１５年７月１９日から支払済みまで年５分の割合による金員を支払え。

(중략)

限度で理由があるからこれを認容し，原告らのその余の請求はいずれも理由がないからこれを棄却することとして，主文のとおり判決する。

（裁判長裁判官　村田渉　裁判官　金光秀明　裁判官　小野本敦）

나. 第一法規

또 다른 상업용 DB인 제일법규도 유사한 상황이다.

IV. 결어

일본은 헌법과 법률에서 재판공개의 원칙, 판결의 절대적 공개, 기록의 원칙적 일반공개를 규정하고 있다. 특히 형사기록에 관하여는 형사확정소송기록법이라는 독립된 법률을 제정하여 상세히 규율하고 있다.

추상적인 이론의 차원에서 광범위한 재판, 기록, 판결의 공개를 지향하고 있는 것으로 평가된다. 그렇지만 현실에 있어서는 공개의 수준이 높은 것으로 보이지는 않는다. 더구나 헌법적 쟁점에 관하여 일본 최고재판소가 다소 보수적인 태도는 굳건히 지켜오고 있다는 사실은 이러한 상황이 단시간 내에 바뀌지는 않으리라는 예측을 가능하게 한다.

그럼에도 불구하고 우리는 일본의 예에서 몇 가지 시사점을 얻을 수 있다. 그 중 대표적인 것으로는, (i) 헌법이 원칙적인 재판공개를 지향하면서, 특히 정치범죄, 출판범죄, 기본권이 문제되는 사건의 심리와 모든 사건의 판결은 절대적으로 공개하도록 규정한 점, (ii) 소송기록과 판결의 공개에 있어 관련되는 이익을 최대한 함께 보장하려고 한다는 점, (iii) 소송기록의 공개에 관하여 치밀하고 상세한 독립된 법률을 가지고 있다는 점, (iv) 재판공개에 관하여 학계의 풍부한 연구가 이루어져 있다는 점 등은 우리에게 시사하는 바가 크다.

제3장 재판공개의 현황

I. 헌법적 함의

헌법 제27조 제3항은 형사피고인에 대한 공개재판을 받을 권리를 명시하고 있지만, "재판의 심리와 판결은 공개한다."라는 헌법 제109조에 비추어 볼 때 공개재판을 받을 권리는 형사피고인뿐만 아니라 모든 국민에게 인정되는 권리라고 이해된다.[1] 공개재판을 받을 권리는 공개된 법정에서 비밀재판을 배제하고 일반국민의 감시 하에서 심리와 판결을 받을 권리를 말한다.[2] 즉, 공개재판을 기본권으로 이해하는 경우 구체적인 재판을

1) 정종섭, 헌법학원론(제5판), 박영사(2010), 804쪽 참조(이하 위 책을 '정종섭, 헌법학원론'이라고 한다).

2) 헌재 2005. 12. 22. 2004헌바45 ("헌법 제27조 제1항은 "모든 국민은 헌법과 법률이 정한 법관에 의하여 법률에 의한 재판을 받을 권리를 가진다."고 규정하고, 같은 조 제3항은 "모든 국민은 신속한 재판을 받을 권리를 가진다. 형사피고인은 상당한 이유가 없는 한 지체 없이 공개재판을 받을 권리를 가진다."고 규정함으로써 공정하고 신속한 공개재판을 받을 권리를 보장하고 있다. 재판청구권은 재판절차를 규율하는 법률과 재판에서 적용될 실체적 법률이 모두 합헌적이어야 한다는 의미에서의 법률에 의한 재판을 받을 권리뿐만 아니라, 비밀재판을 배제하고 일반 국민의 감시 하에서 심리와 판결을 받음으로써 공정한 재판을 받을 수 있는 권리를 포함하고 있다. 이 공정한 재판을 받을 권리 속에는 신속하고

받는 당해 당사자가 기본권의 주체가 되며, 일반 제3자가 재판을 공개하라고 요구할 권리를 기본권으로 보장한 것이라고 하기는 어렵다. 일본의 통설·판례가 재판공개의 원칙에 재판의 방청청구권까지 보장하지는 않는다고 보는 것은 이러한 측면에서 이해할 수 있다.

이 글에서 논의의 중심에 두고자 하는 소송기록 및 판결문의 공개는 재판당사자보다는 일반 제3자에 대한 공개이다. 따라서 이러한 공개는 헌법 제27조나 제109조와는 다소 거리가 있다. 제3자의 재판공개청구는 헌법상 알권리로부터 근거지우는 것이 보다 적절하다. 알권리는 정부가 보유하고 있는 정보에 대하여 정당한 이해관계가 있는 자가 그 공개를 요구할 수 있는 권리로서 표현의 자유를 규정한 헌법 제21조에 의하여 직접 보장되고 그 밖에도 국민주권주의(헌법 제1조), 인간의 존엄과 가치(헌법 제10조), 인간다운 생활을 할 권리(헌법 제34조 제1항)와도 관련이 있는 권리이다.[3] 알권리는 그 내용으로서 정보공개청구권을 포함한다.[4] 재판

공개된 법정의 법관의 면전에서 모든 증거자료가 조사·진술되고 이에 대하여 피고인이 공격·방어할 수 있는 기회가 보장되는 재판, 즉 원칙적으로 당사자주의와 구두변론주의가 보장되어 당사자가 공소사실에 대한 답변과 입증 및 반증하는 등 공격, 방어권이 충분히 보장되는 재판을 받을 권리가 포함되어 있다(헌재 1994. 4. 28. 93헌바26, 판례집 6-1, 348, 355 ; 2001. 6. 28. 99헌가14, 판례집 13-1, 1188, 1200 참조)."고 판시) 참조.

3) 헌재 2010. 12. 28. 2009헌바258 ("헌법재판소는 '공공기관의 정보공개에 관한 법률'이 제정되기 이전에 이미, 정부가 보유하고 있는 정보에 대하여 정당한 이해관계가 있는 자가 그 공개를 요구할 수 있는 권리를 알권리로 인정하면서 이러한 알권리는 표현의 자유에 당연히 포함되는 기본권임을 선언하였다(헌재 1989. 9. 4. 88헌마22, 판례집 1, 176, 188~189 참조). 어떤 문제가 있을 때 그에 관련된 정보에 접근하지 못하면 문제의 내용을 제대로 알기 어렵고, 제대로 내용을 알지 못하면 자기의 의견을 제대로 표현하기 어렵기 때문에 알권리는 표현의 자유와 표리일체의 관계에 있고 정보의 공개청구권은 알권리의 당연한 내용이 되는 것이다. 그리하여 알권리는 헌법 제21조에 의하여 직접 보장되고 그 밖에도 국민주권주의(헌법 제1조), 인간의 존엄과 가치(헌법 제10조), 인간다운 생활을 할 권리(헌법 제34조 제1항)와도 관련이 있다. 따라서 공공기관이 보유 · 관리하는 정보는 원칙적으로 모든 국민에게 공개되어야 하나(정보공개법 제5조 제1항), 다만

에 관한 정보도 정부가 보유하고 있는 정보로서 정보공개청구권의 대상이 되고 이는 알권리에 기초한 헌법적 권리라고 할 수 있다. 다만, 표현의 자유에 한계와 제한이 있는 것과 같이 재판공개에 대한 권리도 한계와 제한이 있다. 즉, 이에 대하여는 헌법 제21조 제4항에 의한 한계가 있을 뿐만 아니라 헌법 제37조 제2항에서 규정하는 바와 같이 국가안전보장·질서유지 또는 공공복리를 위하여 필요한 경우는 본질적인 내용을 침해하지 아니하는 한 법률로써 제한할 수 있다.[5)]

그런데 재판의 공개는 알권리만으로는 설명할 수 없는 그 이상의 것이 있다. 재판의 공개는 사법부를 투명하게 함으로써 재판에 대한 국민의 감시를 가능하게 하여 재판의 공정성을 확보하고 사법부에 대한 국민의 신뢰를 높인다. 알권리의 대상인 검사의 공소제기절차에 재판공개의 원칙이 적용되지 않는 것[6)]은 재판공개의 원칙이 가지는 위와 같은 특별한 의미

이러한 알권리에 대하여도 헌법 제21조 제4항에 의한 한계가 있을 뿐만 아니라 헌법 제37조 제2항에서 규정하는 바와 같이 국가안전보장 · 질서유지 또는 공공복리를 위하여 필요한 경우는 본질적인 내용을 침해하지 아니하는 한 법률로써 제한할 수 있다(헌재 2004. 8. 26. 2003헌바81 등, 판례집 16-2상, 284, 291; 헌재 2009. 9. 24. 2007헌바107, 판례집 21-2상, 533, 541)"라고 판시); 헌재 2010. 12. 28. 2009헌마466 (같은 취지) 참조.

4) 위 판례들 참조.

5) 헌재 2010. 12. 28. 2009헌바258 ("따라서 공공기관이 보유·관리하는 정보는 원칙적으로 모든 국민에게 공개되어야 하나(정보공개법 제5조 제1항), 다만 이러한 알권리에 대하여도 헌법 제21조 제4항에 의한 한계가 있을 뿐만 아니라 헌법 제37조 제2항에서 규정하는 바와 같이 국가안전보장·질서유지 또는 공공복리를 위하여 필요한 경우는 본질적인 내용을 침해하지 아니하는 한 법률로써 제한할 수 있다(헌재 2004. 8. 26. 2003헌바81 등, 판례집 16-2상, 284, 291; 헌재 2009. 9. 24. 2007헌바107, 판례집 21-2상, 533, 541)"라고 판시); 헌재 2010. 12. 28. 2009헌마466 (같은 취지) 참조.

6) 대법원 2008. 12. 24. 선고 2006도1427 판결("헌법 제109조는 재판공개의 원칙을 규정하고 있는 것으로서 검사의 공소제기절차에는 적용될 여지가 없고, 따라서 이 사건 공소가 제기되기 전까지 피고인이 그 내용이나 공소제기 여부를 알 수 없었다거나 피고인의 소송기록 열람·등사권이 제한되어 있었다고 하더라도 그 공소제기절차가 위 헌법 규정에 위반되는 것이라고는 할 수 없다."고 판시).

때문이다. 따라서 재판공개에 대한 제한을 알권리를 제한하는 법리에만 의거하여 재판공개에 대한 제한 문제를 접근하는 것은 타당하지 아니하며 가급적 재판의 공개가 확대되는 방향으로 결론을 내려야 한다. 원심이 증인신문절차의 공개를 금지한다는 결정을 내리고 재정한 방청객의 퇴정을 명한 상태에서 실시한 증인신문절차에서 획득한 증언의 증거능력을 부인한 대법원판례[7]는 이러한 견지에서 이해할 수 있다.

---

7) 대법원 2005. 10. 28. 선고 2005도5854 판결("원심은 제2회 공판기일에 증인 공소외인에 대한 신문을 실시함에 있어 국가의 안녕질서를 방해할 우려가 있다는 이유로 증인신문절차의 공개를 금지한다는 결정을 선고한 후 재정한 방청객의 퇴정을 명한 상태에서 공소외인에 대한 증인신문을 실시하였음을 알 수 있고(공판기록 236면), 원심의 위와 같은 조치는 공소외인이 제1심 제5회 공판기일에 증인으로 출석하여 검찰에서의 진술을 번복하였다가 제1심 제7회 공판기일에 다시 증인으로 출석하여 제1심 제5회 공판기일에서는 피고인의 처가 갓난아기를 안고 눈물을 흘리고 있는 것으로 보고 순간적으로 마음이 흔들렸기 때문에 허위로 진술하였다고 증언하였던 점(공판기록 159, 162~163면) 등을 고려하여 공소외인이 피고인과 그의 가족들 면전에서 충분한 진술을 할 수 없다고 판단한 데에 따른 것으로 보인다. … 그런데 헌법 제27조 제3항 후문은 "형사피고인은 상당한 이유가 없는 한 지체 없이 공개재판을 받을 권리를 가진다."고 규정하여 공개재판을 받을 권리가 형사피고인의 기본적 인권임을 선언하고 있고, 이에 따라 헌법 제109조는 "재판의 심리와 판결은 공개한다. 다만, 심리는 국가의 안정보장 또는 안녕질서를 방해하거나 선량한 풍속을 해할 염려가 있을 때에는 법원의 결정으로 공개하지 아니할 수 있다."고 규정하고, 법원조직법 제57조 제1항도 "재판의 심리와 판결은 공개한다. 다만, 심리는 국가의 안전보장·안녕질서 또는 선량한 풍속을 해할 우려가 있는 때에는 결정으로 이를 공개하지 아니할 수 있다."고 규정하여 심리의 공개금지사유를 엄격하게 제한하고 있는바, 원심이 공소외인에 대한 증인신문절차의 공개금지사유로 삼은 위와 같은 사정이 '국가의 안녕질서를 방해할 우려가 있는 때'에 해당하지 아니함은 명백하고, 달리 기록상 헌법 제109조, 법원조직법 제57조 제1항이 정한 공개금지사유를 찾아볼 수도 없으므로, 원심의 위와 같은 공개금지결정은 피고인의 공개재판을 받을 권리를 침해한 것으로서 그 절차에 의하여 이루어진 공소외인의 증언은 증거능력이 없다고 할 것이고, 변호인의 반대신문권이 보장되었다 하더라도 달리 볼 수 없다. … 따라서 원심이 공소외인의 원심법정에서의 진술에 증거능력이 있음을 전제로 이를 유죄로 증거로 삼은 것은 공개재판주의와 증거능력에 관한 법리를 오해한 위법을 저

아래에서는 이러한 헌법적 함의를 토대로 하여 현행법이 규율하는 재판공개의 현황을 살펴본다.

지른 것이라 하겠다."라고 판시).

II. 법령의 내용

1. 개요

법원조직법은 헌법 제109조의 내용과 동일하게 재판의 심리와 판결을 공개하도록 하고 심리에 대한 제한을 허용하는 규정을 두고 있다.[8] 이는 주로 법정의 공개를 전제로 한 규정으로 이해된다.

재판관련 정보의 일반 공개에 관하여 일반적으로 적용될 수 있는 법률로 공공기관의 정보공개에 관한 법률이 있다. 이 법률은 공공기관이 보유·관리하는 정보에 대한 국민의 알권리의 차원에서 정보공개를 규정하고 있는 법률이다. 법원 관련 정보에 관하여 위 법률을 구체화하는 대법원규칙으로 법원정보규칙이 마련되어 있다. 위 법률과 관련하여 개인정보의 보호를 목적으로 하는 개인정보보호법이 있다.

한편 민사사건에 관하여는 민사소송법과 민사소송규칙이, 형사사건에 관하여는 형사소송법과 형사소송규칙이 구체적 내용을 규정하고 있고, 그 밖에 재판예규 등이 열람·복사 등의 세칙을 정하고 있다. 또 법무부령인 검찰보존사무규칙이 검찰이 보존하는 형사사건 기록의 공개에 관한 규정을 두고 있다. 그 밖의 관련 법률로 가사소송법, 가정폭력범죄의 처벌 등에 관한 특례법, 소년법 등이 있다.

---

8) 법원조직법 제57조 제1항.

2. 공공기관의 정보공개에 관한 법률 등

가. 법률의 지위

공공기관의 정보공개에 관한 법률(이하 '정보공개법')은 국가기관 등을 포함하는 공공기관이 보유·관리하는 정보에 대한 국민의 공개청구 및 공공기관의 공개의무에 관하여 규정한 법률이다.[9] 정보의 공개에 관하여 다른 법률에 특별한 규정이 있는 경우를 제외하고는 모두 이 법률이 적용되기[10] 때문에 이 법률은 국가기관의 정보 공개에 관한 일반법의 지위를 가진다.

따라서 재판정보의 공개에 관하여도 이 법률이 일반법으로서 적용된다고 할 수 있다.[11] 이 법률은 공공기관이 보유·관리하는 정보는 이 법이 정하는 바에 따라 공개하여야 한다고 규정하면서 그 표제를 '정보공개의 원칙'이라고 명시하여[12] 공개와 비공개 중에서 공개를 원칙으로 함을 나타내고 있다.[13] 판례도 공공기관이 보유·관리하는 모든 정보가 원칙적으로 공개대상이라는 해석을 하고 있다.[14]

---

9) 위 법률 제1조, 제2조 참조.

10) 위 법률 제4조.

11) 김배원, 공개방안, 454, 456쪽. 한편, 일본에서는 행정기관이 보유하는 정보의 공개에 관한 법률과 독립행정법인 등이 보유하는 정보의 공개에 관한 법률이 있는데, 이들은 형사소송에 관한 서류 및 압수물, 그리고 그에 기록되어 있는 개인정보에 적용되지 아니한다(일본 형사소송법 제53조의2 참조).

12) 위 법률 제3조.

13) 대법원 2004. 12. 9. 선고 2003두12707 판결 ("국민의 '알권리' 즉 정보에의 접근·수집·처리의 자유는 자유권적 성질과 청구권적 성질을 공유하는 것으로서 헌법 제21조에 의하여 직접 보장되는 권리이고, 그 구체적 실현을 위하여 제정된 법 역시 법 제3조에서 공공기관이 보유·관리하는 정보를 원칙적으로 공개하도록 하여 정보공개의 원칙을 천명하고 있다"고 판시).

14) 대법원 2010. 12. 23. 선고 2008두13101 판결 ("정보공개법은 공공기관이 보유·

법원정보와 관련하여 정보공개법에서 위임된 사항과 그 시행에 관하여 필요한 사항을 규정하기 위하여 법원정보공개규칙이 1997. 12. 30. 대법원 규칙 제1490호로 제정되었고 최근의 개정은 2007. 7. 31.에 있었다.

나. 공개의 대상

재판의 공개와 관련하여 현실적으로 생각할 수 있는 대상은, (i) 법정공개, (ii) 재판서 공개, (iii) 재판기록 공개, (iv) 재판일반정보 공개 등이다. 그런데 위 법률에서 말하는 '정보'란 '공공기관이 직무상 작성 또는 취득하여 관리하고 있는 문서(전자문서를 포함한다)·도면·사진·필름·테이프·슬라이드 및 그 밖에 이에 준하는 매체 등에 기록된 사항'을 말한다.[15)] 따라서 위 법률에 의할 때, 위 (ii) 재판서, (iii) 재판기록, (iv) 재판일반정보가 공개의 대상이 된다.

위 법률은 또 국민생활에 매우 큰 영향을 미치는 정책에 관한 정보 등을 '행정정보'라 하여 사전 공표 및 공개의무를 특별히 규정하고 있다.[16)] 이에 따라 재판정책 등에 관한 정보(예컨대 양형위원회 관련 정보[17)])는 이 법에 따라 공개대상이 된다. 이 행정정보는 위 (iv) 재판일반정보에 포

관리하는 정보에 대한 국민의 공개청구 및 공공기관의 공개의무에 관하여 필요한 사항을 정함으로써 국민의 알권리를 보장하고 국정에 대한 국민의 참여와 국정운영의 투명성을 확보함을 목적으로 공공기관이 보유·관리하는 모든 정보를 원칙적 공개대상으로 한다"고 판시); 대법원 2007. 6. 1. 선고 2006두20587 판결("국민의 알권리를 보장하고 국정에 대한 국민의 참여와 국정운영의 투명성을 확보한다는 정보공개법의 입법목적과 취지에 비추어 보면, 공공기관은 자신이 보유·관리하는 정보를 공개하는 것이 원칙이고, 정보공개의 예외로서 비공개사유에 해당하는지 여부는 이를 엄격하게 해석할 필요가 있다"고 판시).

15) 위 법률 제2조 제1호.

16) 위 법률 제7조.

17) 양형위원회의 설치 근거인 법원조직법은 제81조의6 제4항에서 양형기준의 공개만을 규정하고 있을 뿐 그 밖에 양형위원회 관련 정보에 관하여는 특별한 규정을 두고 있지 아니하다.

함된다고 할 수 있다.

또한 법원이 보유·관리하는 정보에 대한 정보목록을 작성·비치하고 이를 정보통신망을 활용한 정보공개시스템을 통하여 공개하도록 하고 있다.[18] 이 정보목록 역시 위 (iv) 재판일반정보에 포함된다고 할 수 있다.

다. 비공개대상

(1) 비공개대상의 내용

위 법률이 제3조에서 정보공개의 원칙을 규정하는 한편 제9조 본문에서 공공기관이 보유·관리하는 정보는 공개대상이 된다고 하여 정보공개의 원칙을 다시 확인하고 그 단서에서 공개하지 아니할 수 있는 비공개대상을 규정하고 있다. 그 구체적 내용은 아래와 같다.

1. 다른 법률 또는 법률이 위임한 명령(국회규칙·대법원규칙·헌법재판소규칙·중앙선거관리위원회규칙·대통령령 및 조례에 한한다)에 의하여 비밀 또는 비공개 사항으로 규정된 정보
2. 국가안전보장·국방·통일·외교관계 등에 관한 사항으로서 공개될 경우 국가의 중대한 이익을 현저히 해할 우려가 있다고 인정되는 정보
3. 공개될 경우 국민의 생명·신체 및 재산의 보호에 현저한 지장을 초래할 우려가 있다고 인정되는 정보
4. 진행중인 재판에 관련된 정보와 범죄의 예방, 수사, 공소의 제기 및 유지, 형의 집행, 교정, 보안처분에 관한 사항으로서 공개될 경우 그 직무수행을 현저히 곤란하게 하거나 형사피고인의 공정한 재판을 받을 권리를 침해한다고 인정할 만한 상당한 이유가 있는 정보
5. 감사·감독·검사·시험·규제·입찰계약·기술개발·인사관리·의사결정과정 또는 내부검토과정에 있는 사항 등으로서 공개될 경우 업무의 공정한 수행이나 연구·개발에 현저한 지장을 초래한다고 인정할 만한 상당한 이유가 있는 정보
6. 당해 정보에 포함되어 있는 이름·주민등록번호 등 개인에 관한 사항으로서 공개될 경우 개인의 사생활의 비밀 또는 자유를 침해할 우려가 있다고 인정

18) 위 법률 제8조 제1항.

되는 정보. 다만, 다음에 열거한 개인에 관한 정보는 제외한다.
가. 법령이 정하는 바에 따라 열람할 수 있는 정보
나. 공공기관이 공표를 목적으로 작성하거나 취득한 정보로서 개인의 사생활의 비밀과 자유를 부당하게 침해하지 않는 정보
다. 공공기관이 작성하거나 취득한 정보로서 공개하는 것이 공익 또는 개인의 권리구제를 위하여 필요하다고 인정되는 정보
라. 직무를 수행한 공무원의 성명·직위
마. 공개하는 것이 공익을 위하여 필요한 경우로써 법령에 의하여 국가 또는 지방자치단체가 업무의 일부를 위탁 또는 위촉한 개인의 성명·직업

7. 법인·단체 또는 개인(이하 "법인등"이라 한다)의 경영·영업상 비밀에 관한 사항으로서 공개될 경우 법인 등의 정당한 이익을 현저히 해할 우려가 있다고 인정되는 정보. 다만, 다음에 열거한 정보를 제외한다.
가. 사업활동에 의하여 발생하는 위해로부터 사람의 생명·신체 또는 건강을 보호하기 위하여 공개할 필요가 있는 정보
나. 위법·부당한 사업활동으로부터 국민의 재산 또는 생활을 보호하기 위하여 공개할 필요가 있는 정보

8. 공개될 경우 부동산 투기·매점매석 등으로 특정인에게 이익 또는 불이익을 줄 우려가 있다고 인정되는 정보

(2) 비공개대상 판단의 시점

비공개대상정보라 하더라도 시일의 경과에 따라 비공개의 필요성이 없어질 수 있다. 이러한 경우에는 다시 공개대상으로 된다.[19] 그러므로 비공개대상인지의 판단시점은 당해 정보의 생성시점이 아니라 공개여부를 결정하는 시점이 된다.

(3) 비공개대상 판단의 구체적 기준

아래에서는 판례에 나타난 기준을 정리해 본다.

19) 위 법률 제9조 제2항.

(가) 다른 법령에 비공개로 규정된 정보 (제1호)

① 다음은 공개대상이라고 판단된 경우들이다.

(i) 교육공무원의 근무성적평정 결과

정보공개법 제9조 제1항 제1호에서 말하는 '법률이 위임한 명령'이란 정보의 공개에 관하여 법률의 구체적인 위임 아래 제정된 법규명령(위임명령)을 의미한다고 하면서,[20] 교육공무원법 제13조, 제14조의 위임에 따라 제정된 교육공무원승진규정은 정보공개에 관한 사항에 대하여 구체적인 법률의 위임에 따라 제정된 명령이라고 할 수 없고, 따라서 교육공무원승진규정 제26조에서 근무성적평정의 결과를 공개하지 아니한다고 규정하고 있다고 하더라도 위 교육공무원승진규정은 정보공개법 제9조 제1항 제1호에서 말하는 법률이 위임한 명령에 해당하지 아니하므로 교육공무원승진규정 제26조를 근거로 원고의 정보공개청구를 거부한 것은 잘못된 것이라고 판단하였다.[21]

(ii) 공소장의 공소사실

자신이 고소한 사건의 공소사실을 알려달라는 고소인의 청구에 대하여 검찰청 검사장이 공소장 원본이 법원에 제출되었다는 이유로 불허가하자 그 취소를 구한 소송에서, 검찰보존사무규칙이 위임근거가 없는 행정규칙으로서 정보공개법 제9조 제1항 제1호의 명령에 해당하지 않고 공판개시 전 소송기록 비공개에 관한 형사소송법 제47조는 일반공표를 전제로 한 규정이어 위 제1호에 해당하지 않으며, 피고인 특정사항을 제외한 부분만을 공개하는 경우 정보공개법 제9조 제1항 제6호에 의한 비공개대상이 아니라는 이유로 위 처분의 취소가 정당하다고 한 사례가 있다. 이 판결의 원문은 아래와 같다.[22]

---

20) 대법원 2003. 12. 11. 선고 2003두8395 판결.
21) 대법원 2006. 10. 26. 선고 2006두11910 판결.
22) 대법원 2006. 5. 25. 선고 2006두3049 판결.

1. 공공기관의 정보공개에 관한 법률상 공개청구의 대상이 되는 정보란 공공기관이 직무상 작성 또는 취득하여 현재 보유·관리하고 있는 문서에 한정되는 것이기는 하나, 그 문서가 반드시 원본일 필요는 없다. 원심이 인정한 사실관계와 기록에 의하면, 이 사건의 원고는 자신이 고소하였던 강간사건의 수사 결과 피고소인이 구속 구공판되었다는 통지만 받았을 뿐 공소장의 내용을 통지받지 못하였다는 이유로 피고(서울서부지방검찰청 검사장, 필자 주)에 대하여 공소사실의 내용을 알려달라고 청구하고 있음을 인정할 수 있는바, 이러한 경우 자신이 보유·관리하는 공판카드에 공소장 부본을 편철하여 두고 있는 피고로서는 공소장 원본이 법원에 제출되었다는 이유를 들어서 스스로가 위 법률이 말하는 보유·관리를 하지 않고 있다고 주장할 수는 없다. 특히, 고소사건이 법원에 공소제기된 후 아직 사건기록이 법원에 제출되기 전까지의 기간 동안에는 고소인이 법원에 등사신청을 하더라도 법원으로서는 사건기록이 없는 탓에 등사신청인이 과연 고소인인지 여부를 확인할 수 없어서 등사를 해 줄 수 없으므로, 이런 경우에는 고소인이 검찰에 대하여 등사신청을 하여야 할 현실적인 필요성도 있다. 원심이 같은 취지로 피고의 주장을 배척한 것은 정당하고, 거기에 상고이유에서 주장하는 바와 같은 위 법률에 관한 법리를 오해한 위법이 있다고 할 수 없다.
2. 검찰보존사무규칙이 검찰청법 제11조에 기하여 제정된 법무부령이기는 하지만, 그 사실만으로 같은 규칙 내의 모든 규정이 법규적 효력을 가지는 것은 아니다. 기록의 열람·등사의 제한을 정하고 있는 같은 규칙 제22조는 법률상의 위임근거가 없어 행정기관 내부의 사무처리준칙으로서 행정규칙에 불과하므로, 위 규칙상의 열람·등사의 제한을 공공기관의 정보공개에 관한 법률 제9조 제1항 제1호의 '다른 법률 또는 법률에 의한 명령에 의하여 비공개사항으로 규정된 경우'에 해당한다고 볼 수 없다. 원심이 같은 취지로, 위 규칙에 기하여 원고의 등사신청을 거부할 수 있다는 피고의 주장을 배척한 것은 정당하고, 거기에 상고이유에서 주장하는 바와 같이 공공기관의 정보공개에 관한 법률 또는 법규명령의 법리를 오해한 위법이 있다고 할 수 없다.
3. "소송에 관한 서류는 공판의 개정 전에는 공익상 필요 기타 상당한 이유가 없으면 공개하지 못한다."고 정하고 있는 형사소송법 제47조의 취지는, 일반에게 공표되는 것을 금지하여 소송관계인의 명예를 훼손하거나 공서양속을 해하거나 재판에 대한 부당한 영향을 야기하는 것을 방지하려는 취지이지, 당해 사건의 고소인에게 그 고소에 따른 공소제기내용을 알려주는 것을 금지하려는 취지는 아니므로, 이와 같은 형사소송법 제47조의 공개금지를 공공기관의 정보공개에 관한 법률 제9조 제1항 제1호의 '다른 법률 또는 법률에 의한 명령에 의하여 비공개사항으로 규정된 경우'에 해당한다고 볼

수 없다. 그 외에 형사소송법의 여러 조항들의 반대해석상 이 사건 원고의 등사신청이 허용될 수 없다는 주장은 피고의 독자적인 법률해석일 뿐이다.

그리고 이 사건 공소장 중 피고인의 주민등록번호 등 일부 사항은 정보공개법 제9조 제1항 제6호 소정의 '공개될 경우 개인의 사생활의 비밀 또는 자유를 침해할 우려가 있다고 인정되는 정보'에 해당한다고 볼 것이지만, 원심은 같은 취지에서 피고인의 주민등록번호, 직업, 주거, 본적 부분을 제외한 나머지 부분에 대하여서만 정보공개(등사)거부처분의 취소를 명하고 있으므로, 원심의 이러한 조치는 정당하고, 거기에 상고이유에서 주장하는 바와 같은 공공기관의 정보공개에 관한 법률에 관한 법리를 오해한 위법이 있다고 할 수 없다.

② 다음은 비공개정보로 판단된 경우들이다.

(i) 국가정보원 급여정보

판례에 따르면, 국가정보원이 그 직원에게 지급하는 현금급여 및 월초수당에 관한 정보는 비공개대상이다. 국가정보원법 제12조가 국회에 대한 관계에서조차 국가정보원 예산내역의 공개를 제한하고 있는 것은, 정보활동의 비밀보장을 위한 것으로서, 그 밖의 관계에서도 국가정보원의 예산내역을 비공개 사항으로 한다는 것을 전제로 하고 있다고 볼 수 있고, 예산집행내역의 공개는 예산내역의 공개와 다를 바 없어, 위와 같이 비공개 사항으로 되어 있는 '예산내역'에는 예산집행내역도 포함된다고 보아야 하며, 국가정보원이 그 직원에게 지급하는 현금급여 및 월초수당에 관한 정보는 국가정보원 예산집행내역의 일부를 구성하는 것이므로, 위 현금급여 및 월초수당에 관한 정보는 국가정보원법 제12조에 의하여 비공개 사항으로 규정된 정보로서 정보공개법 제9조 제1항 제1호의 비공개대상정보인 '다른 법률에 의하여 비공개 사항으로 규정된 정보'에 해당한다고 보아야 한다는 이유에서이다.[23)]

(ii) 학교폭력대책자치위원회 회의록

학교폭력예방 및 대책에 관한 법률 제21조 제1항, 제2항, 제3항 및 같은

23) 대법원 2010. 12. 23. 선고 2010두14800 판결.

법 시행령 제17조 규정들의 내용, 학교폭력예방 및 대책에 관한 법률의 목적, 입법 취지, 특히 학교폭력예방 및 대책에 관한 법률 제21조 제3항이 학교폭력대책자치위원회의 회의를 공개하지 못하도록 규정하고 있는 점 등에 비추어, 학교폭력대책자치위원회의 회의록은 공공기관의 정보공개에 관한 법률 제9조 제1항 제1호의 '다른 법률 또는 법률이 위임한 명령에 의하여 비밀 또는 비공개 사항으로 규정된 정보'에 해당한다고 한 사례가 있다.[24)]

(iii) 감사원의 무기도입사업 감사결과보고서

국방부가 2001. 9. 21.부터 연구개발 대상으로 선정하여 추진하여 온 한국형 다목적 헬기(KMH) 도입사업에 대한 감사결과보고서 공개청구에 대하여 감사원장이 정보공개법 제9조 제1항 제1호에 의거하여 비공개결정을 하자 이에 대하여 제기된 소송에서 원심판결은 위 거부처분이 위법하다고 판단하였으나, 대법원은 위 감사결과보고서가 군사2급비밀에 해당하는 이상 정보공개법 제9조 제1항 제1호에 의하여 공개하지 아니할 수 있는 것일뿐만 아니라 한편, 정보공개법에 의한 정보공개의 청구와 군사기밀보호법에 의한 군사기밀의 공개요청은 그 상대방, 처리절차 및 공개의 사유 등이 전혀 다르므로 특별한 규정이 없는 한 정보공개법에 의한 정보공개청구를 군사기밀보호법에 의한 군사기밀 공개요청과 동일한 것으로 보거나 그 공개요청이 포함되어 있는 것으로 볼 수는 없다는 이유로 파기한 사례가 있다.[25)]

(나) 진행중인 재판 관련 정보 등 (제4호)

다음은 공개대상으로 판단된 예이다.

---

24) 대법원 2010. 6. 10. 선고 2010두2913 판결.
25) 대법원 2006. 11. 10. 선고 2006두9351 판결.

(i) 법무예규

위 제4호에서 말하는 '공개될 경우 그 직무수행을 현저히 곤란하게 한다고 인정할 만한 상당한 이유가 있는 정보'라 함은 당해 정보가 공개될 경우 범죄의 예방 및 수사 등에 관한 직무의 공정하고 효율적인 수행에 직접적이고 구체적으로 장애를 줄 고도의 개연성이 있고, 그 정도가 현저한 경우를 의미한다고 할 것이며, 여기에 해당하는지 여부는 비공개에 의하여 보호되는 업무수행의 공정성 등의 이익과 공개에 의하여 보호되는 국민의 알권리의 보장과 국정에 대한 국민의 참여 및 국정운영의 투명성 확보 등의 이익을 비교·교량하여 구체적인 사안에 따라 신중하게 판단되어야 한다고 하면서, 법무예규 검이 제269호(구속수사대상), 제429호(구속수사 승인대상 관련 제 예규폐지), 제430호(법무부장관 구속수사 승인대상), 제471호(고소·고발사건 처리절차에 관한 예규)가 공개된다 하더라도 피고 법무부장관이나 검찰 또는 사법경찰관의 직무수행을 현저히 곤란하게 한다고 인정할 만한 상당한 이유가 있다고 볼 수 없다고 하여 위 예규들이 위 제4호 소정의 비공개대상정보에 해당하지 아니한다고 판단한 원심을 확인한 사례가 있다.[26]

(ii) 교도소 장부

a. 수용자자비부담물품의 판매수익금과 관련하여 J 교도소장이 재단법인 교정협회로 송금한 수익금 총액과 J 교도소장에게 배당된 수익금액 및 사용내역, b. 교도소직원회 수지에 관한 결산결과와 사업계획 및 예산서, c. 수용자 외부병원 이송진료와 관련한 이송진료자 수, 이송진료자의 진료내역별(치료, 검사, 수술) 현황, 이송진료자의 진료비 지급(예산지급, 자비부담) 현황, 이송진료자의 진료비총액 대비 예산지급액, 이송진료자의 병명별 현황, d. 수용자신문구독현황과 관련한 각 신문별 구독신청자 수에

26) 대법원 2008. 11. 27. 선고 2005두15694 판결{구 공공기관의 정보공개에 관한 법률(2004. 1. 29. 법률 제7127호로 전문 개정되기 전의 것)에 관한 사안이었음}.

대한 정보공개청구에 대하여 개인식별정보를 제외한 나머지 정보는 공개대상이라고 하면서 그러한 정보가 위 제4호에서 규정하고 있는 '형의 집행, 교정에 관한 사항으로서 공개될 경우 그 직무수행을 현저히 곤란하게 한다고 인정할 만한 상당한 이유가 있는 정보'라고 하기 어렵다고 하였다.[27]

(iii) 진행중인 재판의 쟁점과 관련 없는 서류

'진행중인 재판에 관련된 정보'에 해당한다는 사유로 정보공개를 거부하기 위하여는 반드시 그 정보가 진행 중인 재판의 소송기록 그 자체에 포함된 내용의 정보일 필요는 없으나, 재판에 관련된 일체의 정보가 그에 해당하는 것은 아니고 진행 중인 재판의 심리 또는 재판결과에 구체적으로 영향을 미칠 위험이 있는 정보에 한정된다고 봄이 상당하다고 하면서, 론스타 관련 서류가 당시 진행 중이던 대법원 사건의 쟁점과 관련이 없어 비공개대상이 아니라는 취지로 판단한 사례가 있다.[28]

---

27) 대법원 2004. 12. 9. 선고 2003두12707 판결("국민의 '알권리' 즉 정보에의 접근·수집·처리의 자유는 자유권적 성질과 청구권적 성질을 공유하는 것으로서 헌법 제21조에 의하여 직접 보장되는 권리이고, 그 구체적 실현을 위하여 제정된 법 역시 법 제3조에서 공공기관이 보유·관리하는 정보를 원칙적으로 공개하도록 하여 정보공개의 원칙을 천명하고 있고, 법 제7조가 예외적인 공개 제외 사유들을 열거하고 있는 점에 비추어 보면, 법 제7조 제1항 제4호에서 비공개대상으로 규정한 '형의 집행, 교정에 관한 사항으로서 공개될 경우 그 직무수행을 현저히 곤란하게 하는 정보'라 함은 당해 정보가 공개될 경우 재소자들의 관리 및 질서유지, 수용시설의 안전, 재소자들에 대한 적정한 처우 및 교정·교화에 관한 직무의 공정하고 효율적인 수행에 직접적이고 구체적으로 장애를 줄 고도의 개연성이 있고, 그 정도가 현저한 경우를 의미한다고 할 것이며, 여기에 해당하는지 여부는 비공개에 의하여 보호되는 업무수행의 공정성 등의 이익과 공개에 의하여 보호되는 국민의 알권리의 보장과 국정에 대한 국민의 참여 및 국정운영의 투명성 확보 등의 이익을 비교·교량하여 구체적인 사안에 따라 개별적으로 판단되어야 한다(대법원 2003. 8. 22. 선고 2002두12946 판결 참조)."고 하는 일반법리를 설시하면서 그와 같이 판단하였다.)

28) 대법원 2011. 11. 24. 선고 2009두19021 판결("정보공개법은 공공기관이 보유·관리하는 정보에 대한 국민의 공개청구 및 공공기관의 공개의무에 관한 필요한 사

(다) 의사결정과정에 있는 사항 (제5호)

① 기준

판례에 따르면, 정보공개법 제9조 제1항 제5호에서 규정하고 있는 '공개될 경우 업무의 공정한 수행에 현저한 지장을 초래한다고 인정할 만한 상당한 이유가 있는 경우'라 함은 정보공개법 제1조의 정보공개제도의 목적 및 정보공개법 제9조 제1항 제5호의 규정에 의한 비공개대상정보의 입법 취지에 비추어 볼 때 공개될 경우 업무의 공정한 수행이 객관적으로 현저하게 지장을 받을 것이라는 고도의 개연성이 존재하는 경우를 의미한다.[29]

항을 정함으로써 국민의 알 권리를 보장하고 국정에 대한 국민의 참여와 국정운영의 투명성을 확보함을 목적으로 공공기관이 보유·관리하는 모든 정보를 원칙적 공개대상으로 하면서도, 재판의 독립성과 공정성 등 국가의 사법작용이 훼손되는 것을 막기 위하여 제9조 제1항 제4호에서 '진행 중인 재판에 관련된 정보'를 비공개대상정보로 규정하고 있다. 이와 같은 정보공개법의 입법 목적, 정보공개의 원칙, 위 비공개대상정보의 규정 형식과 취지 등을 고려하면, 법원 이외의 공공기관이 위 규정이 정한 '진행 중인 재판에 관련된 정보'에 해당한다는 사유로 정보공개를 거부하기 위하여는 반드시 그 정보가 진행 중인 재판의 소송기록 그 자체에 포함된 내용의 정보일 필요는 없으나, 재판에 관련된 일체의 정보가 그에 해당하는 것은 아니고 진행 중인 재판의 심리 또는 재판결과에 구체적으로 영향을 미칠 위험이 있는 정보에 한정된다고 봄이 상당하다. 원심은 제1심판결의 이유를 인용하여, 금융위원회의 2003. 9. 26.자 론스타에 대한 동일인 주식보유한도 초과보유 승인과 관련하여 '론스타 측이 제출한 동일인 현황 등 자료' 및 '금융감독원의 론스타에 대한 외환은행 주식취득 승인안', 2003. 12.말 기준부터 2006. 6.말 기준까지 론스타의 외환은행 주식의 초과보유에 대한 반기별 적격성 심사와 관련하여 '론스타 측이 제출한 동일인 현황 등 자료' 및 '금융감독원의 심사결과보고서' 등 원심판시 제3정보(이하 '원심판시 제3정보'라고 한다)는 이 사건 처분 당시 진행 중인 대법원 2007두11412호 사건의 쟁점과 관련이 없는 점 등에 비추어 정보공개법 제9조 제1항 제4호 소정의 비공개대상정보인 '진행 중인 재판에 관련된 정보'에 해당하지 아니한다는 취지로 판단하였다. 원심의 이러한 판단은 위 법리에 따른 것으로서 정당하고, 거기에 위 규정 소정의 비공개대상정보의 의미나 그 포섭에 관한 법리오해 등의 위법이 없다."라고 판시).

29) 대법원 2010. 6. 10. 선고 2010두2913 판결; 대법원 2010. 2. 25. 선고 2007두

그리고 구체적으로 여기에 해당하는지 여부는 비공개로 인한 이익과 공개로 인한 이익을 비교·교량하여 판단하게 된다. 그리하여 (i) 비공개에 의하여 보호되는 업무수행의 공정성 등의 이익과 공개에 의하여 보호되는 국민의 알권리의 보장과 국정에 대한 국민의 참여 및 국정운영의 투명성 확보 등의 이익을 비교·교량하여 구체적인 사안에 따라 신중하게 판단되어야 한다거나,[30] (ii) 학교교육에서의 시험에 관한 정보로서 공개될 경우 업무의 공정한 수행에 현저한 지장을 초래하는지 여부는 정보공개법의 목적 및 시험정보를 공개하지 아니할 수 있도록 하고 있는 입법 취지, 당해 시험 및 그에 대한 평가행위의 성격과 내용, 공개의 내용과 공개로 인한 업무의 증가, 공개로 인한 파급효과 등을 종합하여, 비공개에 의하여 보호되는 업무수행의 공정성 등의 이익과 공개에 의하여 보호되는 국민의 알권리와 학생의 학습권 및 부모의 자녀교육권의 보장, 학교교육에 대한 국민의 참여 및 교육행정의 투명성 확보 등의 이익을 비교·교량하여 구체적인 사안에 따라 신중하게 판단하여야 한다고 한다.[31]

한편 의사가 결정되거나 의사가 집행된 경우는 의사결정과정에 있는 것이 아니므로 비공개대상이 아니라는 견해가 있을 수 있다. 이에 대하여 판례는 제5호는 비공개대상정보를 예시적으로 열거한 것이라고 하면서 의사결정과정에 있는 사항 그 자체는 아니지만 이에 준하는 사항으로서 비공개대상정보에 포함될 수 있다고 한다.[32]

9877 판결; 대법원 2003. 8. 22. 선고 2002두12946 판결.

30) 대법원 2010. 6. 10. 선고 2010두2913 판결(학교폭력대책자치위원회 회의록에 관한 사안); 대법원 2003. 8. 22. 선고 2002두12946 판결(학교환경위생정화위원회 회의록에 관한 사안).

31) 대법원 2010. 2. 25. 선고 2007두9877 판결.

32) 대법원 2003. 8. 22. 선고 2002두12946 판결("법 제7조 제1항 제5호에서의 '감사·감독·검사·시험·규제·입찰계약·기술개발·인사관리·의사결정과정 또는 내부검토과정에 있는 사항'은 비공개대상정보를 예시적으로 열거한 것이라고 할 것이므로 의사결정과정에 제공된 회의관련자료나 의사결정과정이 기록된 회의록 등은 의사가 결정되거나 의사가 집행된 경우에는 더 이상 의사결정과정에 있는 사항 그 자체라고는 할 수 없으나, 의사결정과정에 있는 사항에 준하는 사항으로서 비공

② 위와 같은 기준에 따라 판례는 다음과 같은 판단을 하였다.

(i) 학교폭력대책자치위원회가 피해학생의 보호를 위한 조치, 가해학생에 대한 조치, 학교폭력과 관련된 분쟁의 조정 등에 관하여 심의한 결과를 기재한 회의록 : 비공개

이 판례는 심리가 종료된 후에라도 심리내용이 공개됨으로써 올수 있는 심판자의 심리적 압박을 고려하여 투명성확보를 다소 후퇴시키더라도 회의록을 비공개로 하는 것이 타당하다는 취지이다. 판결의 내용은 다음과 같다.[33]

(학교폭력대책-필자 추가) 자치위원회에서의 자유롭고 활발한 심의·의결이 보장되기 위해서는 위원회가 종료된 후라도 심의·의결 과정에서 개개 위원들이 한 발언 내용이 외부에 공개되지 않는다는 것이 철저히 보장되어야 할 것인데, 만약 각 참석위원의 발언 내용이 기재된 회의록이 공개된다면 위원들은 심리적 압박을 받아 자유로운 의사 교환을 할 수 없고 심지어는 당사자나 외부의 의사에 영합하는 발언을 하거나 침묵으로 일관할 우려마저 있어 자유로운 심의분위기를 해치고 공정성 확보에 지장을 초래할 수 있는 점, 학교폭력법 제21조 제3항이 자치위원회의 회의를 공개하지 못하도록 명문으로 규정하고 있는 것은, 회의록 공개를 통한 알권리 보장과 자치위원회 운영의 투명성 확보 요청을 다소 후퇴시켜서라도 초등학교·중학교·고등학교·특수학교 내외에서 학생들 사이에서 발생한 학교폭력의 예방 및 대책에 관련된 사항을 심의하는 자치위원회 업무수행의 공정성을 최대한 확보하기 위한 것으로 보이는 점 등을 고려하면, 자치위원회가 피해학생의 보호를 위한 조치, 가해학생에 대한 조치, 학교폭력과 관련된 분쟁의 조정 등에 관하여 심의한 결과를 기재한 회의록은 정보공개법 제9조 제1항 제5호의 '공개될 경우 업무의 공정한 수행에 현저한 지장을 초래한다고 인정할 만한 상당한 이유가 있는 정보'에 해당한

개대상정보에 포함될 수 있다고 할 것이다"라고 판시). 대법원 2000. 5. 30. 선고 99추85 판결, 2003. 5. 16. 선고 2001두4702 판결 등도 같은 취지이다.

33) 대법원 2010. 6. 10. 선고 2010두2913 판결

다고 보아야 할 것이다.

(ii) 교도소 징벌위원회 회의록 : 청구인이 참여한 절차는 공개, 심사의결 부분 비공개

하나의 정보에 공개사유가 있는 부분과 비공개사유가 있는 부분이 혼합되어 있는 경우 공개청구의 취지에 어긋나지 않는 범위 안에서 분리할 수 있을 때에는 일부만의 공개도 가능하며, 정보의 부분 공개가 허용되는 경우란 당해 정보에서 비공개대상정보에 관련된 기술 등을 제외 혹은 삭제하고 나머지 정보만을 공개하는 것이 가능하고 나머지 부분의 정보만으로도 공개의 가치가 있는 경우를 의미한다.[34]

이러한 법리에서 징벌위원회 위원장과 위원들이 원고를 참석시켜 징벌절차를 진행한 다음 비공개로 심사·의결한 내용이 기재된 위 각 회의록 중 비공개 심사·의결 부분은 그 심사·결정절차 과정에서 위원들이 한 발언내용이 공개된다면 자유로운 심사분위기를 해치고 심사의 공정성 확보에 지장을 초래할 수 있어 정보공개법 제9조 제1항 제5호의 비공개사유에 해당하는 반면, 그에 앞서 공개청구인의 참석하에 이루어진 청구인의 진술, 위원장 및 위원들과 청구인 사이의 문답 등 징벌절차 진행 부분은 이를 공개한다 해서 개인의 인격이나 사생활을 침해하거나 교정 업무 수행에 현저한 지장을 초래한다고 볼 수 없어 비공개사유에 해당하지 않는다는 이유로 위 분리 공개를 구하는 범위 내에서 공개를 허용한 것은 정당하다고 하였다.[35]

이 사례 역시 심사위원들의 자유로운 심사분위기를 고려한 것이다.

(iii) 학교환경위생정화위원회의 회의록 : 발언내용 공개, 발언자 인적사항 비공개

---

34) 정보공개법 제14조. 대법원 2009.12.10. 선고 2009두12785 판결; 대법원 2005. 1. 28. 선고 2002두12854 판결; 대법원 2003. 3. 11. 선고 2001두6425 판결.
35) 대법원 2009. 12. 10. 선고 2009두12785 판결.

학교환경위생구역 내 금지행위(숙박시설) 해제결정에 관한 위 정화위원회의 회의록에 관하여도 심의자의 심리적 부담을 이유로 비공개가 정당하다고 한 사례이다. 그런데 이 판례는 위 (i)과 달리 발언내용 자체는 공개대상이라고 하고 발언자의 인적사항만이 비공개대상이라고 하였다. 판결의 구체적 내용은 아래와 같다.[36)]

> 위 정화위원회의 심의회의에서는 위 정화위원회의 의사결정에 관련된 문답과 토의가 이루어지므로 자유롭고 활발한 심의가 보장되기 위하여는 심의회의가 종료된 이후에도 심의과정에서 누가 어떤 발언을 하였는지에 관하여는 외부에 공개되지 않도록 이를 철저히 보장하여야 할 필요성 즉, 위 정화위원회의 회의록 중 발언내용 이외에 해당 발언자의 인적 사항까지 공개된다면 정화위원들이나 출석자들은 자신의 발언내용에 관한 공개에 대한 부담으로 인한 심리적 압박 때문에 위 정화위원회의 심의절차에서 솔직하고 자유로운 의사교환을 할 수 없고, 심지어 당사자나 외부의 의사에 영합하는 발언을 하거나 침묵으로 일관할 우려마저 있으므로, 이러한 사태를 막아 정화위원들이 심의에 집중하도록 함으로써 심의의 충실화와 내실화를 도모하기 위하여는 회의록의 발언내용 이외에 해당 발언자의 인적 사항까지 외부에 공개되어서는 아니된다 할 것이어서, '회의록에 기재된 발언내용에 대한 해당 발언자의 인적 사항' 부분은 그것이 공개될 경우 정화위원회의 심의업무의 공정한 수행에 현저한 지장을 초래한다고 인정할 만한 상당한 이유가 있다고 판단하였다.
> 기록과 관계 법령 및 위 법리에 비추어 살펴보면, 원심의 이러한 판단은 정당한 것으로 수긍할 수 있고 …

(iv) 시험에 관한 정보 : 학업성취도평가자료 비공개, 수능자료 공개

'2002년도 및 2003년도 국가 수준 학업성취도평가 자료'는 표본조사 방식으로 이루어졌을 뿐만 아니라 학교식별정보 등도 포함되어 있어서 그 원자료 전부가 그대로 공개될 경우 학업성취도평가 업무의 공정한 수행이 객관적으로 현저하게 지장을 받을 것이라는 고도의 개연성이 존재한다고 볼 여지가 있어 공공기관의 정보공개에 관한 법률 제9조 제1항 제5호에서 정한 비공개대상정보에 해당하는 부분이 있으나, '2002학년도부터

---

36) 대법원 2003. 8. 22. 선고 2002두12946 판결.

2005학년도까지의 대학수학능력시험 원데이터'는 연구 목적으로 그 정보의 공개를 청구하는 경우, 공개로 인하여 초래될 부작용이 공개로 얻을 수 있는 이익보다 더 클 것이라고 단정하기 어려우므로 그 공개로 대학수학능력시험 업무의 공정한 수행이 객관적으로 현저하게 지장을 받을 것이라는 고도의 개연성이 존재한다고 볼 수 없어 위 조항의 비공개대상정보에 해당하지 않는다고 한 사례이다.37) 그런데 후자의 대학수학능력시험 정보에도 학교별식별정보가 포함되어 있어, 이것이 전자와 후자의 판단이 달라진 직접적인 이유라고 하기는 어렵다. 판례가 후자에 관하여 공개대상이라고 한 논거에는 공개청구인들이 대학교수 등으로서 연구목적으로 청구한 점을 강조하고 있다. 그런데 어차피 같은 원고들이므로 전자에 관하여 이 점이 특별히 다르다고 하기도 어렵다. 아마 학업성취도 평가는 표본조사에 의한 것이고 수학능력시험은 전수대상이라는 차이가 학교별 식별정보를 공개함으로부터 발생하는 폐해의 차이를 가져오고 이 때문에 결론이 갈린 것은 아닌가 추측해 본다.

아무튼 이 판례는 연구목적의 유무가 공개대상 여부를 판단하는데 매우 중요한 요소임을 판시한 것으로서 의미를 찾을 수 있다.

(v) 검찰21세기연구기획단 연구결과종합보고서 : 비공개

검찰21세기연구기획단의 1993년도 연구결과종합보고서는 검찰의 의사결정과정 또는 내부검토과정에 있는 사항 등으로서 공개될 경우 업무의 공정한 수행이나 연구·개발에 현저한 지장을 초래한다고 인정할 만한 상당한 이유가 있는 정보에 해당한다고 볼 여지가 있다고 한 사례이다.38)

(vi) 치과의사국가시험의 전과목 문제지와 그 정답지 : 비공개

치과의사 국가시험에서 채택하고 있는 문제은행 출제방식이 출제의 시

37) 대법원 2010. 2. 25. 선고 2007두9877 판결
38) 대법원 2008. 11. 27. 선고 2005두15694 판결.

간·비용을 줄이면서도 양질의 문항을 확보할 수 있는 등 많은 장점을 가지고 있는 점, 그 시험문제를 공개할 경우 발생하게 될 결과와 시험업무에 초래될 부작용 등을 감안하면, 위 시험의 문제지와 그 정답지를 공개하는 것은 시험업무의 공정한 수행이나 연구·개발에 현저한 지장을 초래한다고 인정할 만한 상당한 이유가 있는 경우에 해당하므로, 정보공개법 제9조 제1항 제5호에 따라 이를 공개하지 않을 수 있다고 한 사례이다.[39)]

(라) 개인에 관한 정보 (제6호)

① 개요

문제된 정보에 이름·주민등록번호 등 개인에 관한 사항으로서 사생활의 비밀 또는 자유를 침해할 우려가 있다고 인정되는 정보는 공개하지 아니할 수 있다. 구 공공기관의 정보공개에 관한 법률(2004. 1. 29. 법률 제7127호로 전부개정되기 전의 것)은 제7조 제1항 제6호에서 상응하는 내용을 규정하고 있었는데 여기서는 "당해 정보에 포함되어 있는 이름·주민등록번호 등에 의하여 특정인을 식별할 수 있는 개인에 관한 정보"라고 하였고 이를 판례는 '개인식별정보'라고 이름하였다.[40)]

② 혼합정보

그런데 하나의 정보에 위와 같은 인적사항 외에 다른 정보가 있을 때 당해 정보 전체가 비공개대상인지 의문이 있을 수 있다. 이에 대하여 판례는 두 부분을 분리할 수 있는 때에는 공개가능한 부분은 공개하여야 한다고 하였다.[41)] 이에 따라 대학수학능력시험 수험생별 원점수정보 중 수

39) 대법원 2007. 6. 15. 선고 2006두15936 판결.

40) 대법원 2007. 12. 14. 선고 2005두13117 판결; 대법원 2006. 12. 7. 선고 2005두241 판결.

41) 대법원 2010. 2. 11. 선고 2009두6001 판결 ("원심이 피고로서는 원점수정보에서 수험생 인적사항을 제외한 나머지 정보를 공개할 의무가 있다고 판단하면서도, 이 사건 원점수정보 공개거부처분의 전부를 취소한 제1심판결을 그대로 유지한

험생 인적사항을 제외한 나머지 부분만을 공개함이 타당하다.[42)]

수인의 정보 중 일부의 정보를 분리할 수 있을 때에도 마찬가지이다. 특정 사면대상자 2인에 관한 정보가 다른 사면대상자 30,647명에 관한 부분과 분리할 수 있고 그 정보만으로 공개의 가치가 있다면 위 2인에 관한 정보를 공개함이 타당하다.[43)]

것 역시 다음과 같은 이유로 수긍하기 어렵다. 즉, 판결의 주문은 그 자체에 의하여 그 내용을 특정할 수 있어야 하고, 한편, 정보공개법 제14조는 공개청구한 정보가 제9조 제1항 각 호 소정의 비공개대상정보에 해당하는 부분과 공개가 가능한 부분이 혼합되어 있는 경우로서 공개청구의 취지에 어긋나지 아니하는 범위 안에서 두 부분을 분리할 수 있는 때에는 비공개대상정보에 해당하는 부분을 제외하고 공개하여야 한다고 규정하고 있는바, 법원이 정보공개거부처분의 위법 여부를 심리한 결과, 공개가 거부된 정보에 비공개대상정보에 해당하는 부분과 공개가 가능한 부분이 혼합되어 있으며, 공개청구의 취지에 어긋나지 아니하는 범위 안에서 두 부분을 분리할 수 있다고 인정할 수 있을 때에는, 공개가 거부된 정보 중 공개가 가능한 부분을 특정하고, 판결의 주문에 정보공개거부처분 중 공개가 가능한 정보에 관한 부분만을 취소한다고 표시하여야 한다(대법원 2003. 3. 11. 선고 2001두6425 판결, 대법원 2009. 4. 23. 선고 2009두2702 판결 등 참조). 그럼에도 원심은 그 판결 이유에서 수험생별 원점수정보 중 수험생 인적사항을 제외한 나머지 부분만을 공개함이 타당하다는 취지로 판단하면서도, 주문에서는 이 사건 원점수정보 공개거부처분의 전부를 취소한 제1심판결을 그대로 유지하고 있으니, 이 부분 원심판결에는 판결 주문 기재방법 또는 정보공개법 제14조에 관한 법리를 오해하여 판결에 영향을 미친 위법이 있다."고 판시); 대법원 2006. 12. 7. 선고 2004두9180 판결("법원이 행정청의 정보공개거부처분의 위법 여부를 심리한 결과 공개를 거부한 정보에 비공개대상정보에 해당하는 부분과 공개가 가능한 부분이 혼합되어 있고 공개청구의 취지에 어긋나지 아니하는 범위 안에서 두 부분을 분리할 수 있음이 인정되는 때에는, 위 정보 중 공개가 가능한 부분을 특정하여 그 부분에 관한 공개거부처분을 취소하여야 할 것"이라고 판시); 대법원 2003. 11. 28. 선고 2002두8275 판결.

42) 위 2009두6000 판결 참조.

43) 대법원 2006. 12. 7. 선고 2004두9180 판결("원고가 피고 법무부장관에게 공개를 청구한 '대통령이 2000. 8. 국무회의 의결을 거쳐 광복 55주년 경축사면을 한 홍석현과 홍두표와 관련한 사면실시 건의문, 국무회의 안건, 사면대상자 명단(국무회의 안건 별책)'에는 위 사면의 대상자 30,647명에 대하여 식별할 수 있는 개인정보가 포함되어 있고, 원고가 피고 서울중앙지방검찰청 검사장에게 공개를 청

③ 비공개 제외

ⓐ 판단의 기준

개인정보로서 사생활의 비밀이나 자유를 침해하는 정보라도 제6호 가~마목에 해당하는 경우에는 공개를 하여야 한다. 그 중에 '다. 공공기관이 작성하거나 취득한 정보로서 공익 또는 개인의 권리구제를 하여 필요하다고 인정되는 정보'에 해당하는지 여부가 문제된 사례가 많다.

그 판단에 관하여 판례는 사익과 공익의 비교형량기준을 제시하고 있다. 즉, 판례는 "'공개하는 것이 공익 또는 개인의 권리 구제를 위하여 필요하다고 인정되는 정보'에 해당하는지 여부는 비공개에 의하여 보호되는 개인의 사생활의 비밀 등 이익과 공개에 의하여 보호되는 국정운영의 투명성 확보 등의 공익 또는 개인의 권리 구제 등 이익을 비교·교량하여 구체적 사안에 따라 신중히 판단하여야 한다."고 한다.[44)]

ⓑ 구체적 판단례

위 비교형량기준에 따라 아래의 각 사례에서 공개 여부를 결정하였다.

(i) 보조금 집행내역의 개인 성명 : 비공개

보조금 집행내역에 대한 공개청구를 한 사안에서, 원심은 개인의 주민

구한 홍석현, 홍두표와 관련하여 재판이 확정된 형사사건기록 중에는 홍석현, 홍두표뿐만 아니라 관련자들을 식별할 수 있는 개인에 관한 정보가 포함되어 있음이 명백하므로, 피고들이 구 정보공개법 제7조 제1항 제6호의 비공개사유를 들어 위 각 정보의 공개를 거부한 것은 적법하다고 판단하였다. … 그러나 원심의 위 판단은 다음과 같은 이유로 수긍할 수 없다. … 우선, 원고는 애초부터 피고 법무부장관에게 홍석현·홍두표, 2인만에 대한 위 사면관련정보의 공개를 요구하였을 뿐이고 사면대상자 전원에 대한 정보공개를 청구한 것이 아님이 기록상 명백하므로, 공개청구대상정보가 아닌 사면대상자 30,647명에 대한 개인식별정보를 빌미로 위 공개청구대상정보의 공개를 거부할 사유로 삼을 수 없다."고 판시).

44) 대법원 2009. 10. 29. 선고 2009두14224 판결; 대법원 2007. 12. 13. 선고 2005두13117 판결; 대법원 2003. 3. 11. 선고 2001두6425 판결.

등록번호, 주소, 계좌번호, 신용카드번호 및 사업자의 사업자등록번호, 주소 중 번지는 비공개대상인데 개인의 성명부분은 공개대상이라고 판단하였으나,[45] 대법원은 개인의 성명은 다른 정보들과 마찬가지로 개인의 신상에 관한 것으로서 그 정보가 공개될 경우 해당인의 사생활이 침해될 염려가 있다고 인정되는 반면, 원심이 공개대상으로 삼은 개인의 성명 외의 나머지 거래내역 등의 공개만으로도 보조금의 사용내역 등을 확인할 수 있을 것으로 보이므로 개인의 성명의 비공개에 의하여 보호되는 해당 개인의 사생활 비밀 등의 이익은 국정운영의 투명성 확보 등의 공익보다 더 중하다고 할 것이라고 하면서 개인의 성명부분도 비공개대상이라고 하였다.[46]

(ii) 공직자윤리법상 고지거부자 인적사항 : 비공개

공직자윤리법에 따른 재산등록사항의 고지를 거부한 직계존비속(고지거부자)의 인적사항의 비공개에 의하여 보호되는 이익보다 공개에 의하여 보호되는 이익이 우월하다고 단정할 수 없으므로, 결국 고지거부자의 인적사항은 공개하는 것이 공익을 위하여 필요하다고 인정되는 정보에 해당되지 않는다고 하였다.[47]

한편 위 판시내용 중 "비공개에 의하여 보호되는 이익보다 공개에 의하여 보호되는 이익이 우월하다고 단정할 수 없다"는 판시에 의미를 둘 경우, 정보의 공개를 위해서는 공개이익이 비공개이익보다 우월하여야 한다는 요건을 충족하여야 한다고 해석할 수 있고, 이러할 경우 어느 쪽이 우월한지 분명하지 않을 때는 비공개하여야 한다는 뜻으로 해석할 수 있다.[48]

그러나 "개인의 성명의 비공개에 의하여 보호되는 해당 개인의 사생활

45) 대전고법 2009. 7. 18. 선고 2008누2741 판결.
46) 대법원 2009. 10. 29. 선고 2009두14224 판결.
47) 대법원 2007. 12. 13. 선고 2005두13117 판결.
48) 대법원 2006. 12. 7. 선고 2005누241 판결("이 사건 정보의 공개로 얻는 이익이 이로 인하여 침해되는 당사자들의 사생활의 비밀에 관한 이익보다 더욱 크다고 할 것이므로 정보공개법 제7조 제1항 제6호 소정의 비공개사유에 해당되지 않는다"는 원심판단에 수긍이 간다고 한 사례)도 같은 해석이 가능하다.

비밀 등의 이익은 국정운영의 투명성 확보 등의 공익보다 더 중하다"고 하면서 비공개하여야 한다는 취지로 판단한 사례는 오히려 비공개이익이 공개이익을 능가함을 적극적으로 인정한 것이어서 이를 보면 앞서 본 바와 같은 해석이 대법원의 명확한 입장이라고 단정하기도 어렵다.

(iii) 사면실시건의서와 관련 국무회의 안건자료 : 공개

사면대상자들의 사면실시건의서와 그와 관련된 국무회의 안건자료를 공개할 경우 비록 당사자들의 사생활의 비밀 등이 침해될 염려가 있다고 하더라도, 위 정보의 공개로 얻는 이익이 이로 인하여 침해되는 당사자들의 사생활의 비밀에 관한 이익보다 더욱 크다고 할 것이어서 비공개사유에 해당되지 않는다고 판단한 사례이다.[49]

나아가 위와 같은 경우 공개를 청구한 정보들 중에 개인식별정보가 포함되어 있다는 이유만으로 공개거부처분이 적법하다고 할 수 없다고 하였다.[50]

④ 개인정보보호법의 규율

공공기관의 개인정보보호에 관한 법률(1994. 1. 7. 법률 제4734호)이 공공기관의 컴퓨터·폐쇄회로 텔레비전 등 정보의 처리 또는 송·수신 기능을 가진 장치에 의하여 처리되는 개인정보의 보호를 목적으로 제정되었었다. 그러다가 정보사회가 고도화되면서 개인정보를 처리하는 주체가 비약적으로 늘어나게 되어 위 법률로는 개인정보보호가 충분하지 않게 되었다. 이에 공공부문과 민간부분을 망라하여 개인정보처리에 관한 규율을 할 필요가 생겼다. 이에 따라 2011. 3. 29. 법률 제10465호로 개인정보보호법이 제정되어 2011. 9. 30. 부터 시행되었고, 이와 함께 공공기관의 개인정보보호에 관한 법률은 폐지되었다.[51]

---

49) 대법원 2006. 12. 7. 선고 2005두241 판결.
50) 대법원 2006. 12. 7. 선고 2004두9180 판결.

개인정보보호법은 업무를 목적으로 개인정보파일을 운용하기 위하여 스스로 또는 다른 사람을 통하여 개인정보를 처리하는 공공기관, 법인, 단체 및 개인 등을 '개인정보처리자'라 칭하고,[52] 개인정보처리자는 개인정보를 원칙적으로 수집목적 범위에서만 이용하도록 하고, 제3자에게 제공하는 경우도 정보주체의 동의를 받은 때와 특수한 경우에 그 목적의 범위 내에서만 허용하고 있다.[53] 그러나 개인정보보호법은 개인정보를 목적 외의 용도로 이용하거나 제3자에게 제공할 수 있는 예외적인 경우를 동시에 규정하고 있다.[54] 또한 그 예외의 하나로서 "다른 법률에 특별한 규정이 있는 경우"를 설정함으로써[55] 법률에 의하여 그 예외 범위를 확장할 수 있는 여지를 남겨두었다.

정보공개법은 공공기관이 보유·관리하는 정보에 대한 공개를 지향하는데 비하여[56] 개인정보보호법은 공공기관 등 개인정보처리자가 처리하는 개인정보에 대한 보호를 지향하고 있다.[57] 이처럼 두 법은 그 지향점이 서로 반대인 면이 있다. 그러나 두 법 모두 일정범위에서 개인정보의 공개를 허용하고 있다는 점에서 공통된다.

재판정보 중 개인정보의 공개에 대하여는 위 두 개의 법률이 중복 규율하고 있다고 할 수 있다.

(마) 영업비밀 (제7호)

① 개요

판례는 이에 관하여 제9조 제1항 제7호 소정의 '법인 등의 경영·영업상

---

51) 개인정보보호법 부칙 제2조 참조.
52) 개인정보보호법 제2조 제5호.
53) 개인정보보호법 제15조 제1항, 제17조 제1항, 제3항, 제18조 제1항.
54) 개인정보보호법 제18조 제2항.
55) 개인정보보호법 제18조 제2항 제2호
56) 정보공개법 제1조 참조.
57) 개인정보보호법(대안) 의안 원문, 3쪽 참조.

비밀'은 '타인에게 알려지지 아니함이 유리한 사업활동에 관한 일체의 정보' 또는 '사업활동에 관한 일체의 비밀사항'을 의미하는 것이고, 그 공개 여부는 공개를 거부할 만한 정당한 이익이 있는지 여부에 따라 결정되어야 하는바, 그 정당한 이익이 있는지 여부는 공공기관의 정보공개에 관한 법률의 입법 취지에 비추어 이를 엄격하게 판단하여야 할 뿐만 아니라, 국민에 의한 감시의 필요성이 크고 이를 감수하여야 하는 면이 강한 공익법인에 대하여는 보다 소극적으로 판단하여야 한다는 기준을 제시하고 있다.[58)]

② 구체적 판단례

(i) 방송용 편집원본 테이프 : 비공개

한국방송공사(KBS)가 황우석 교수의 논문조작 사건에 관한 사실관계의 진실 여부를 밝히기 위하여 제작한 '추적 60분' 가제 "새튼은 특허를 노렸나"인 방송용 60분 분량의 편집원본 테이프 1개는 '법인 등의 경영·영업상 비밀에 관한 사항으로서 공개될 경우 법인 등의 정당한 이익을 현저히 해할 우려가 있다고 인정되는 정보'에 해당한다고 하였다.[59)]

(ii) 한국방송공사의 '수시집행 접대성 경비의 건별 집행서류 일체' : 공개

경영·영업상의 비밀에 해당한다고 볼 여지가 있으나 공개될 경우 한국방송공사의 정당한 이익을 현저히 해할 우려가 있다고 인정하기는 어렵다고 판단하였다.[60)]

58) 대법원 2010. 12. 23. 선고 2008두13101 판결; 대법원 2008. 10. 23. 선고 2007두1798 판결.

59) 대법원 2010. 12. 23. 선고 2008두13101 판결.

60) 대법원 2008. 10. 23. 선고 2007두1798 판결.

(iii) 대한주택공사의 아파트 분양원가 산출내역 : 공개

위 정보를 공개하는 것이 대한주택공사의 정당한 이익을 현저히 해할 우려가 있다고 볼 수 없다고 판단하였다.[61]

(iv) 대한주택공사의 무상보상평수 산출내역 : 공개

'무상보상평수 산출내역'은 조합원들에게 제공될 무상보상평수를 '종전 분양면적 + 지하주차장 2평'으로 정할 경우의 사업수익성 등을 검토한 자료인데, 이는 '의사결정과정 또는 내부검토과정에 있는 사항 등으로 공개될 경우 업무의 공정한 수행에 현저한 지장을 초래한다고 인정할 만한 상당한 이유가 있는 정보'에 해당한다고 할 수 없고, '법인 등의 영업상 비밀에 관한 사항으로서 공개될 경우 법인 등의 정당한 이익을 현저히 해할 우려가 있다고 인정되는 정보'에 해당한다고 보기도 어렵다고 하였다.[62]

---

61) 대법원 2007. 6. 1. 선고 2006두20587 판결("국민의 알권리를 보장하고 국정에 대한 국민의 참여와 국정운영의 투명성을 확보한다는 정보공개법의 입법목적과 취지에 비추어 보면, 공공기관은 자신이 보유·관리하는 정보를 공개하는 것이 원칙이고, 정보공개의 예외로서 비공개사유에 해당하는지 여부는 이를 엄격하게 해석할 필요가 있는 점, 피고는 주택을 건설·공급 및 관리하고 불량주택을 개량하여 국민생활의 안정과 공공복리의 증진에 이바지하게 함을 목적으로 대한주택공사법에 의하여 설립된 법인으로서 그와 같은 목적의 수행을 위하여 일반 사기업과는 다른 특수한 지위와 권한을 가지고 있는 점, 피고가 이미 분양이 종료된 고양시 풍동 소재 주공그린빌 주택단지의 아파트 분양원가 산출내역의 자료를 공개한다고 하여 기업으로서의 경쟁력이 현저히 저하된다거나 주택건설사업과 분양업무를 추진하는 것이 곤란해진다고 단정할 수 없는 점, 피고가 위 정보를 공개함으로써 위 아파트의 분양원가 산출내역을 알 수 있게 되어 수분양자들의 알권리를 충족시키고, 나아가 공공기관의 주택정책에 대한 국민의 참여와 그 운영의 투명성을 확보할 수 있는 계기가 될 수 있는 점 등 여러 사정들을 감안하여 보면, 위 정보를 공개함으로 인하여 피고의 정당한 이익을 현저히 해할 우려가 있다고 볼 수 없다."고 판시).

62) 대법원 2006. 1. 13. 선고 2003두9459 판결.

라. 분리공개

공개청구한 정보가 비공개대상과 공개대상이 혼합되어 있는 경우 공개청구의 취지에 어긋나지 아니하는 범위 안에서 두 부분을 분리할 수 있을 때에는 비공개대상을 제외한 나머지 공개가능한 정보를 공개하여야 한다.[63] 이러한 정보의 부분 공개가 허용되는 경우란 그 정보의 공개방법 및 절차에 비추어 당해 정보에서 비공개대상정보에 관련된 기술 등을 제외 혹은 삭제하고 나머지 정보만을 공개하는 것이 가능하고 나머지 부분의 정보만으로도 공개의 가치가 있는 경우를 의미한다.[64]

마. 제3자의 비공개요청

정보공개법 제11조는 정보공개의 청구가 있는 경우 공공기관이 정보공개 여부를 결정하는 절차에 관하여 규정하고 있다. 그 중 제3항은 "공공기관은 공개청구된 공개대상정보의 전부 또는 일부가 제3자와 관련이 있다고 인정되는 때에는 그 사실을 제3자에게 지체없이 통지하여야 하며, 필

---

63) 정보공개법 제14조.

64) 대법원 2009. 12. 10. 선고 2009두12785 판결("원심은, 이 사건 청구 중 위 각 징벌위원회 회의록의 공개를 구하는 부분에 대해서는, 징벌위원회 위원장과 위원들이 원고를 참석시켜 징벌절차를 진행한 다음 비공개로 심사·의결한 내용이 기재된 위 각 회의록 중 비공개 심사·의결 부분은 그 심사·결정절차 과정에서 위원들이 한 발언내용이 공개된다면 자유로운 심사분위기를 해치고 심사의 공정성 확보에 지장을 초래할 수 있어 법 제9조 제1항 제5호의 비공개사유에 해당하는 반면, 그에 앞서 원고 참석하에 이루어진 원고의 진술, 위원장 및 위원들과 원고 사이의 문답 등 징벌절차 진행 부분은 이를 공개한다 해서 개인의 인격이나 사생활을 침해하거나 교정 업무 수행에 현저한 지장을 초래한다고 볼 수 없어 비공개사유에 해당하지 않는다는 이유로 위 분리 공개를 구하는 범위 내에서 원고의 청구를 인용하고 나머지 부분에 대한 원고의 청구를 기각하였다."고 판시). 같은 취지 : 대법원 2003. 3. 11. 선고 2001두6425 판결; 대법원 2005. 1. 28. 선고 2002두12854 판결.

요한 경우에는 그의 의견을 청취할 수 있다."라고 규정되어 있다. 그러나 이는 공공기관이 보유·관리하고 있는 정보가 제3자와 관련이 있는 경우 그 정보공개여부를 결정함에 있어 공공기관이 제3자와의 관계에서 거쳐야 할 절차를 규정한 것에 불과할 뿐, 제3자의 비공개요청이 있다는 사유만으로 정보공개법상 정보의 비공개사유에 해당한다고 볼 수 없다고 해석되고 있다.[65]

바. 공개의 방법

(1) 일반적인 경우

위 법률에서 '공개'라 함은 '공공기관이 이 법의 규정에 의하여 정보를 열람하게 하거나 그 사본·복제물(이하 이 항에서 '복사본'이라 함은 이를 가리킨다)을 교부하는 것 또는 전자정부법 제2조 제10호의 규정에 의한 정보통신망[66]을 통하여 정보를 제공하는 것 등을 말한다.[67] 이에 앞서 본 재판서, 재판기록, 재판일반정보 등을 포함하는 개념으로서 '재판정보'라는 개념을 설정하고, 위 법률이 요구하는 공개의 방법을 재판정보에 현실적으로 적용해 보면, 위 법률은 재판정보에 대하여 (i) 열람을 허용하는 것, (ii) 그 복사본을 교부하는 것, (iii) 정보통신망(예: 대법원 홈페이지)을 통하여 정보를 제공하는 것을 요구한다고 해석할 수 있다. 위 법률의 위임에 따라 제정된 대법원규칙인 법원정보공개규칙은 정보공개의 방법을 다음과 같이 구체적으로 규정하고 있다.[68]

---

65) 대법원 2008. 9. 25. 선고 2008두8680 판결.

66) 전자정부법 제2조 제10호 : "'정보통신망'이란 '전기통신기본법' 제2조 제2호에 따른 전기통신설비를 활용하거나 전기통신설비와 컴퓨터 및 컴퓨터 이용기술을 활용하여 정보를 수집·가공·저장·검색·송신 또는 수신하는 정보통신체제를 말한다."

67) 정보공개법 제2조 제2호.

68) 법원정보공개규칙 제14조.

공개대상의 형태	공개방법
문서·도면·사진 등	(i) 열람, (ii) 사본 교부
필름·테이프 등	(i) 시청, (ii) 인화물·복제물 교부
마이크로필름·슬라이드 등	(i) 시청·열람, (ii) 사본·복제물 교부
전자적 형태의 정보 등	(i) 파일 복제하여 전자우편 송부, (ii) 매체 저장 제공, (iii) 열람·시청, (iv) 사본·출력물의 교부

이 때 타인의 권리나 이익이 부당하게 침해되지 않아야 한다.[69]

(2) 행정정보와 정보목록

행정정보는 공개의 구체적 범위 및 공개의 시기 등을 미리 정하여 공표하고 이에 따라 정기적으로 공개하여야 하며,[70] 정보목록은 정보통신망을 활용한 정보공개시스템을 통하여 공개하여야 한다.[71] 행정정보에 대하여는 정보통신망을 활용할 것인지 여부에 관하여 법률이 특정하지 않고 있는데, 위 법률의 위임에 의하여 제정된 대법원규칙인 법원정보공개규칙은 행정정보를 정보통신망의 이용, 간행물의 발간·판매 등의 방법으로 국민에게 제공하도록 하고 있다.[72] 재판정보 중에서 행정정보에 해당하는 정보는 이에 따라 공개하여야 할 것이다.

(3) 전자정보

(가) 의무와 재량

한편, 정보공개 청구인이 전자적 형태로 공개하여 줄 것을 요청하는 경

69) 법원정보공개규칙 제14조 제4항.
70) 정보공개법 제7조 제1항.
71) 정보공개법 제8조 제1항.
72) 법원정보공개규칙 제2조.

우, 전자적 형태로 보유·관리하는 정보는 원칙적으로 전자적 형태로 공개할 의무가 있고, 그렇지 않은 정보는 전자적 형태로 공개할 재량이 있다.[73]

그런데, 위에서 전자적 형태로 공개할 의무는 당해 정보의 성질상 그러한 방법이 현저히 곤란한 경우에는 해제된다. 이에 따라 법원정보공개규칙은 파일형태로 전자우편을 통해 공개하는 것이 현저히 곤란한 경우에는 청구인의 요청에도 불구하고 저장매체를 제공하거나 열람·시청 또는 사본·출력물의 교부로 대체할 수 있다고 규정하였다.[74]

(나) 편집정보

정보공개법에 의한 정보공개제도는 공공기관이 보유·관리하는 정보를 그 상태대로 공개하는 제도이므로 공공기관이 보유·관리하는 정보가 청구인이 구하는 대로는 되어 있지 않은 경우에는 공개대상이 되지 아니하는 것이 원칙이다. 그렇지만, 전자정보의 경우 통상의 방법으로 어렵지 않게 청구인이 구하는 대로 편집할 수 있다면 당해 정보를 보유·관리하는 것으로서 공개대상이 된다.[75]

---

73) 정보공개법 제15조 제1항, 제2항.

74) 법원정보공개규칙 제14조 제2항.

75) 대법원 2010. 2. 11. 선고 2009두6001 판결("공공기관의 정보공개에 관한 법률 … 에 의한 정보공개제도는 공공기관이 보유·관리하는 정보를 그 상태대로 공개하는 제도이지만, 전자적 형태로 보유·관리되는 정보의 경우에는, 그 정보가 청구인이 구하는 대로는 되어 있지 않다고 하더라도, 공개청구를 받은 공공기관이 공개청구대상정보의 기초자료를 전자적 형태로 보유·관리하고 있고, 당해 기관에서 통상 사용되는 컴퓨터 하드웨어 및 소프트웨어와 기술적 전문지식을 사용하여 그 기초자료를 검색하여 청구인이 구하는 대로 편집할 수 있으며, 그러한 작업이 당해 기관의 컴퓨터 시스템 운용에 별다른 지장을 초래하지 아니한다면, 그 공공기관이 공개청구대상정보를 보유·관리하고 있는 것으로 볼 수 있고, 이러한 경우에 기초자료를 검색·편집하는 것은 새로운 정보의 생산 또는 가공에 해당한다고 할 수 없다. 이와 같은 법리와 기록에 비추어 살펴보면, 원심이 제1심판결 이유를 인용하여 피고가 전산기기로 이미 보유하고 있는 개개의 정보를 검색·가공하여 결과물을 작성하는 방식으로 별다른 어려움 없이 2008학년도 대학수학능력시험

사. 비용부담

정보의 공개 및 우송 등에 소요되는 비용은 실비의 범위 안에서 청구인이 부담한다.[76] 따라서 위 (4)에서 본 바와 같이 (i) 열람 허용, (ii) 복사본 교부의 행위 주체는 법원이 되지만 그 비용부담은 열람을 하거나 복사본을 교부받는 청구인이 부담하게 된다.

정보공개법 제17조 제1항이 '청구인의 부담으로 한다.'라고 한 점에 비추어 정보관리주체인 공공기관이 청구인에게 비용부담을 시킬지 여부를 결정할 재량이 있는 것은 아니라고 해석되며, 비용을 징수하여야 한다. 다만, 청구하는 정보의 사용목적이 공공복리의 유지·증진을 위하여 필요하다고 인정되는 경우에 비용을 감면할 수 있는 예외가 있을 뿐이다.[77]

한편 이러한 비용부담은 특정된 청구인의 존재를 전제로 하는 것이므로 예컨대, 대법원 홈페이지에 불특정인을 대상으로 게시하는 정보는 비용부담을 시킬 대상이 존재하지 않아 결국 법원의 예산으로 게시하게 된다. 다만, 이 경우에도 접속이나 자료열람 및 내려받기(다운로드)에 대하여 수수료를 징수하는 방법이 있을 수 있다. 그러므로 이와 같은 방법이 가능한 한 (iii) 정보통신망을 통하여 정보를 제공하는 경우도 이용자가 비용부담을 하는 것이 위 법률이 규정하는 것이라고 해석된다. 그런데 이러한 방법에 의한 제공은 그 비용이 상대적으로 저렴한데 비하여 그 징수로 인한 업무의 부담과 비용이 더 들 수 있다. 법률이 이러한 경우까지 이용자 비용부담의 원칙을 고수하라고 요구한다고 해석하기는 어렵다. 법원정보공개규칙 제17조 제2항이 "법 제15조 제1항 및 제2항의 규정에 의해 정보통신망을 통해 전자적 형태로 공개하는 경우 업무부담을 고려하여 각

에 관한 수험생의 원점수정보와 등급구분점수정보를 얻을 수 있으므로 이들 정보를 보유하고 있는 것으로 볼 수 있다고 판단한 것은 정당하고, 거기에 상고이유에서 주장하는 바와 같은 정보공개법이 정한 공개대상정보의 범위 등에 관한 법리오해나 심리미진의 위법이 없다."고 판시).

76) 정보공개법 제17조.

77) 정보공개법 제17조 제2항.

급기관의 장이 정하는 바에 의해 수수료를 감면할 수 있다. 다만, 매체에 저장하여 제공하는 경우 실비 범위내에서 수수료를 징수할 수 있다."고 규정한 것은 이러한 차원에서 이해할 수 있다.

다만, 행정정보는 정보공개청구의 존부와 무관하게 정기적 공개를 의무화하고 있고[78] 정보목록은 정보공개시스템을 통하여 일반적으로 공개하도록 하고 있기 때문에, 이들에 대한 정보제공은 이용자에게 부담시킬 수 없다고 해석된다.

아. 신의칙, 권리남용

정보공개법의 목적, 규정 내용 및 취지에 비추어 보면, 정보공개청구의 목적에 특별한 제한이 있다고 할 수 없으므로, 오로지 피고를 괴롭힐 목적으로 정보공개를 구하고 있다는 등의 특별한 사정이 없는 한, 정보공개의 청구가 신의칙에 반하거나 권리남용에 해당한다고 볼 수 없다.[79]

따라서 정보공개청구인은 그 청구의 목적이나 이익을 구체적으로 소명할 필요가 없으며 신의칙이나 권리남용에 해당하지 않는 한 청구를 할 수 있다.

자. 정리

이상의 논의를 재판정보를 중심으로 정리하면 다음과 같다.

78) 정보공개법 제7조.
79) 대법원 2006. 8. 24. 선고 2004두2783 판결; 대법원 2004. 9. 23. 선고 2003두1370 판결.

(1) 공개내용

<table>
<tr><th></th><th colspan="2">공개대상</th><th>공개방법</th><th>비용부담</th></tr>
<tr><td rowspan="5">공개</td><td colspan="2">재판서</td><td rowspan="3">열람허용
복사본 교부
정보공개시스템</td><td rowspan="3">이용자</td></tr>
<tr><td colspan="2">재판기록</td></tr>
<tr><td rowspan="3">재판일반정보</td><td>일반정보</td></tr>
<tr><td>행정정보</td><td>법원(대법원규칙)에 위임</td><td rowspan="2">법원</td></tr>
<tr><td>정보목록</td><td>정보공개시스템</td></tr>
<tr><td>비공개</td><td colspan="4">1. 다른 법률 or 법규명령(위임명령, 대법원규칙)[80]에서 정한 정보
2. 국가의 중대한 이익을 현저히 해할 우려 있는 정보
3. 국민의 생명·신체 및 재산의 보호에 현저한 지장을 초래할 정보
4. 진행중인 재판관련 정보, 범죄수사 등 직무수행을 현저히 곤란하게 할 정보, 공정한 재판을 받을 권리를 침해할 정보
5. 감사 등이나 내부검토과정에 있는 정보
6. 개인의 사생활의 비밀 또는 자유를 침해할 우려 있는 정보
7. 경영·영업상의 비밀에 관한 사항
8. 부동산 투기·매점매석의 우려 있는 정보</td></tr>
</table>

(나) 판례 법리의 정리

정보공개법에 관한 판례들은 재판정보에 관하여 직접 판단한 것은 아니지만, 성질에 반하지 않는 한 거기서 판시한 법리들이 재판정보에도 타당하다. 이에 이들 법리 중 재판정보에 해당되는 부분을 중심으로 요약하여 본다.

80) 대법원 2010. 6. 10. 선고 2010두2913 판결 ("정보공개법 제9조 제1항 본문은 "공공기관이 보유관리하는 정보는 공개대상이 된다"고 규정하면서 그 단서 제1호에서는 "다른 법률 또는 법률이 위임한 명령(국회규칙·대법원규칙·중앙선거관리위원회규칙·대통령령 및 조례에 한한다)에 의하여 비밀 또는 비공개 사항으로 규정된 정보"는 이를 공개하지 아니할 수 있다고 규정하고 있는바, 그 입법 취지는 비밀 또는 비공개 사항으로 다른 법률 등에 규정되어 있는 경우는 이를 존중함으로써 법률 간의 마찰을 피하기 위한 것이라고 할 것이고(대법원 2008. 10. 23. 선고 2007두1798 판결 참조), 여기에서 '법률에 의한 명령'은 정보의 공개에 관하여 법률의 구체적인 위임 아래 제정된 법규명령(위임명령)을 의미한다고 보아야 한다(대법원 2003. 12. 11. 선고 2003두8395 판결 참조)."고 판시).

- 공개청구의 대상인 정보가 반드시 원본일 필요는 없다. 등본관리자도 공개청구대상자다.
- 검찰보존사무규칙은 법규적 효력은 없다.
- 공개이익과 비공개이익의 비교형량
  - 공개이익
    - · 공통이익 : 국민의 알권리 보장, 국정에 대한 국민의 참여, 국정 운영의 투명성 확보
    - · 사안별 이익 : 자녀교육권, 학습권
  - 비공개이익
    - · 업무수행의 공정성(심판자의 심리적 압박)
    - · 사생활
  - 공개이익이 비공개이익에 우월할 때 공개[81)]
  - 공익법인은 공개의 이익이 크다.
- 개인에 관한 정보(개인식별정보 등 인적 사항)는 가급적 비공개쪽으로 판단한다.
- 혼합정보와 다수정보로서 공개·비공개사유가 있는 경우 분리가능한 부분을 분리공개한다.
- 정보내용에 관련된 제3자의 비공개요청에 절대적으로 따라야 하는 것은 아니다.
- 공개청구의 목적을 밝힐 필요는 없다.

3. 민사소송법 등

가. 규정의 내용

(1) 민사소송법

민사소송법은 열람에 관하여 다음 규정을 두고 있다.

제162조(소송기록의 열람과 증명서의 교부청구)

① 당사자나 이해관계를 소명한 제3자는 대법원규칙이 정하는 바에 따라, 소송기록의 열람·복사, 재판서·조서의 정본·등본·초본의 교부 또는 소송에 관한 사항의 증명서의 교부를 법원사무관등에게 신청할 수 있다.

② 누구든지 권리구제·학술연구 또는 공익적 목적으로 대법원규칙으로 정하는 바에 따라 법원사무관등에게 재판이 확정된 소송기록의 열람을 신청할 수 있다. 다만, 공개를 금지한 변론에 관련된 소송기록에 대하여는 그러하지

81) 이 부분 판례의 태도가 분명하지는 않다.

아니하다. <신설 2007.5.17>

③ 법원은 제2항에 따른 열람 신청시 당해 소송관계인이 동의하지 아니하는 경우에는 열람하게 하여서는 아니 된다. 이 경우 당해 소송관계인의 범위 및 동의 등에 관하여 필요한 사항은 대법원규칙으로 정한다. <신설 2007.5.17>

④ 소송기록을 열람·복사한 사람은 열람·복사에 의하여 알게 된 사항을 이용하여 공공의 질서 또는 선량한 풍속을 해하거나 관계인의 명예 또는 생활의 평온을 해하는 행위를 하여서는 아니 된다. <신설 2007.5.17>

⑤ 제1항 및 제2항의 신청에 대하여는 대법원규칙이 정하는 수수료를 내야 한다. <개정 2007.5.17>

⑥ 재판서·조서의 정본·등본·초본에는 그 취지를 적고 법원사무관등이 기명날인하여야 한다. <개정 2007.5.17>

第163조(비밀보호를 위한 열람 등의 제한)

① 다음 각호 가운데 어느 하나에 해당한다는 소명이 있는 경우에는 법원은 당사자의 신청에 따라 결정으로 소송기록중 비밀이 적혀 있는 부분의 열람·복사, 재판서·조서중 비밀이 적혀 있는 부분의 정본·등본·초본의 교부(이하 "비밀 기재부분의 열람 등"이라 한다)를 신청할 수 있는 자를 당사자로 한정할 수 있다.

1. 소송기록중에 당사자의 사생활에 관한 중대한 비밀이 적혀 있고, 제3자에게 비밀 기재부분의 열람 등을 허용하면 당사자의 사회생활에 지장이 클 우려가 있는 때
2. 소송기록중에 당사자가 가지는 영업비밀(부정경쟁방지및영업비밀보호에관한법률 제2조 제2호에 규정된 영업비밀을 말한다)이 적혀 있는 때

② 제1항의 신청이 있는 경우에는 그 신청에 관한 재판이 확정될 때까지 제3자는 비밀 기재부분의 열람 등을 신청할 수 없다.

③ 소송기록을 보관하고 있는 법원은 이해관계를 소명한 제3자의 신청에 따라 제1항 각호의 사유가 존재하지 아니하거나 소멸되었음을 이유로 제1항의 결정을 취소할 수 있다.

④ 제1항의 신청을 기각한 결정 또는 제3항의 신청에 관한 결정에 대하여는 즉시항고를 할 수 있다.

⑤ 제3항의 취소결정은 확정되어야 효력을 가진다.

(2) 민사소송규칙

민사소송규칙 중 열람·등사와 관련된 규정은 아래와 같다.

제37조의2(소송기록의 열람과 증명서의 교부청구)

① 법 제162조 제1항에 따라 소송기록의 열람·복사, 재판서·조서의 정본·등본·초본의 교부 또는 소송에 관한 증명서의 교부를 신청할 때에는 신청인의 자격을 적은 서면으로 하여야 한다.

② 법 제162조 제2항에 따라 확정된 소송기록의 열람을 신청할 때에는 열람을 신청하는 이유와 열람을 신청하는 범위를 적은 서면으로 하여야 한다.

제37조의3(당해 소송관계인의 범위와 동의)

① 법 제162조 제3항에 따른 당해 소송관계인은 소송기록의 열람과 이해관계가 있는 다음 각호의 사람이다.

1. 당사자 또는 법정대리인
2. 참가인
3. 증인

② 법원은 법 제162조 제2항에 따른 신청이 있는 때에는 당해 소송관계인에게 그 사실을 통지하여야 한다.

③ 제2항에 따른 통지는 소송기록에 표시된 당해 소송관계인의 최후 주소지에 등기우편으로 발송하는 방법으로 할 수 있다.

④ 제3항에 따라 발송한 때에는 발송한 때에 송달된 것으로 본다.

⑤ 제2항에 따른 통지를 받은 당해 소송관계인은 통지를 받은 날부터 2주 이내에 소송기록의 열람에 관한 동의 여부를 서면으로 밝혀야 한다. 다만, 당해 소송관계인이 위 기간 이내에 동의 여부에 관한 서면을 제출하지 아니한 때에는 소송기록의 열람에 관하여 동의한 것으로 본다.

제38조(열람 등 제한의 신청방식 등)

① 법 제163조 제1항의 규정에 따른 결정을 구하는 신청은 소송기록 가운데 비밀이 적혀 있는 부분을 특정하여 서면으로 하여야 한다.

② 법 제163조 제1항의 규정에 따른 결정은 소송기록 가운데 비밀이 적혀 있는 부분을 특정하여 하여야 한다.

(3) 재판예규 등

재판기록과 판결문의 공개에 관한 세칙을 재판예규 등이 규정하고 있다. 이들은 민사사건에만 적용되는 것이 아니라 일반적인 규정이나 편의상 이 항에서 살펴본다.

(가) 기록에 관한 것

재판기록의 열람복사에 관한 재판예규로서 '재판기록 열람복사 예규'(재일 2003-3)가 있다. 이 예규 제4조는 신청권자를 아래와 같이 정하고 있다.

> ① 민사재판기록 및 이에 준하는 재판기록의 열람복사를 신청할 수 있는 사람은 다음과 같다.
> 1. 당사자(당사자로부터 열람복사의 위임을 받은 사람 포함)
> 2. 법정대리인 또는 특별대리인(이로부터 열람복사의 위임을 받은 사람 포함)
> 3. 소송대리인(규칙 제6조 제2항, 제3항에 의하여 미리 허가를 받은 사용인 포함)
> 4. 이해관계를 소명한 제3자
> 5. 그 밖에 법령이 허용하는 사람
>
> ② 형사재판기록 및 이에 준하는 재판기록의 열람복사를 신청할 수 있는 사람은 다음과 같다.
> 1. 검사
> 2. 피고인
> 3. 피고인의 법정대리인, 형사소송법 제28조의 규정에 의한 특별대리인, 형사소송법 제29조의 규정에 의한 보조인 또는 피고인의 배우자, 직계혈족, 형제자매와 호주로서 피고인의 위임장 및 신분관계를 증명하는 문서를 제출한 사람
> 4. 변호인(규칙 제6조 제2항, 제3항의 규정에 의하여 미리 허가를 받은 사무원이나 사용인 포함)
> 5. 감정인. 다만 감정에 필요한 범위에서 재판장의 허가를 받은 경우에 한한다.
> 6. 배상신청인 및 그 대리인. 다만 공판절차를 현저히 지연시키지 않는 범위 안에서 재판장의 허가를 받은 경우에 한한다.
> 7. 그 밖에 법령이 허용하는 사람

일반인의 열람복사에 관하여는 "확정된 소송기록의 열람에 관한 예규"(재일 2007-3)가 규정하고 있는데, 이는 민사소송법 제162조 제2항, 제3항에 따른 일반인의 확정기록 열람에 관한 규정이다.

재판기록열람복사예규가 정하는 사항 외에 대법원 재판기록에 관한 특별규정을 둔 것으로 내규인 "대법원 재판기록의 열람복사업무 처리절차

에 관한 내규"가 있다.

그 밖에 규칙으로서 "재판기록 열람·등사 규칙(규칙)"이 있는데 이에는 신청권자에 관한 언급이 없다.

(나) 판결문에 관한 것

법원도서관에 종합법률정보시스템과 판결문검색시스템을 이용하여 법원 판결문(결정문 포함)을 검색·열람할 수 있는 특별창구의 설치와 이용에 관한 "판결문 검색·열람을 위한 특별창구의 설치 및 이용에 관한 내규"가 2006. 4. 25. 내규 제346호로 제정되었다.

또 대법원, 각급법원, 법원기록보존소가 보유 또는 보존하고 있는 판결문(결정문 포함)을 전자우편으로 제공하는 업무에 관한 "전자우편 등을 통한 판결문 제공에 관한 예규"가 2006. 4. 25. 행정예규 제660호로 제정되었다.

나. 검토

(1) 특정공개

민사소송법은 당사자와 이해관계를 소명한 제3자에게는 신청에 의하여 소송기록과 재판서를 공개한다(소송기록은 열람·복사, 재판소는 등본 등이 교부). 위와 같이 특정인에 대한 공개(특정공개)는 전면적으로 인정됨을 원칙으로 한다.[82)]

(2) 기록의 일반공개

그런데 권리구제나 학술연구 또는 공익적 목적으로 하는 경우에는 확정된 소송기록의 열람만이 허용되고 변론의 공개가 금지된 사건의 소송

82) 민사소송법 제162조 제1항.

기록은 열람마저 허용되지 아니한다(일반공개).[83] 이에 위 '이해관계를 소명한 제3자'에 이들이 포함되는가 하는 문제가 발생한다. 제2항을 제1항과 별도로 규정한 점을 고려하면 포함되지 않는다는 입장이 옳을 듯하다. 그러나 아래 형사소송기록에서의 논의(특히 일본의 논의)를 고려할 때 포함된다고 해석함이 바람직하다. 다만, 포함긍정설을 취하더라도 이들이 이해관계자에 해당하기 위해서는 보다 구체적이고 강한 이해관계를 소명하여야 할 것이다.

소송기록에 대한 일반공개는 당해 소송관계인의 동의를 요건으로 한다.[84] 소송관계인이란 (i) 당사자 또는 법정대리인, (ii) 참가인 또는 (iii) 증인으로서, 소송기록의 열람과 이해관계가 있는 사람을 말한다.[85]

한편 당사자는 소송기록의 일반공개를 금지하는 신청을 할 수 있다.[86] 이 신청은 사생활에 대한 중대한 비밀과 영업비밀을 이유로 하여 그 부분을 특정하여 한다.[87] 신청이 받아들여지는 경우 당해기록은 당사자에게만 공개된다.[88]

(3) 판결의 일반공개

민사소송법은 판결의 일반공개에 관하여 특별한 규정을 두고 있지 아니하다.

---

83) 민사소송법 제162조 제2항.
84) 민사소송법 제162조 제3항.
85) 민사소송규칙 제37조의3 제1항.
86) 민사소송법 제163조 제1항.
87) 위 같은 조; 민사소송규칙 제38조.
88) 민사소송규칙 제38조.

4. 형사소송법 등

가. 규정의 내용

(1) 형사소송법

형사소송법은 이에 관하여 다음과 같은 규정을 두고 있다.

제59조의2 (재판확정기록의 열람·등사)

① 누구든지 권리구제·학술연구 또는 공익적 목적으로 재판이 확정된 사건의 소송기록을 보관하고 있는 검찰청에 그 소송기록의 열람 또는 등사를 신청할 수 있다.

② 검사는 다음 각 호의 어느 하나에 해당하는 경우에는 소송기록의 전부 또는 일부의 열람 또는 등사를 제한할 수 있다. 다만, 소송관계인이나 이해관계 있는 제3자가 열람 또는 등사에 관하여 정당한 사유가 있다고 인정되는 경우에는 그러하지 아니하다.

1. 심리가 비공개로 진행된 경우
2. 소송기록의 공개로 인하여 국가의 안전보장, 선량한 풍속, 공공의 질서유지 또는 공공복리를 현저히 해할 우려가 있는 경우
3. 소송기록의 공개로 인하여 사건관계인의 명예나 사생활의 비밀 또는 생명·신체의 안전이나 생활의 평온을 현저히 해할 우려가 있는 경우
4. 소송기록의 공개로 인하여 공범관계에 있는 자 등의 증거인멸 또는 도주를 용이하게 하거나 관련 사건의 재판에 중대한 영향을 초래할 우려가 있는 경우
5. 소송기록의 공개로 인하여 피고인의 개선이나 갱생에 현저한 지장을 초래할 우려가 있는 경우
6. 소송기록의 공개로 인하여 사건관계인의 영업비밀("부정경쟁방지 및 영업비밀보호에 관한 법률" 제2조 제2호의 영업비밀을 말한다)이 현저하게 침해될 우려가 있는 경우
7. 소송기록의 공개에 대하여 당해 소송관계인이 동의하지 아니하는 경우

③ 검사는 제2항에 따라 소송기록의 열람 또는 등사를 제한하는 경우에는 신청인에게 그 사유를 명시하여 통지하여야 한다.

④ 검사는 소송기록의 보존을 위하여 필요하다고 인정하는 경우에는 그 소송

기록의 등본을 열람 또는 등사하게 할 수 있다. 다만, 원본의 열람 또는 등사가 필요한 경우에는 그러하지 아니하다.

⑤ 소송기록을 열람 또는 등사한 자는 열람 또는 등사에 의하여 알게 된 사항을 이용하여 공공의 질서 또는 선량한 풍속을 해하거나 피고인의 개선 및 갱생을 방해하거나 사건관계인의 명예 또는 생활의 평온을 해하는 행위를 하여서는 아니 된다.

⑥ 제1항에 따라 소송기록의 열람 또는 등사를 신청한 자는 열람 또는 등사에 관한 검사의 처분에 불복하는 경우에는 당해 기록을 보관하고 있는 검찰청에 대응한 법원에 그 처분의 취소 또는 변경을 신청할 수 있다.

⑦ 제418조 및 제419조는 제6항의 불복신청에 관하여 준용한다.

[본조신설 2007.6.1]

(2) 형사소송규칙

형사소송규칙은 사건관계자의 열람 등에 관한 규정을 두었을 뿐 일반공개에 관한 형사소송법 제59조의2와 직접 관련된 규정을 두지 않고 있다.

(3) 검찰보존사무규칙

검찰보존사무규칙은 검찰청법 제11조에 기하여 제정된 법무부령으로서 검찰의 열람허가사무의 준칙이 되고 있다. 검찰사무보존규칙이 법률에 기하여 제정된 법무부령이기는 하지만, 그 사실만으로 같은 규칙 내의 모든 규정이 법규적 효력을 가지는 것은 아니다.[89] 예컨대, 기록의 열람·등사의 제한을 정하고 있는 같은 규칙 제22조는 법률상의 위임근거가 없어 행정기관 내부의 사무처리준칙으로서 행정규칙에 불과하므로, 위 규칙상의 열람·등사의 제한을 공공기관의 정보공개에 관한 법률 제9조 제1항 제1호의 '다른 법률 또는 법률에 의한 명령에 의하여 비공개사항으로 규정된 경우'에 해당한다고 볼 수 없다.[90]

그러나 형사사건 또는 치료감호사건이 완결된 때에는 담임법원사무관

89) 대법원 2006. 5. 25. 선고 2006두3049 판결.

90) 대법원 2006. 5. 25. 선고 2006두3049 판결; 대법원 2004. 9. 23. 선고 2003두1370 판결.

등은 지체없이 사건기록과 재판서를 그 법원에 대응하는 검찰청에 송부하여야 한다.[91] 이에 따라 확정된 형사기록은 검찰청에서 보관한다. 따라서 검찰보존사무규칙의 내용 여하는 현실적으로 중요한 의미를 갖는다. 이에 그 내용을 살펴본다.

제6장 기록의 열람 등 <개정 2008.1.7>
제20조(재판확정기록의 열람·등사 신청)
① 법 제59조의2 제1항에 따라 소송기록의 열람 또는 등사를 신청하려는 자는 소송기록을 보관하고 있는 검찰청의 검사에게 별지 제5호서식의 사건기록 열람·등사신청서를 제출하여야 한다.
② 법 제59조의2 제2항 단서에 규정된 "소송관계인"이란 피고인, 변호인, 법인인 피고인의 대표자, 법정대리인, 특별대리인, 보조인, 당사자 이외의 상소권자(피고인의 배우자·직계친족·형제자매 등), 피해자, 고소인·고발인을 말한다.
③ 법 제59조의2 제2항 단서에 규정된 "이해관계 있는 제3자"란 제8호에 규정된 소송관계인 외의 자로서 범죄 신고인, 진정인, 참고인, 증인, 감정인, 통역인, 번역인 등 해당 형사절차에 관여하거나 해당 사건과 직접적인 이해관계가 있는 사람을 말한다.
[전문개정 2008.1.7]

제20조의2(불기소사건기록 등의 열람·등사 신청)
다음 각 호의 어느 하나에 해당하는 자는 별지 제5호서식에 따른 사건기록열람·등사신청서에 따라 불기소사건기록, 진정·내사 사건기록 등 검사의 처분으로 완결된 사건기록 중 본인의 진술이 기재된 서류(녹음물·영상녹화물을 포함한다)와 본인이 제출한 서류(이하 "불기소사건기록등"이라 한다)에 대하여 열람·등사를 청구할 수 있다.
1. 피의자이었던 자
2. 제1호에 규정된 자의 변호인·법정대리인·배우자·직계친족·형제자매
3. 고소인·고발인 또는 피해자
4. 참고인으로 진술한 자
[전문개정 2008.1.7]

제21조(허가여부의 결정 등)

91) 법원재판사무 처리규칙 규칙 제26조.

① 검사는 제20조 및 제20조의2의 규정에 의한 청구가 있는 경우에는 신속하게 허가 여부를 결정하여야 한다. <개정 2006.7.4>
② 검사는 제1항의 결정을 함에 있어 필요하다고 인정하는 경우에는 청구인에게 정당한 사유가 있음을 소명하는 자료의 제출을 요구할 수 있다.
③ 검사는 청구의 전부나 일부를 허가하지 아니하는 경우에는 청구인에게 별지 제6호서식에 따른 불기소사건기록 등 열람·등사 불허가통지서 또는 별지 제6호의2서식에 따른 재판확정기록 열람·등사 불허(제한)통지서에 그 이유를 명시하여 통지하여야 한다. <개정 2008.1.7>
④ 검사가 재판확정기록의 열람 또는 등사를 허가한 경우 보존사무담당직원은 신청인으로부터 별지 제6호의3서식에 따른 서약서를 수령하여야 한다. <신설 2008.1.7>
[본조신설 1993.12.10] [종전 제21조는 제29조로 이동 <1993.12.10>]

제22조(불기소사건기록등의 열람·등사 제한)
① 검사는 제20조의2에 따른 불기소사건기록등의 열람·등사 신청에 대하여 다음 각 호의 어느 하나에 해당하는 경우에는 기록의 열람·등사를 제한 할 수 있다.
  1. 기록의 공개로 인하여 국가의 안전보장, 선량한 풍속 그 밖의 공공의 질서유지나 공공복리를 현저히 해칠 우려가 있는 경우
  2. 기록의 공개로 인하여 사건관계인의 명예나 사생활의 비밀 또는 생명·신체의 안전이나 생활의 평온을 현저히 해칠 우려가 있는 경우
  3. 기록의 공개로 인하여 공범관계에 있는 자 등의 증거인멸 또는 도주를 용이하게 하거나 관련 사건의 수사 또는 재판에 중대한 장애를 가져올 우려가 있는 경우
  4. 기록의 공개로 인하여 비밀로 보존하여야 할 수사방법상의 기밀이 누설되거나 불필요한 새로운 분쟁이 야기될 우려가 있는 경우
  5. 그 밖에 기록을 공개함이 적합하지 아니하다고 인정되는 현저한 사유가 있는 경우
② 특수매체기록에 대한 등사는 제1항 각 호의 사유에 해당하지 아니하고, 조사자의 명예나 사생활의 비밀 또는 생명·신체의 안전이나 생활의 평온을 해할 우려가 없는 경우에 한하여 할 수 있다.
[전문개정 2008.1.7]

제22조의2(소송관계인의 부동의 확인 절차)
① 재판확정기록의 열람·등사 신청이 있는 경우 검사는 법 제59조의2 제2항 제7호에 따라 소송관계인을 상대로 해당 기록의 공개에 대한 동의 여부를

확인하고, 그 소송관계인이 그 소송기록의 공개에 대하여 동의하지 아니한 때에는 기록의 전부 또는 일부의 열람·등사를 제한할 수 있다.

② 보존사무담당직원은 검사가 지정한 소송관계인을 상대로 별지 제6호의4서식의 기록 열람·등사 동의 여부 확인서를 소송관계인의 주민등록지에 등기우편으로 발송하거나, 전화·모사전송·전자우편·휴대전화 문자전송, 그 밖에 적당한 통지방법으로 동의 여부를 확인하고, 별지 제6호의5서식의 소송관계인의 의사표시 확인보고서에 기재하여 지체 없이 검사에게 보고하여야 한다.

[본조신설 2008.1.7]

제22조의3(재판확정기록의 열람·등사 제한의 예외)

① 검사는 법 제59조의2제2항 단서에 규정된 정당한 사유를 판단함에 있어 신청인이 열람·등사로 얻을 수 있는 이익이 국가·사회 및 사건관계인이 입게 될 불이익보다 우월한 경우에 해당하는지에 대하여 열람·등사의 목적과 필요성, 열람·등사로 생길 수 있는 피해 내용·정도 등 제반사정을 종합적으로 고려하여야 한다.

② 검사는 필요하다고 인정하는 때에는 재판확정기록의 열람·등사를 신청한 소송관계인이나 이해관계가 있는 제3자에게 열람·등사에 관한 정당한 사유의 소명을 요구할 수 있다.

[본조신설 2008.1.7]

제23조 삭제 <2008.1.7>

제24조(서증조사등)

(내용생략)

제25조(학술연구목적의 기록열람등)

① 검사는 학술연구등의 목적을 위하여 특히 필요하다고 인정되는 경우에는 소속검찰청(지청의 경우에는 소속지방검찰청)의 장의 허가를 받아 불기소사건기록의 열람·등사를 허가할 수 있다. <개정 2008.1.7>

② 제1항의 경우 열람·등사의 청구는 별지 제5호 서식에 의하며, 열람·등사의 허가·제한 및 방법에 관하여는 제21조 내지 제23조의 규정을 준용한다.

[본조신설 1993.12.10] [종전 제25조는 제31조로 이동 <1993.12.10>]

제26조(재판서등의 등·초본 교부 청구)

① 제20조에 따라 기록의 열람·등사를 청구할 수 있는 자는 별지 제7호서식의 민원신청서에 따라 재판서 또는 재판을 기재한 조서의 등·초본의 교부를 청구할 수 있다. <개정 1998.4.4, 2008.1.7>

② 제1항의 청구에 대한 허가여부의 결정과 그 제한에 관하여는 제21조 및 제22조의 규정을 준용한다.
[본조신설 1993.12.10]

제27조 삭제 <2008.1.7>

나. 검토

형사소송법은 민사소송법과 달리 검사, 피의자, 피고인, 변호인, 법정대리인, 직계친족, 형제자매, 패해자, 감정인의 열람·등사에 관하여 규정하면서 '이해관계 있는 제3자'를 주체로 명시하지 않았다.[92]

그 대신 재판확정기록의 열람·등사에 관한 제59조의2에서 일반인과 다른 부류로 '이해관계 있는 제3자'를 규정하고 있다. 이들은 일반열람이 금지되는 경우에도 열람이 허용된다.[93] 일본 형사확정소송기록법 제4조의 '열람에 대하여 정당한 이유가 있다고 인정되는 자'가 이와 유사하다. 이들도 일반열람이 금지되는 경우에도 열람이 허용되는 사람들이기 때문이다.

이에 위 '열람에 대하여 정당한 이유가 있다고 인정되는 자'에 관한 일본에서의 논의는 참고가 될 만하다. 아래 그 논의의 내용을 본다.[94]

'정당한 이유가 있는 자'란, 열람으로 생기는 폐해의 내용·정도 등을 종합적으로 고려한 결과 열람이 적당하다고 인정되는 경우의 청구자를 말한다. 입안관여자는 아래와 같은 경우를 구체적인 예로 들고 있다.[95]

(i) 민사상의 권리행사 또는 의무에 관하여 소송기록을 열람하는 것이 필요한 경우
(ii) 행정쟁송을 위하여 소송기록을 열람하는 것이 필요한 경우

92) 형사소송법 제35조, 제48조, 제55조, 제174조, 제185조, 제200조의4, 제243조의2, 제244조, 제266조의3, 4, 11, 16, 제294조의4.
93) 형사소송법 제59조의2 제2항.
94) 福島, 기록법, 114~115쪽(飯田正剛 등 집필부분).
95) 押切, 기록법, 137쪽.

(iii) 변호사, 변리사에 대한 징계처분에 관하여 소송기록을 열람하는 것이 필요한 경우
(iv) 금치산선고, 준금치산선고의 신청 등에 관항 소송기록을 열람하는 것이 필요한 경우
(v) 파산관재인, 정산인 등의 직무에 관하여 소송기록을 열람하는 것이 필요한 경우
(vi) 학술연구를 위하여 소송기록을 열람하는 것이 필요한 경우

보도목적의 열람이 정당한 이유가 있는 자인가? 이에 관하여 일본에서는 다음과 같은 논의가 있다.[96]

실무에 있어서는, 취재·보도를 목적으로 한 열람을 제한적으로 해석하는 경향이 있다. 그러나 널리 국민에게 재판의 내용을 알려 공정한 재판을 확보하는 의미에서도, 또한 무한정이고 자의적인 검사의 열람제한을 저지하는 의미에서도 '정당한 이유가 있는 자' 중에는 '보도를 위하여 열람을 청구하는 자'를 적극적으로 포함시키는 것을 생각할 수 있다.[97]

검찰보존사무규칙 제20조 제3항은 형사소송법 제59조의2 제2항 단서에 규정된 '이해관계 있는 제3자'란 소송관계인 외의 자로서 범죄 신고인, 진정인, 참고인, 증인, 감정인, 통역인, 번역인 등 해당 형사절차에 관여하거나 해당 사건과 직접적인 이해관계가 있는 사람을 말한다고 규정하고 있다. 이는 일본의 위 해석에 비하여 다소 협소한 범위이다.

5. 기타 법률

가. 가사소송법

가사소송법은 당사자나 이해관계를 소명한 제3자의 열람·복사를 규정

96) 福島, 기록법, 116쪽(飯田正剛 등 집필부분).
97) 松井, 기록공개, 66쪽.

하고 있을 뿐[98]) 일반공개에 대하여는 규정이 없다.

나. 가정폭력범죄의 처벌 등에 관한 특례법

위 법에서는 가정폭력범죄에 대하여 가정보호사건처리절차와 민사처리에 관한 특례를 규정하고 있으며, 가정폭력범죄에 대하여 다른 법률에 우선하여 적용된다.[99])

그 중 가정보호사건에 관하여 위 법에서 따로 정하지 않은 사항에 대하여는 가정보호사건의 성질에 위배되지 아니하는 범위에서 형사소송법을 준용한다.[100]) 한편 피해자는 가정보호사건이 계속된 제1심 법원에 배상명령신청을 할 수 있는데 이에 관한 특례가 민사처리에 관한 특례이다. 이에 관하여 위 특례법에서 정하지 않은 사항에 대하여는 소송촉진 등에 관한 특례법과 민사소송법의 관련 규정이 준용되는데 확정판결서의 일반공개에 관한 민사소송법 제162조제2항은 명시적으로 준용에서 배제하였다.[101])

요컨대, 가정폭력범죄의 가정보호사건에는 형사소송법과 같은 수준의 공개가, 배상명령사건에는 비공개가 규정된 것이라 할 수 있다.

다. 소년법

소년법 제30조의2는 다음과 같이 규정하고 있다.

> 제30조의2 (기록의 열람·등사)
>
> 소년 보호사건의 기록과 증거물은 소년부 판사의 허가를 받은 경우에만 열람하거나 등사할 수 있다. 다만, 보조인이 심리 개시 결정 후에 소년 보호사건의 기록과 증거물을 열람하는 경우에는 소년부 판사의 허가를 받지 아니하여도 된다.

---

98) 가사소송법 제10조의2.

99) 가정폭력범죄의 처벌 등에 관한 특례법 제3조.

100) 위 특례법 제18조의2.

101) 위 특례법 제62조.

당사자, 변호인, 보조인은 이 규정에 따라 기록을 열람·등사할 수 있다. 그런데 일반 제3자도 위 규정에 따라 열람·등사 신청을 할 수 있는지는 분명하지 아니하다. 소년법의 위 규정은 일반 형사사건에 비하여 기록 공개로 인한 문제점이 크다는 점 때문에 소년부 판사에게 전적인 허가권을 부여한 것으로 보인다. 만일 위 소년법 규정이 형사소송법의 규정을 배제하지 않는 이상 성질에 반하지 않는 한 형사소송법이 준용될 것으로 보이는데, 그렇다면 일반 제3자에게 당사자 보다 완화된 공개를 허용하게 되는 결과가 된다. 따라서 일반 제3자도 위 소년법 규정에 따라 열람·등사 신청을 할 수 있다고 해석된다.

III. 공개의 현실

1. 규범적 현실

기록과 재판서의 공개에 직접적으로 적용되는 민사소송법(규칙) 및 형사소송법(규칙)을 중심으로 공개의 규범적 현실을 아래와 같이 요약할 수 있다.

	권리자	소송기록		재판서·조서	
		미확정	확정	미확정	확정
민사소송법	당사자	열람복사	열람복사	등초본,정본	등초본, 정본
	이해관계인	〃	〃	〃	〃
	일반인[102)]	×	열람[103)]		
형사소송법	당사자 등[104)]	열람등사	열람등사	등초본	등초본
	피해자[105)]	열람등사	열람등사	등초본	등초본
	일반인[106)]	×	열람등사[107)]		

※ 보완설명
1. 모두 신청에 의한 공개로서 민사기록은 법원사무관등에게, 형사확정기록은 검찰청에 신청함
2. 민사소송법상 당사자는 소송에 관한 사항의 증명서 교부를 청구할 수 있는데, 편의상 표에서 언급하지 않음
3. 음영부분은 당사자가 사생활에 관한 중대한 비밀 또는 영업비밀을 이유로 공개배제신청을 할 수 있는 경우임

---

102) 권리구제, 학술연구, 공익적 목적
103) 열람배제사유 :
(i) 변론공개금지 사건
(ii) 소송관계인(당사자나 법정대리인, 참가인, 증인)의 부동의
104) 피고인 기타 소송관계인(검사, 변호인, 보조인, 법인 대표자, 특별대리인, 상소권

그런데 이러한 규율에는 다소 일관성이 없어 혼동스러운 것들이 있다. 우선 소송관계인의 정의와 법적 의미가 혼동되어 있다.

법규	조항	정의	법적 의미
민소법 민소규칙	162③ 37-3①	당사자, 법정대리인, 참가인, 증인	일반열람에 대한 부동의권자
형소법 형소규칙	45 26	검사, 변호인, 보조인, 법인피고인 대표, 특별대리인, 상소권자	재판서 등초본 교부청구
형소법	59-2②	없음	열람등사제한 배제 가능 열람등사에 대한 부동의권자
검찰 보존규칙	20②	피고인, 변호인, 법인피고인 대표, 법정대리인, 특별대리인, 보조인, 당사자 이외의 상소권자(피고인의 배우자·직계친족·형제자매 등), 피해자, 고소인·고발인	〃(위 형소법 조항 해석)

이해관계인의 정의와 법적 의미도 불분명하다.

자). 형사소송법 제45조, 형사소송규칙 제26조 제1항 참조.

105) 형사소송법 제294조의4, 형사소송규칙 제26조 제2항 참조.

106) 권리구제, 학술연구, 공익적 목적

107) 열람등사제한사유 (전부 또는 일부) :
(i) 심리비공개 사건
(ii) 국가안전보장, 선량한 풍속, 공공의 질서유지, 공공복리 현저히 해할 우려
(iii) 사건관계인의 명예, 사생활 비밀, 생명·신체의 안전이나 생활의 평온을 현저히 해할 우려
(iv) 공범자 등의 증거인멸이나 도주의 용이, 관련사건 재판에 중대한 영향 우려
(v) 피고인의 개선이나 갱생에 현저한 지장을 우려
(vi) 영업비밀 현저한 침해 우려
(vii) 소송관계인의 부동의

법규	조항	정의	법적 의미
민소법	162①	없음	원칙적으로 당사자에 준하는 지위
형소법	59-2②	없음	열람등사제한 배제 가능
검찰 보존규칙	20②	소송관계인 외의 자로서 범죄 신고인, 진정인, 참고인, 증인, 감정인, 통역인, 번역인 등 해당 형사절차에 관여하거나 해당 사건과 직접적인 이해관계가 있는 사람	〃(위 형소법 조항 해석)

이러한 규율 간의 차이가 민사와 형사의 차이에서 오는 것도 있다고 하겠지만, 보다 근본적으로는 대법원규칙이 이에 관한 규율을 아예 하지 않거나 불완전하게 하고 있다는 점과 이러한 상황에서 검찰보존사무규칙에서 나름대로 규정을 하게 되었다는 점에 문제점이 있는 것으로 보인다. 이에 관한 체계적 규율이 시급하다.

2. 기록 공개

재판기록의 공개는 위 법규에 따라 신청에 의하여 이루어지고 있다. 일반인에 대한 일반공개는 확정기록에 대하여만 이루어진다.

3. 판결문 공개[108)]

가. 개요

과거 법원은 대법원판례집, 판례공보 등 간행물에 의한 공개만을 하여

108) 이 항은 법원의 자료를 참고하였다.

왔고, 이 때 비실명화 없이 성명 등 개인정보를 전부 포함한 전문을 공개하였다. 그러다가 종합법률정보시스템의 구축으로 인터넷을 통하여 판결을 공개하게 되었다. 그런 와중에 언론 등으로부터 사생활 침해의 문제가 제기되기 시작하였고 이에 2002년 3월부터 선별적으로 비실명화를 시작하였다.

나. 대법원 판결

(1) 대법원 홈페이지

대법원 홈페이지를 통하여 다음과 같이 판결을 공개하고 있다.

(가) 종합법률정보를 통한 판결 공개

1998. 5. 종합법률정보 시스템을 구축하고 대법원 홈페이지를 통하여 공간된 판결(대법원, 하급심)의 판시사항과 판결요지를 공개하기 시작하였다. 2003. 6. 그 당시까지 비실명화작업을 완료한 1996년 이후의 공간 대법원 판결(당시 약 9,000건)의 전문을 공개하였다. 2005. 4. 추가로 비실명화작업을 완료한 1983년부터 1995년까지의 공간 대법원 판결 및 1973년부터 1982년까지의 대법원 전원합의체 판결(총 19,500건)의 전문을 공개하였다.

(나) 판례속보를 통한 판결 공개

대법원 판결 선고 직후 판결요지와 전문을 공개하는데, 월 3회 공개하며 그 중 1회는 전원합의체 판결의 속보이다. 전원합의체 판결 속보가 아닌 경우 회당 약 15~20여건이 게시된다.

(다) 언론 보도 판결 제공

최근 언론에 보도된 중요 판결의 전문을 게시한다.

(2) 간행물

월 2회 발간되는 판례공보는 중요 대법원 판결 수록하고 있으며, 1회에 약 40건이 수록된다.

연 2회 발간되는 대법원판례집은 선례적 가치가 있는 중요 판결을 원심판결, 상고이유서와 함께 수록하며, 1회에 약 60건을 수록한다.

(3) 법고을 LX DVD를 통한 판결 공개

연 1회 발간되는 법고을 LX DVD는 판례, 문헌, 법령 검색시스템을 탑재한 DVD인데, 연중 판례공보 및 각급법원판결공보가 발간되면 즉시 그 수록 판결을 데이터베이스화하여 인터넷을 통하여 업데이트 자료를 제공하고 있다.

다. 하급심 판결

(1) 각급법원(제1, 2심) 판결공보

대법원을 제외한 각급법원이 선고한 판결 중 중요한 것을 선별하여 각급법원(제1, 2심) 판결공보에 수록한다.

(2) 종합법률정보시스템(외부용)

종합법률정보시스템(외부용)에 다음의 자료를 수록하여 제공하고 있다.
(i) 판례공보(2006~)에 수록된 대법원 판결의 원심판결
(ii) 고등법원판례집(1948~1983), 하급심판결집(1984~2003), 각급법원(제1,

2심) 판결공보(2003. 9.~)에 수록된 판결

(3) 각급 법원 홈페이지

2006년부터 각급 법원의 홈페이지에 '우리법원 주요판결'을 게재하여 공개하고 있는데 2010. 2. 기준 서울고등법원 295건, 서울중앙지방법원 346건, 서울행정법원 618건 등 총 6,322건이 게재되었다.

라. 판결문 원문제공 서비스

판결문 원문을 제공하는 다음 서비스를 하고 있다.

(1) 판결문 검색·열람 특별창구 (법원도서관)

"판결문 검색·열람을 위한 특별창구의 설치 및 이용에 관한 내규"에 근거하여 법원도서관에 설치된 판결정보 특별열람실에서 내부의 '판결문검색시스템' 이용하여 판결문을 검색할 수 있도록 하고 있다.

이 공개는 다음의 사람에 한하여 법원도서관장의 승인을 받은 다음 사람에게 허용된다.[109]

1. 검사, 검찰공무원, 변호사, 법무사, 사법연수생 및 대학교수
2. 국가기관, 연구기관, 시민단체의 임·직원으로서 소속 기관장 또는 단체장의 의뢰로 법원도서관장의 승인을 얻은 사람
3. 기타 상당한 이유가 있어 법원도서관장의 승인을 얻은 사람

판결정보 특별열람실 월별 이용현황은 아래와 같은데, 조금씩 증가하는 추세이다.

---

109) 위 내규 제3조.

월	신청건수	승인(열람)	취하[110]
2010. 1.	222	177(134)	45
2009. 12.	217	171(128)	46
2009. 11.	212	162(112)	49

법조 관계자뿐만 아니라 일반인(3호 해당자)의 경우에도 원칙적으로 열람을 승인하고 있고, 불허하는 경우는 사실상 없다.

(2) 판결문 제공 제도 (법원행정처 및 각급 법원)

"전자우편 등을 통한 판결문 제공에 관한 예규"에 따라 이루어지는 서비스이다. 누구나 정보통신망(대법원 홈페이지)이나 직접방문, 우편, 모사전송의 방법으로, 선고법원과 사건번호를 특정하여 신청을 할 수 있다. 수수료{= 250원+50원×(판결매수-1)}를 납부한 후 5일 이내에 판결문을 받아 볼 수 있다.

전국의 판결문 제공제도 접수·처리 건수를 보면 아래와 같다.

연월	09년 2월	3월	4월	5월	6월	7월	8월	9월	10월	11월	12월	10년 1월	2월
접수	6008	6696	7150	5336	7889	8203	5934	7091	8296	9659	9322	7324	7131
처리	3574	3856	4046	3035	4467	5501	3732	4404	4864	5784	6554	4791	4525

110) 취하는 판결문제공서비스를 이용하여야 하는 경우여서 신청인이 취하한 것이다.

제4장 재판공개 관련 입법의 최근 현황

I. 개요

의안번호	제·개정 대상 법률명	제안자	제안일자	심의상황	별첨자료
1800524	형사소송법	서청원 의원 등 21인	2008. 8. 4.	2008. 11. 17. 법사위[1] 회부 2008. 11. 17. 전체회의 2008. 11. 19. 법안심사 1소위 2010. 3. 25. 사개특위 회부 2010. 4. 6. 검찰소위[2] 회부	II-A
1802412	민사소송법	이주영 의원 등 13인	2008. 11. 28.	2008. 12. 1. 법사위 회부 2009. 1. 12. 법안심사 1소위 회부	II-B
1802413	형사소송법	이주영 의원 등 13인	2008. 11. 28.	2008. 12. 1. 법사위 회부 2009. 1. 12. 법안심사 1소위 회부	II-C
1806114	형사소송법	정동영 의원등 31인	2009. 9. 24.	2009. 9. 25. 법사위 회부 2009. 11. 18. 소위 회부	II-D
1807953	법원조직법	여상규 의원 등 15인	2010. 3. 25.	2010. 4. 6. 사개특위 회부 2010. 4. 6. 법원소위[3] 회부	II-E
1808111	형사소송법	박영선 의원 등 11인	2010. 4. 7.	2010. 4. 8. 사개특위 회부 2010. 4. 21. 검찰소위 회부	II-F
1808624	사법정보등 공개에 관한 특별법	박영선 의원 등 11인	2010. 6. 17.	2010. 6. 18. 사개특위[4] 회부 2010. 7. 15. 소위원회 회부	II-G

1) 법제사법위원회.
2) 검찰관계법심사소위.
3) 법원관계법심사소위.
4) 사법제도개혁특별위원회.

재판공개와 관련하여 현재 국회에 계류중인 법률안에는 다음과 같은 것들이 있다.[1]

아래에서는 위 법률안들 중 재판공개와 관련된 내용을 살펴본다.

1) 국회 의안정보시스템, http://likms.assembly.go.kr/bill/jsp/main.jsp (2011. 5. 31.) (이하 법률안 및 검토보고서는 위 웹페이지 참조); 기타 자료.

II. 각 법률안의 내용

1. 형사소송법 개정안 (서청원 의원 등)

이 개정안은 형사소송법 제55조의 2를 다음과 같이 신설하는 것을 내용으로 하는 안이다.

현행	개정안
<신 설>	**제55조의2(피고인의 수사기록 열람등사청구권등)** 기소된 사건의 경우 피고인은 검찰의 증거기록 및 수사기록 일체를 본인 또는 변호인을 통하여 열람 또는 등사 청구할 수 있다. 다만, 보복범죄와 증거인멸 방지를 위하여 필요한 경우 수사기록 중 인적사항을 제외한 부분만을 열람 또는 등사하도록 할 수 있다.

2007년 개정된 현행 형사소송법은 제266조의3 및 제266조의4에서 검사가 보관하는 서류 등에 관하여 피고인 또는 변호인이 열람·등사 등을 신청할 수 있도록 규정하였다. 이로써 기소된 후에는 아직 법원에 제출하지 않은 서류 등이라도 피고인이나 변호사에게 공개하도록 하였다. 그러나 검사가 보관하는 모든 서류를 공개하는 것은 아니다.

위 개정안은 현행 형사소송법이 피고인측에게 보장하는 공개청구의 범위를 대폭 확장하여 일체의 수사기록을 공개하는 것을 원칙으로 하자는 취지로 생각된다.

이에 대하여, (i) 법무부는 비공개사유의 범위와 관련하여, 수사기록에는 공소사실 입증과 직접적인 관련이 없는 수사 기관의 내부 보고자료·첩보 입수 경위 등 관련 사건 수사의 장애를 막기 위해 비밀 유지가 필요하거나, 증인 보호·증거인멸방지·국가안보를 위해 비공개하여야 할 사항 등 열람·등사 등을 거부·제한하여야 할 경우가 있으므로 개정안과 같이 보복범죄·증거인멸 방지를 위한 경우만으로 한정하는 것은 비공개사유가 지나치게 협소하게 된다는 이유로 반대하는 입장이고, (ii) 대법원은 형사소송법 제266조의3은 피고인·변호인이 증거개시를 요구할 수 있는 대상을 증거기록에 국한하고 있지 않으므로 안 제55조의2는 이와 중복되는 면이 있다는 의견이며, (iii) 한국형사정책연구원은 "수사기록 일체"라는 표현은 수사기관의 보고서·내사자료·의견서 등 내부문서를 포함할 여지가 있는 포괄적인 문구로서 피고인들의 방어활동과 직접적 연관성이 없는 부분도 있을 수 있다는 의견이다.[2)]

한편, 국회 전문위원은 현행 형사소송법이 제35조, 제266조의3, 제266조의4에서 피고인의 열람·등사권 등을 이미 규정하고 있으므로 피고인의 방어활동과 직접적인 연관성이 없는 부분까지 전면적으로 열람·등사를 허용하는 개정안은 입법정책적 판단이 필요하거나[3)] 실익이 없다[4)]는 검토의견을 제시하였다.

2. 민사소송법 개정안 및 형사소송법 개정안 (이주영 의원 등)

이주영 의원 등 13인이 민사소송법과 형사소송법을 개정하는 2개의 개정안을 발의하였다.

우선 민사소송법 개정안은 민사소송법 제162조에 다음과 같이 제7항을 신설하는 안이다.

---

2) 국회 법제사법위원회 수석전문위원(임인규)의 검토보고서 (2008. 11.), 4쪽; 국회 사법제도개혁특별위원회 수석전문위원(이한규)의 검토보고서 (2010. 4.), 4쪽.
3) 국회 사법제도개혁특별위원회 수석전문위원(이한규)의 검토보고서 (2010. 4.), 4쪽.
4) 국회 법제사법위원회 수석전문위원(임인규)의 검토보고서 (2008. 11.), 4쪽.

현 행	개 정 안
제162조(소송기록의 열람과 증명서의 교부 청구) ① ~ ⑥ (생 략) <신 설>	제162조(소송기록의 열람과 증명서의 교부 청구) ① ~ ⑥ (현행과 같음) ⑦ 소송기록을 열람·복사한 자가 열람·복사 중 알게 된 타인의 비밀을 누설한 때에는 1년 이하의 징역 또는 500만 원 이하의 벌금에 처한다.

다음 형사소송법 개정안은 형사소송법 제59조의2에 다음과 같이 제8항을 신설하는 안이다.

현 행	개 정 안
제59조의2 (재판확정기록의 열람·등사) ① ~ ⑦ (생 략) <신 설>	**제59조의2 (재판확정기록의 열람·등사)** ① ~ ⑦ (현행과 같음) ⑧ 소송기록을 열람·등사한 자가 열람·등사 중 알게 된 타인의 비밀을 누설한 때에는 1년 이하의 징역 또는 500만 원 이하의 벌금에 처한다.

2007년 민사소송법 제162조가 개정되면서 소송기록 및 재판서 등에 대한 일반인의 열람권이 규정되는 한편, 2007년 형사소송법의 개정으로 제59조의2가 신설되면서 재판확정기록에 대한 일반인의 열람·등사권이 규정되었다. 이는 재판에 대한 국민의 알권리를 위하여 재판의 일반공개를 실현하고자 하는 취지로 생각된다.

위 개정안들은 최근 열람·등사 과정에서 성폭력 피해자의 신원이 노출되는 등 소송관계자의 사생활의 비밀이 침해되는 사례가 발생하여 사회적으로 문제가 되고 있다는 인식하에, 이에 대한 대책으로서 소송기록을 열람·등사(복사)한 자가 열람·등사(복사) 중 알게 된 타인의 비밀을 누설한 때에는 일정한 형벌을 부과하는 벌칙규정을 신설하려는 것이다.5)

3. 형사소송법 개정안 (정동영 의원 등)

이 개정안은 형사소송법 제195조와 제266조의4의 규정에 열람·등사에 관한 규정을 다음과 같이 추가하는 내용이다.

현 행	개 정 안
第195條 (檢事의 搜査) 檢事는 犯罪의 嫌疑있다고 思料하는 때에는 犯人, 犯罪事實과 證據를 搜査하여야 한다.	**제195조 (검사의 수사)** ① 검사는 범죄의 혐의있다고 사료하는 때에는 범인, 범죄사실과 증거를 수사하여야 한다. ② 피의자 또는 변호인은 수사 단계에서 작성된 증거의 열람·등사 또는 서면의 교부를 허용하도록 할 것을 신청할 수 있다. ③ 검사는 제2항에 따른 피의자 또는 변호인의 신청을 받은 경우에는 수사에 지장이 없으면 신속히 응하여야 한다.
제266조의4 (법원의 열람·등사에 관한 결정) ① (생 략)	**제266조의4 (법원의 열람·등사에 관한 결정)** ① (현행과 같음)
②법원은 제1항의 신청이 있는 때에는 열람·등사 또는 서면의 교부를 허용하는 경우에 생길 폐해의 유형·정도, 피고인의 방어 또는 재판의 신속한 진행을 위한 필요성 및 해당 서류등의 중요성 등을 고려하여 검사에게 열람·등사 또는 서면의 교부를 허용할 것을 명할 수 있다. 이 경우 열람 또는 등사의 시기·방법을 지정하거나 조건·의무를 부과할 수 있다.	② -- -- -- -- -- - - - - - - - - - . -- --------------------있으며, 검사는 이 결정에 대하여 불복할 수 없다.
③ ~ ⑤ (생 략)	③ ~ ⑤ (현행과 같음)
<신 설>	⑥ 검사가 제2항의 열람·등사 또는 서면의

5) 위 각 법률안 의안원문 중 제안이유 참조.

	교부에 관한 법원의 결정을 지체 없이 이행하지 아니하는 경우 법원은 공소기각이 필요하다고 판단되면 공소기각 판결을 할 수 있다.

2009. 1. 20. 서울 용산구 한강로3가 63-70 국제빌딩 주변 제4구역 도시환경정비사업지구 내에 위치한 남일당 빌딩에서 점거농성을 벌인 용산4구역 철거민 등에 대한 진압과정에서 6명의 사망하고 다수의 사람이 부상을 당한 사건이 있었다. 이 사건의 수사기록의 공개를 둘러싸고 논쟁이 있었는데, 위 법률안은 이러한 사회적 분위기 속에서 피고인의 실질적인 방어권을 높이기 위하여 공소제기 전의 증거기록에 대한 열람·등사가 허용되어야 한다는 취지로 제안된 것이다.[6]

위 개정안은 수사단계에서도 수사기록을 피의자측에게 공개하여야 함을 규정하고 그 보장을 위하여 법원의 열람·등사결정에 검사는 불복하지 못하도록 하는 한편 검사가 법원의 결정을 이행하지 않는 경우 공소기각 판결로 사건을 종료시킬 수 있도록 하는 것을 내용으로 하고 있다.[7] 이를 표로 나타내면 아래와 같다.[8]

구 분		현 행	개 정 안
증거개시 범위확대	열람·등사 신청권자	피고인(변호인)	<좌 동>
		<신 설>	피의자(변호인)
	증거개시 범위	공소제기 후 검사가 보관하고 있는 서류 등	<좌 동>
		<신 설>	수사단계에서 작성된 증거
법원의 증거개시결정에 대한 불복		보통항고(제402조)[9]	검사 불복 불가

6) 위 법률안 의안원문 중 제안이유 참조.

7) 위 법률안 의안원문 참조.

8) 국회 법제사법위원회 수석전문위원(이한규)의 검토보고서 (2009. .11.), 3쪽.

법원의 증거개시결정 불이행시 실효성 확보수단	해당 증인 및 서류 등에 대한 증거신청 금지	<좌 동>
	<신 설>	공소기각 판결

위 법률안에 대하여, 국회 전문위원의 검토보고서는, (i) 공소제기 전 피의자나 변호인에게 수사기록의 열람·등사 청구권을 인정할 필요가 있다고 하여 기본적으로 긍정적으로 평가하면서도 공개범위가 너무 광범위하여 일정한 범위로 제한할 필요가 있다고 하는 한편,[10] (ii) 검사의 불복을 허용하지 않는 것은 타당하지 않고,[11] (iii) 증거개시명령을 불이행할 경우 증거신청을 금지하는 것만으로는 실효성이 없어 공소기각 판결을 할 수 있도록 한 개정안의 취지는 타당하지만, 현행 형사소송법 제327조에 정한 공소기각 판결 사유에 포함되지 어렵다는 문제가 있다[12]고 하는 의견을 제시하였다.

4. 법원조직법 개정안 (여상규 의원 등)

이 개정안은 재판공개에 관한 법원조직법 제57조에 항을 추가하는 내용이다.

9) 헌재2010. 6. 24. 2009헌마257 결정에서 보충의견(재판관 이동흡)과 반대의견(재판관 김희옥)이 항고가 허용됨을 설시하고 있다. 그러나 법원행정처, 법원실무제요 형사 I (2008), 641쪽 등과 같이 불복이 아예 허용되지 않는다고 보는 견해도 있다.

10) 위 검토보고서, 5~7쪽.

11) 위 검토보고서, 8쪽.

12) 위 검토보고서, 9쪽.

현 행	개 정 안
第57條(裁判의 公開) ① (생 략)	**第57條(裁判의 公開)** ① (현행과 같음)
<신 설>	② 제1항에 따라 심리와 판결을 공개하는 재판의 판결서는 그 전문을 사건 관계인의 사생활이 침해되지 아니하는 방법으로 법원 인터넷 홈페이지 등에 지체 없이 게시하여야 한다.
②·③ (생 략)	③·④ (현행 제2항 및 제3항과 같음)

위 안은 판결서의 전문을 인터넷에 게시하여야 함을 규정하고 있다.[13)]판결서에 관한 일반공개를 명시한 것이다.

5. 형사소송법 개정안 (박영선 의원 등)

이 개정안은 형사소송법 제198조, 제266조의3, 제266조의4, 제327조에 증거개시를 강화하는 규정 등을 추가하는 내용이다. 아래는 위 개정안 중 관련 내용이다.

현 행	개 정 안
제198조 (준수사항) ①·② (생 략) <신 설>	**제198조 (준수사항)** ①·② (현행과 같음) ③ 검사, 사법경찰관리, 그 밖에 직무상 수사에 관계있는 자는 수사과정에서 작성되거나 취득한 서류 또는 물건에 대한 목록을 빠짐없이 작성하여야 한다.
제266조의3 (공소제기 후 검사가 보관하고 있는 서류등의 열람·등사)	**제266조의3 (공소제기 후 검사가 보관하고 있는 서류등의 열람·등사)**

13) 위 법률안 의안원문.

현행	개정안
① ~ ④ (생 략) ⑤ 검사는 제2항에도 불구하고 서류등의 목록에 대하여는 열람 또는 등사를 거부할 수 없다. ⑥ (생 략)	① ~ ④ (현행과 같음) ⑤ 검사는 제2항에도 불구하고 서류등의 목록에 대하여는 열람 또는 등사를 거부할 수 없다. 검사가 피고인 또는 변호인이 서류등의 목록에 대한 열람·등사를 요청한 때부터 48시간 이내에 응하지 아니하는 때에는 법원은 직권 또는 피고인이나 변호인의 신청에 따라 검사가 서류등의 목록에 대한 열람·등사를 이행할 때까지 공판절차를 중지할 수 있다. 이 경우 공판절차가 중지된 날부터 피고인에 대한 공소시효는 진행하고, 다른 공범자에게도 그 효력이 미친다. ⑥ (현행과 같음)
제266조의4 (법원의 열람·등사에 관한 결정) ① ~ ⑤ (생 략) <신 설>	**제266조의4 (법원의 열람·등사에 관한 결정)** ① ~ ⑤ (현행과 같음) ⑥ 법원은 직권 또는 피고인이나 변호인의 신청에 따라 검사가 서류등 열람·등사 또는 서면의 교부를 이행할 때까지 공판절차를 중지할 수 있다. 이 경우 공판절차가 중지된 날부터 피고인에 대한 공소시효는 진행하고, 다른 공범자에게도 그 효력이 미친다.
第327條(公訴棄却의 判決) 다음 境遇에는 判決로써 公訴棄却의 宣告를 하여야 한다. 1. ~ 6. (생 략) <신 설>	**第327條(公訴棄却의 判決)** ------------------------------ 1. ~ 6. (현행과 같음) 7. 제195조제3항, 제266조의3 제5항 및 제266조의4 제5항을 위반하는 경우 등 피고인의 방어권에 중대한 침해가 발생한 때

증거개시가 실효성을 가지게 하기 위하여 피고인이나 변호인의 공개청구권을 강화하려는 위 개정안은, (i) 수사기록(물건 포함)의 목록을 빠짐없이 작성하도록 하고(개정안 제198조), (ii) 일정한 경우 열람·등사가 실현될 때까지 공판절차를 중지할 수 있도록 하며(개정안 제266조3, 제266조의4), (iii) 공개거부가 공소기각 판결의 사유가 될 수 있는 근거를 마련하였다(개정안 제327조).[14)]

6. 사법정보 등 공개에 관한 특례법안 (박영선 의원 등)

이 법률안은 사법정보의 공개를 통하여 판결에 대한 예측가능성을 높이고 사법정보 독점화에 따른 전관예우 폐단을 시정하는 등 사법 불신 해소에 기여함과 동시에 법학자 및 법조인들의 연구와 실무뿐만 아니라 국민들이 법률생활에 도움이 되도록 하자는 취지로 사법정보의 공개에 관한 독립된 법률을 제정하자는 내용이다.

법 률 안
제1조(목적) 이 법은 사법정보의 공개에 대한 기본원칙과 절차를 규정함으로써 사법절차의 신속성, 투명성을 높이고 국민의 재판을 받을 권리와 알권리 실현에 이바지하기 위하여 "공공기관의 정보공개에 관한 법률"에 대한 특례를 규정함을 목적으로 한다. **제2조(정의)** 이 법에서 사용하는 용어의 정의는 다음과 같다. 1. "사법기관 등"이란 법원, 헌법재판소, 검찰청, 군검찰부 및 특허심판원, 조세심판원, 노동위원회, 소청심사위원회, 교원징계재심위원회, 토지수용위원회, 언론중재위원회, 행정심판위원회, 공정거래위원회, 금융위원회, 국민권익위원회, 국가인권위원회, 중앙선거관리위원회 등 국민의 재판을 받을 권리와 직·간접적으로 관련이 있는 합의제 심판기관을 말한다. 2. "사법정보"란 사법기관 등이 직무상 작성 또는 취득하여 관리하고 있는 문서(전자문서를 포함한다. 이하 같다), 도면, 사진, 필름, 영상물, 테이프, 슬라이드 및 그 밖에 이에 준하는 매체 등에 기록된 사항 중에서 법령(훈령·예규 등 내부규칙 포함), 판결, 결정, 재결, 그 밖의 처분과 그에 관련된 정보를 담고 있는 것을 말한다. 3. "개인정보"란 제2호의 사법정보에 포함되어 있는 개인에 관한 정보로서 관련 당사자의 생년월일, 주민등록번호, 은행계좌번호, 전화번호, 주소, 그 밖에 개인을 식별할 수 있는 정보(해당 정보만으로는 특정개인을 식별할 수 없더라도 다른 정보와 용이하게 결합하여 식별할 수 있는 것을 포함한다)를 말한다. 4. "전자문서"란 컴퓨터 등 정보처리능력을 지닌 장치에 의하여 전자적인 형태로 작성되어 송·수신되거나 저장되는 표준화된 정보를 말한다. 5. "전자화문서"란 종이문서와 그 밖에 전자적 형태로 작성되지 아니한 문서를 정보시스템이 처리할 수 있는 형태로 변환한 문서를 말한다. 6. "정보통신망"이란 "전기통신기본법" 제2조제2호에 따른 전기통신설비를 활용하거나 전기통신설비와 컴퓨터 및 컴퓨터 이용기술을 활용하여 정보를 수집·가공·저장·검

14) 위 법률안 의안원문.

색·송신 또는 수신하는 정보통신체제를 말한다.
7. '비실명화'란 제3호의 개인정보를 알 수 없게 삭제하거나 변조하는 것을 말한다.

제3조(사법정보 공개의 원칙) 사법기관 등이 보유·관리하는 사법정보는 이 법에서 정하는 바에 따라 정보통신망을 이용하여 공개하여야 한다. 이 경우 비실명화하여야 한다.

제4조(공개의 방법) 사법기관 등은 사법정보를 이 법에서 정한 공개절차에 따라 정보통신망을 통하여 전자문서 또는 전자화문서로 공개한다.

제5조(공개의 범위 및 절차)

① 다음 각 호의 사법정보는 누구든지 사법기관 등의 정보통신망을 통하여 검색·취득할 수 있다.
1. 헌법재판소 결정문
2. 대법원, 각급법원 및 군사법원에 보존된 판결문 및 결정문
3. 검찰청 및 군검찰부에 보존된 공소장, 불기소결정문
4. 특허심판원, 조세심판원, 노동위원회, 소청심사위원회, 교원징계재심위원회, 토지수용위원회, 언론중재위원회, 행정심판위원회, 공정거래위원회, 금융위원회, 국민권익위원회, 국가인권위원회 등 국민의 재판을 받을 권리와 직·간접적으로 관련이 있는 합의제 심판기관에 보존된 결정서 및 재결서
5. 법령(훈령·예규 등 내부규칙 포함)

② 사법기관 등에 보존된 제1항 이외의 사법정보는 누구든지 법원의 결정 또는 당사자의 동의가 있으면 정보통신망의 실명인증절차를 거쳐 제공받을 수 있다. 당사자의 동의에 의하여 제공하는 사법정보 중 제3자의 진술을 기록한 정보에 관하여는 그 제3자의 동의를 얻어야 한다.

③ 법원은 제2항의 사법정보에 관하여 다음 각 호의 사유가 있는 때에는 공개하지 아니한다는 결정을 할 수 있다.
1. 비공개로 심리된 기록
2. 사건관계인의 명예나 사생활의 비밀을 현저히 해할 우려가 있는 정보와 관련된 부분의 기록
3. 당사자가 가지는 영업비밀("부정경쟁방지 및 영업비밀보호에 관한 법률" 제2조제2호에 규정된 영업비밀을 말한다) 정보와 관련된 부분의 기록
4. 소년에 관한 형사기록
5. 이혼, 양자에 관한 민사기록
6. 공범관계에 있는 자 등의 증거인멸 또는 도주를 용이하게 하거나 관련 사건의 재판에 중대한 영향을 초래할 우려가 있는 형사기록
7. '군사기밀보호법' 제5조에 따라 보호 조치된 군사기밀과 밀접한 관련이 있는 부분의 기록

제6조(사법기관 등의 의무)

① 사법기관 등은 사법정보의 적절한 보존과 신속한 검색이 이루어지도록 정보관리체계를 정비하고, 정보통신망을 활용한 정보공개시스템 등을 구축하여야 한다.

② 사법기관 등은 정보공개업무를 주관하는 부서 및 담당하는 인력을 적정하게 배치하여야 한다.

③ 사법기관 등이 사법정보를 처리 또는 공개하는 과정에서 보유·관리하는 개인정보는 법령에서 정하는 경우를 제외하고는 당사자의 의사에 반하여 사용되어서는 아니 된다.

④ 사법기관 등의 장은 국민이 경제적·지역적·신체적 또는 사회적 여건 등으로 인하여 사법정보서비스에 접근하거나 이를 활용하는 데 어려움이 발생하지 아니하도록 필요한 대책을 마련하여야 한다.
⑤ 사법기관 등의 장은 사법정보서비스의 구현에 필요한 정보통신망과 사법정보의 안전성 및 신뢰성 확보를 위한 보안대책을 마련하여야 한다.

제7조(사법정보 공개계획의 수립)
① 사법기관 등의 장은 사법정보 공개의 구현·운영 및 발전을 위하여 다음 각 호의 사항을 포함하는 사법정보 공개에 관한 계획을 수립하여야 한다.
1. 사법정보 공개서비스의 제공 및 활용 촉진
2. 사법정보 공개서비스의 제공사업의 추진과 성과 관리
3. 사법정보 이용의 확대 및 안전성 확보
4. 정보기술아키텍처의 도입 및 활용
5. 정보자원의 효율적 관리
6. 그 밖에 국제협력 등 사법정보 공개의 구현·운영 및 발전에 필요한 사항
② 사법기관 등의 장은 사법정보 공개에 관한 계획을 수립하였을 때에는 국회 법제사법위원회에 보고하고, 대법원 규칙, 헌법재판소규칙 및 대통령령으로 정하는 바에 따라 국민들이 알 수 있도록 홈페이지에 게시하여야 한다.

제8조(비용부담) 사법기관 등은 사법정보의 공개에 관하여 대법원규칙, 헌법재판소규칙 및 대통령령으로 정하는 바에 따라 소정의 수수료를 징수할 수 있다.

제9조(다른 법률과의 관계) 사법정보의 공개에 관하여는 다른 법률에 우선하여 이 법을 적용한다.

제10조(금지행위) 누구든지 사법정보를 취급·이용할 때 다음 각 호의 행위를 하여서는 아니 된다.
1. 사법정보의 처리업무를 방해할 목적으로 사법정보를 위조·변경·훼손하거나 말소하는 행위
2. 제5조제3항 각호의 사유로 공개하여서는 아니 되는 사법정보를 당사자의 동의 또는 법원의 결정에 의하지 아니하고 정당한 이유 없이 공개하는 행위
3. 사법정보를 권한 없이 처리하거나 권한 범위를 넘어서 처리하는 행위

제11조(비밀누설 금지) 사법정보를 관리·보관·제공하는 사무에 종사하고 있거나 종사하였던 사람은 정당한 사유 없이 직무상 알게 된 비밀을 다른 사람에게 누설하여서는 아니 된다.

제12조(벌칙 적용에 있어서의 공무원 의제) 사법정보를 관리·보관·제공하는 사무에 종사하고 사람 중 공무원이 아닌 사람은 '형법' 제129조부터 제132조까지의 규정을 적용할 때에는 이를 공무원으로 본다.

제13조(벌칙)
① 제10조 제1호를 위반하여 사법정보를 위조·변경·훼손·말소한 사람은 10년 이하의 징역에 처한다.
② 제10조 제2호를 위반하여 공개가 금지된 사법정보를 공개한 자는 5년 이하의 징역 또는 5천만원 이하의 벌금에 처한다.
③ 각 호의 어느 하나에 해당하는 자는 3년 이하의 징역 또는 3천만원 이하의 벌금에 처한다.
1. 제10조 제3호를 위반하여 사법정보를 권한 없이 처리하거나 권한의 범위를 넘어서

처리하는 자
2. 제11조를 위반하여 직무상 알게 된 비밀을 누설하는 행위를 한 자

제14조(국회에의 보고)
① 사법기관 등은 전년도의 사법정보공개 운영에 관한 보고서를 매년 정기국회 개회 전까지 국회 법제사법위원회에 제출하여야 한다.
② 제1항에 따른 보고서 작성에 필요한 사항은 대법원규칙으로 정한다.

제15조(준용규정) 이 법에서 정한 사항 외에 사법정보의 전자화에 관한 필요한 사항은 '전자정부법' 제3장 및 제4장을 준용한다. 이 경우 '행정기관'은 '사법기관 등'으로 본다.

제16조(위임규정) 이 법에 규정된 것 이외의 이 법의 시행에 관하여 필요한 사항은 대법원규칙으로 정한다.

부　　칙

이 법은 공포 후 1년이 경과한 날부터 시행한다. 다만, 공포한 날부터 3년을 넘지 아니하는 범위에서 제5조제1항 각 호의 기관별 및 제5조제2항 절차별로 내부규칙으로 적용시기를 달리 정할 수 있다.

위 법률안은 법원, 헌법재판소, 검찰청 기타 국민의 재판을 받을 권리와 관련이 있는 합의제 심판기관이 작성하거나 취득하여 관리하고 있는 사법정보(사법적 판단과 관련된 정보)에 대하여 공개를 원칙으로 하면서 프라이버시의 보호를 위한 제한을 규정하고 있다.

7. 법률안의 정리

이상에서 살펴본바 현재 제출된 법률안의 내용을 간략히 정리하면 다음과 같다.

의안번호	제·개정 대상 법률명	대표발의자	요지	관련자
1800524	형사소송법	서청원 의원	−검사는 피고인측에게 원칙적으로 기소된 사건의 수사기록 전부를 공개	−피고인, 변호인
1802412	민사소송법	이주영 의원	−소송기록 열람·복사자의 비밀 누설에 대한 처벌	−일반인

1802413	형사소송법	이주영 의원	-확정기록 열람·등사자의 비밀 누설에 대한 처벌	-일반인
1806114	형사소송법	정동영 의원	-수사단계의 수사기록에 대한 공개	-피의자, 변호인
1807953	법원조직법	여상규 의원	-판결서 전문의 인터넷 공개	-일반인
1808111	형사소송법	박영선 의원	-목록작성 의무 -공개의무 불이행에 따른 공판 절차의 중지 및 공소기각 판결	-피고인, 변호인
1808624	사법정보 등 공개에 관한 특별법	박영선 의원	-사법정보의 공개에 관한 특별법	-일반인

위 법률안들은 이주영 의원 등의 민사소송법 개정안 및 형사소송법 개정안을 제외하고는 대체로 재판공개를 확대하는 방향의 개정이다. 그 중 재판의 일반공개와 직접 관련되는 법률안은 (i) 이주영 의원 등의 형사소송법 개정안, (ii) 여상규 의원 등의 법원조직법 개정안, (iii) 박영선 의원 등의 사법정보등 공개에 관한 특별법안이다.

III. 최근의 개정법률

1. 개정경과

그런데 위와 같이 여러 법률안이 제안되어 있는 상황에서 국회에서는 사법제도개혁특별위원회에서의 심의를 우선적으로 실시하였다.[15] 위 특별위원회의 논의를 거쳐 성안된 법률안을 위원장 명의로 제안하여 민사소송법과 형사소송법이 함께 개정되었는데, 그 개정경과는 아래와 같다.[16]

의안번호	법률명	제안자	제안일자	진행상황
1802487	형사소송법	사법제도개혁 특별위원장	2011. 6. 30.	2011. 6. 22. 사개특위 의결 2011. 6. 28. 법사위 의결 2011. 6. 30. 본회의 의결 2011. 7. 8. 정부이송 2011. 7. 18. 공포 (10864호)
1812489	민사소송법	사법제도개혁 특별위원장	2011. 6. 30.	2011. 6. 22. 사개특위 의결 2011. 6. 28. 법사위 의결 2011. 6. 30. 본회의 의결 2011. 7. 8. 정부이송 2011. 7. 18. 공포 (10859호)

신설된 관련 민사소송법 규정은 제163조의2로서 확정 판결서의 열람·복사에 관한 내용이고, 신선된 관련 형사소송법 규정은 제59조의3으로서 확정 판결서 등의 열람·복사에 관한 내용이다. 민사소송법 제163조의2 제안이유는 "누구든지 확정된 사건의 판결서를 인터넷 등 전자적 방법으로

15) 사법제도개혁특별위원회는 2010. 2.부터 2011. 6.까지 1년 4개월여 활동하였다.
16) 국회 의안정보시스템 참조.

도 열람 및 복사할 수 있도록 함으로써 판결서에 대한 접근성을 높여 재판의 공개 원칙이 실질적으로 보장되고 사법권 행사의 적정성을 높일 수 있도록 하려는 취지"이고,[17] 형사소송법 제59조의3 개정이유는 "누구든지 확정된 형사사건의 판결서와 증거목록 등을 인터넷 등으로 열람·등사할 수 있도록 하되, 판결서 등에 기재된 개인정보가 공개되지 않도록 보호조치를 하도록 한다."는 것이다.[18]

2. 개정 법률의 내용

가. 민사소송법

위 민사소송법 개정조항은 2015. 1. 1.후 최초로 판결이 확정되는 사건의 판결서부터 적용되며, 그 구체적인 내용은 아래와 같다.

제163조의2(확정 판결서의 열람·복사)

① 제162조에도 불구하고 누구든지 판결이 확정된 사건의 판결서('소액사건심판법'이 적용되는 사건의 판결서와 '상고심절차에 관한 특례법' 제4조 및 이 법 제429조 본문에 따른 판결서는 제외한다)를 인터넷, 그 밖의 전산정보처리시스템을 통한 전자적 방법 등으로 열람 및 복사할 수 있다. 다만, 변론의 공개를 금지한 사건의 판결서로서 대법원규칙으로 정하는 경우에는 열람 및 복사를 전부 또는 일부 제한할 수 있다.

② 법원사무관등이나 그 밖의 법원공무원은 제1항에 따른 열람 및 복사에 앞서 판결서에 기재된 성명 등 개인정보가 공개되지 아니하도록 대법원규칙

---

17) 국회 의안정보시스템 참조.
http://likms.assembly.go.kr/bill/jsp/BillDetail.jsp?bill_id=PRC_Y1T1Y0R6B2O2O1Y3W5Z5M1T2Y3I5L9&list_url=/bill/jsp/FinishBill.jsp%3F

18) 국가법령정보센터 법령검색.
http://www.law.go.kr/lsSc.do?menuId=0&p1=&subMenu=1&query=%EB%AF%BC%EC%82%AC%EC%86%8C%EC%86%A1%EB%B2%95&x=0&y=0#hongBot (2011. 7. 19. 검색)

으로 정하는 보호조치를 하여야 한다.
③ 제2항에 따라 개인정보 보호조치를 한 법원사무관등이나 그 밖의 법원공무원은 고의 또는 중대한 과실로 인한 것이 아니면 제1항에 따른 열람 및 복사와 관련하여 민사상·형사상 책임을 지지 아니한다.
④ 제1항의 열람 및 복사에는 제162조 제4항·제5항 및 제163조를 준용한다.
⑤ 판결서의 열람 및 복사의 방법과 절차, 개인정보 보호조치의 방법과 절차, 그 밖에 필요한 사항은 대법원규칙으로 정한다.

부칙
① (시행일) 이 법은 2015년 1월 1일부터 시행한다.
② (적용례) 제163조의2의 개정규정은 이 법 시행 후 최초로 판결이 확정되는 사건의 판결서부터 적용한다.

나. 형사소송법

위 형사소송법 개정조항 사항에 따라서 2013. 1. 1. 또는 2014. 1. 1. 후 최초로 판결이 확정되는 사건의 판결서 등부터 시행되는데, 그 구체적인 내용은 아래와 같다.[19]

제59조의3(확정 판결서등의 열람·복사)
① 누구든지 판결이 확정된 사건의 판결서 또는 그 등본, 증거목록 또는 그 등본, 그 밖에 검사나 피고인 또는 변호인이 법원에 제출한 서류·물건의 명칭·목록 또는 이에 해당하는 정보(이하 "판결서등"이라 한다)를 보관하는 법원에서 해당 판결서등을 열람 및 복사(인터넷, 그 밖의 전산정보처리시스템을 통한 전자적 방법을 포함한다. 이하 이 조에서 같다)할 수 있다. 다만, 다음 각 호의 어느 하나에 해당하는 경우에는 판결서등의 열람 및 복사를 제한할 수 있다.
1. 심리가 비공개로 진행된 경우

---

19) 국회(사법제도개혁특별위원회-법제사법위원회-본회의)의 의결안은 '열람·등사'였는데, 공포된 법률은 '열람·복사'로 바뀌었다. 그 외에는 별다른 점이 없다. 위 위원회 의결안은 아래 참조.
http://likms.assembly.go.kr/bill/jsp/BillDetail.jsp?bill_id=PRC_D1V1W0H6P2H2J1E3H5U1U4H7W4B5A6&list_url=/bill/jsp/FinishBill.jsp%3F (2011. 7. 19. 검색)

2. '소년법' 제2조에 따른 소년에 관한 사건인 경우
3. 공범관계에 있는 자 등의 증거인멸 또는 도주를 용이하게 하거나 관련 사건의 재판에 중대한 영향을 초래할 우려가 있는 경우
4. 국가의 안전보장을 현저히 해할 우려가 명백하게 있는 경우
5. 제59조의2 제2항 제3호 또는 제6호의 사유가 있는 경우. 다만, 소송관계인의 신청이 있는 경우에 한정한다.

② 법원사무관등이나 그 밖의 법원공무원은 제1항에 따른 열람 및 복사에 앞서 판결서등에 기재된 성명 등 개인정보가 공개되지 아니하도록 대법원규칙으로 정하는 보호조치를 하여야 한다.

③ 제2항에 따른 개인정보 보호조치를 한 법원사무관등이나 그 밖의 법원공무원은 고의 또는 중대한 과실로 인한 것이 아니면 제1항에 따른 열람 및 복사와 관련하여 민사상·형사상 책임을 지지 아니한다.

④ 열람 및 복사에 관하여 정당한 사유가 있는 소송관계인이나 이해관계 있는 제3자는 제1항 단서에도 불구하고 제1항 본문에 따른 법원의 법원사무관등이나 그 밖의 법원공무원에게 판결서등의 열람 및 복사를 신청할 수 있다. 이 경우 법원사무관등이나 그 밖의 법원공무원의 열람 및 복사에 관한 처분에 불복하는 경우에는 제1항 본문에 따른 법원에 처분의 취소 또는 변경을 신청할 수 있다.

⑤ 제4항의 불복신청에 대하여는 제417조 및 제418조를 준용한다.

⑥ 판결서등의 열람 및 복사의 방법과 절차, 개인정보 보호조치의 방법과 절차, 그 밖에 필요한 사항은 대법원규칙으로 정한다.

부칙

제1조(시행일)

① 이 법은 2012년 1월 1일부터 시행한다.

② 제1항에도 불구하고 제59조의3의 개정규정은 2013년 1월 1일부터 시행한다. 다만, 다음 각 호의 사항은 2014년 1월 1일부터 시행한다.

1. 증거목록이나 그 등본, 그 밖에 검사나 피고인 또는 변호인이 법원에 제출한 서류·물건의 명칭·목록 또는 이에 해당하는 정보의 전자적 방법에 따른 열람 및 복사에 관한 사항
2. 단독판사가 심판하는 사건 및 그에 대한 상소심 사건에서 증거목록이나 그 등본, 그 밖에 검사나 피고인 또는 변호인이 법원에 제출한 서류·물건의 명칭·목록 또는 이에 해당하는 정보의 열람 및 복사에 관한 사항(전자적 방법에 따른 열람 및 복사를 포함한다)

제2조(확정 판결서등의 열람·복사에 관한 적용례) 제59조의3의 개정규정은 같은 개정규정 시행 후 최초로 판결이 확정되는 사건의 판결서 등부터 적용한다.

3. 규범적 현실

위 개정법률이 시행되면 앞서 제3장에서 본 규범적 현실은 아래와 같이 조정될 것이다(내부의 굵은 칸 부분이 추가됨).

	권리자	소송기록		재판서·조서	
		미확정	확정	미확정	확정
민사소송법	당사자	열람복사	열람복사	등초본, 정본	등초본, 정본
	이해관계인	〃	〃	〃	〃
	일반인[20]	×	열람[21]	×	·판결서[22] ·전자적 열람복사[23]
형사소송법	당사자 등[24]	열람등사	열람등사	등초본	등초본
	피해자[25]	열람등사	열람등사	등초본	등초본
	일반인[26]	×	열람등사[27]	×	·판결서 등[28] ·열람복사 (전자적 방법 포함)[29]

20) 권리구제, 학술연구, 공익적 목적.
21) 열람배제사유 :
(i) 변론공개금지 사건
(ii) 소송관계인(당사자나 법정대리인, 참가인, 증인)의 부동의
22) 소액판결, 심리불속행판결, 상고이유서미제출로 인한 상고기각판결 제외.
23) 열람복사 배제사유 (전부 or 일부) :
변론공개금지 사건
24) 피고인 기타 소송관계인(검사, 변호인, 보조인, 법인 대표자, 특별대리인, 상소권자). 형사소송법 제45조, 형사소송규칙 제26조 제1항 참조.
25) 형사소송법 제294조의4, 형사소송규칙 제26조 제2항 참조.
26) 권리구제, 학술연구, 공익적 목적
27) 열람등사제한사유 (전부 또는 일부) :
(i) 심리비공개 사건

※ 보완설명
1. 모두 신청에 의한 공개로서 민사기록은 법원사무관등에게, 형사확정기록은 검찰청에 신청함
2. 민사소송법상 당사자는 소송에 관한 사항의 증명서 교부를 청구할 수 있는데, 편의상 표에서 언급하지 않음
3. 음영부분은 당사자가 사생활에 관한 중대한 비밀 또는 영업비밀을 이유로 공개배제신청을 할 수 있는 경우임

(ii) 국가안전보장, 선량한 풍속, 공공의 질서유지, 공공복리 현저히 해할 우려
(iii) 사건관계인의 명예, 사생활 비밀, 생명·신체의 안전이나 생활의 평온을 현저히 해할 우려
(iv) 공범자 등의 증거인멸이나 도주의 용이, 관련사건 재판에 중대한 영향 우려
(v) 피고인의 개선이나 갱생에 현저한 지장을 우려
(vi) 영업비밀 현저한 침해 우려
(vii) 소송관계인의 부동의

28) (i) 판결서(등본), (ii) 증거목록(등본), (iii) 검사, 피고인, 변호인이 법원에 제출한 서류·물건의 명칭·목록 또는 이에 해당하는 정보.

29) 열람복사 배제사유 (전부 or 일부) :
변론공개금지 사건

제5장 재판공개의 방안

I. 판단의 틀

1. 재판공개에 대한 헌법적 요청

재판을 공개하여야 한다는 것은 헌법적인 요청이다.

이러한 헌법적 요청은 3가지 관점에서 파악할 수 있는데, 첫째, 재판받는 사람의 기본권 차원(공개재판을 받을 권리), 둘째, 제3자의 기본권 차원(알권리), 셋째, 사법제도의 차원(공개재판주의)이 그것이다.[1)]

가. 공개재판을 받을 권리

헌법 제27조 제3항은 "형사피고인은 상당한 이유가 없는 한 지체없이

---

1) 재판의 공개는 학문의 자유를 보장하는 필요적 전제라는 측면에서 접근할 수도 있다(제2장 II.4. 참조). 특히 사법절차에 대한 연구나 법학연구에 있어서는 그 필요성이 직접적이다. 그러나 이것이 학문의 자유라는 기본권의 보호영역에 포섭되는지는 별개의 문제이다. 이 글은 기본권인 학문의 자유에 직접 포섭되는 것은 아니라는 입장에서 이 항에서는 학문의 자유로부터의 요청은 포함시키지 아니하였다.

공개재판을 받을 권리를 가진다."라고 규정하여 형사피고인이 공개재판을 받을 권리를 기본권으로 보장하고 있다. 이러한 공개재판을 받을 권리는 형사피고인에 한정되지 아니한다. 헌법 제109조는 "재판의 심리와 판결은 공개한다."라고 규정하고 있는데, 이는 형사재판뿐만 아니라 그 밖에 재판 일반에 관하여 재판의 심리와 판결의 공개를 규정함으로써 일반적으로 재판을 받는 사람은 공개재판을 받을 권리가 있음을 선언한 것이라고 해석할 수 있다.[2] 이러한 헌법 제109조를 고려할 때 헌법 제27조 제2항이 형사피고인을 언급한 것은 형사피고인만이 그러한 권리를 갖는다는 제한적 의미로 이해할 것은 아니고 형사피고인의 경우 그러한 권리가 특별히 강조된다는 취지를 담은 규정이라고 보아야 할 것이다.[3] 헌법재판소도 같은 취지로 이해하고 있는 것으로 보인다.[4]

공개재판을 받을 권리란 공개된 법정(장소)에서[5] 비밀재판을 배제하고

---

2) 정종섭, 헌법학원론, 804쪽.

3) 같은 곳.

4) 헌재 1996. 12. 26. 94헌바1 ("헌법상 모든 국민은 공정하고 신속한 공개재판을 받을 권리를 가진다(헌법 제27조 제1항 및 제3항)."라고 판시); 헌재 1998. 9. 30. 97헌바51 ("적법절차에 의한 공정한 공개재판을 받을 권리는 중요한 국민의 기본권의 하나이므로, 헌법은 제12조 제1항에서 적법절차에 의하지 아니하고는 처벌을 받지 않을 권리를, 제27조 제1항 및 제3항에서 법관의 법률에 의한 공정하고 신속한 공개재판을 받을 권리(재판청구권)를, 제4항에서 무죄추정의 원칙을 명문으로 규정하였다."고 판시).

5) 헌재 2005. 3. 31. 2004헌가27 ("무릇 헌법 제27조 제1항과 제3항에서 보장하고 있는 공정하고 신속한 공개재판을 받을 권리는 그 직무의 독립성과 중립성이 보장되고 법률이 정한 자격을 가진 법관에 의하여 공개된 법정에서 법에 정한 정당한 절차에 따라 심판받을 수 있는 권리를 의미한다."라고 판시); 헌재 1994. 4. 28. 93헌바26 ("여기(공개재판을 받을 권리 – 필자 주)서 공판중심주의에 의하여 공개된 법정의 법관의 면전에서 모든 증거자료는 조사·진술되고 이에 대하여 피고인이 공격·방어할 수 있는 기회를 보장받을 피고인의 권리가 생기는 것이다."라고 판시). 헌재 1995. 6. 29. 93헌바45의 소수의견(재판관 김진우, 조승형) ("법관에 의한 재판 및 적법절차의 원리는 첫째, 소추기관과 피고인을 대등한 지위에 놓는 것을 전제로 하여 둘째, 공개된 장소에서 피고인에게 청문 및 변명의 기회를 보장하고 셋째, 그에 대하여 중립적인 제3의 심판기관이 공정하게 재판할 것

일반국민의 감시하에서 심리와 판결을 받을 권리를 의미하며 이를 통하여 공정한 재판을 꾀하려는 것이다.[6][7] 그러므로 공개재판을 받을 권리를

을 그 핵심적 내용으로 한다고 할 수 있다."고 판시); 헌재1998. 9. 30. 97헌바51의 소수의견(재판관 조승형) (위 93헌바45와 같은 취지).

6) 헌재 2005. 12. 22. 2004헌바45 ("헌법 제27조 … 제3항은 "모든 국민은 신속한 재판을 받을 권리를 가진다. 형사피고인은 상당한 이유가 없는 한 지체 없이 공개재판을 받을 권리를 가진다."고 규정함으로써 공정하고 신속한 공개재판을 받을 권리를 보장하고 있다. 재판청구권은 재판절차를 규율하는 법률과 재판에서 적용될 실체적 법률이 모두 합헌적이어야 한다는 의미에서의 법률에 의한 재판을 받을 권리뿐만 아니라, 비밀재판을 배제하고 일반 국민의 감시 하에서 심리와 판결을 받음으로써 공정한 재판을 받을 수 있는 권리를 포함하고 있다."고 판시); 헌재 1994. 4. 28. 93헌바26 ("공개재판을 받을 권리는 재판의 공정을 보장하기 위하여 비밀재판을 배제하고 일반국민의 감시하에 재판의 심리와 판결을 받는 권리이다."라고 판시).

7) 헌재 1998. 12. 24. 94헌바46 ("우리 헌법은 제27조 … 제3항에서 "모든 국민은 신속한 재판을 받을 권리를 가진다. 형사피고인은 상당한 이유가 없는 한 지체없이 공개재판을 받을 권리를 가진다"라고 규정하여, 공정하고 신속한 공개재판을 받을 권리를 보장하고 있다. 이 재판청구권은 … 비밀재판을 배제하고 일반 국민의 감시하에서 심리와 판결을 받음으로써 공정한 재판을 받을 수 있는 권리를 포함하고 있다. 이 공정한 재판을 받을 권리 속에는 신속하고 공개된 법정의 법관의 면전에서 모든 증거자료가 조사·진술되고 이에 대하여 피고인이 공격·방어할 수 있는 기회가 보장되는 재판, 즉 원칙적으로 당사자주의와 구두변론주의가 보장되어 당사자가 공소사실에 대한 답변과 입증 및 반증하는 등 공격·방어권이 충분히 보장되는 재판을 받을 권리가 포함되어 있다(헌재 1994. 4. 28. 93헌바26, 판례집 6-1, 348, 355 ; 1996. 1. 25. 95헌가5, 판례집 8-1, 1, 14 ; 1996. 12. 26. 94헌바1, 판례집 8-2, 808, 820 참조)."고 판시); 헌재 1996. 12. 26. 94헌바1 ("이 재판청구권은 … 비밀재판을 배제하고 일반 국민의 감시하에서 심리와 판결을 받음으로써 공정한 재판을 받을 수 있는 권리를 포함하고 있다. 이 공정한 재판을 받을 권리 속에는 신속하고 공개된 법정의 법관의 면전에서 모든 증거자료가 조사·진술되고 이에 대하여 피고인이 공격·방어할 수 있는 기회가 보장되는 재판, 즉 원칙적으로 당사자주의와 구두변론주의가 보장되어 당사자가 공소사실에 대한 답변과 입증 및 반증하는 등 공격·방어권이 충분히 보장되는 재판을 받을 권리가 포함되어 있다(헌법재판소 1996. 1. 25. 선고, 95헌가5 결정 ; 1994. 4. 28. 선고, 93헌바26 결정 등 참조)."고 판시).

재판받는 사람의 기본권의 측면에서 파악하더라도 그 '공개'라는 것은 재판당사자에 대한 공개만을 의미하는 것이 아니라 일반 제3자에 대한 공개를 포함하는 의미를 가지는 것이다. 따라서 공개재판을 받을 권리는 (i) 재판당사자에게 공개된 재판과 (ii) 일반 제3자에게 공개된 재판을 요구할 재판당사자의 권리로 요약된다.

나. 알권리

우리 헌법은 '알권리'를 명문의 규정으로 명시하고 있지는 아니하다. 그러나 헌법재판소는 일찍부터 알권리를 기본권의 하나로 인정하여 왔다.[8)]

헌법재판소는 우선 헌법 제21조가 보장하고 있는 표현의 자유는 사상 또는 의견의 자유로운 표명(발표의 자유)과 그것을 전파할 자유(전달의 자유)를 의미하고 사상 또는 의견의 자유로운 표명은 자유로운 의사의 형성을 전제로 하는데 자유로운 의사의 형성은 충분한 정보에의 접근이 보장되어야 비로소 가능한 것이며 그러한 의미에서 정보에의 접근·수집·처리의 자유는 표현의 자유와 표리일체의 관계에 있다고 하면서 이 정보에의 접근·수집·처리의 자유를 알권리로 정의하고 알권리는 헌법 제21조의 표현의 자유의 한 내용이라고 파악한다.[9)] 또한 알권리는 자유민주주의 국가에서 국민주권을 실현하는 핵심이 되는 기본권이라는 점에서 국민주권주의(제1조), 각 개인의 지식의 연마, 인격의 도야에는 가급적 많은 정보에 접할 수 있어야 한다는 의미에서 인간으로서의 존엄과 가치(제10조) 및 인간다운 생활을 할 권리(제34조 제1항)와 관련이 있다고 한다.[10)]

헌법재판소는 이러한 알권리가 민주국가에 있어서 입법, 사법, 행정의 전반에 걸친 국정의 공개와 밀접한 관련이 있다고 파악한다. 즉, 입법의 공개는 헌법 제50조 제1항에,[11)] 재판의 공개는 헌법 제109조에[12)] 명문규

8) 헌재 1989. 9. 4. 88헌마22 등.
9) 헌재 1989. 9. 4. 88헌마22; 헌재 1991. 5. 13. 90헌마133 등.
10) 위 판례들.

정을 두고 있으며, 행정의 공개에 관하여는 명문규정은 없지만 알권리의 생성기반을 살펴볼 때 이 권리의 핵심은 정부가 보유하고 있는 정보에 대한 국민의 알권리 즉, 국민의 정부에 대한 일반적 정보공개를 구할 권리이므로 이도 알권리에 포함된다는 것이다.[13] 또한 이러한 이해는 자유민주적 기본질서를 천명하고 있는 헌법 전문과 제1조 및 제4조의 해석상 당연하다고 한다.[14]

대법원도 알권리를 정보에의 접근·수집·처리의 자유로 파악하고 이는 자유권적 성질과 청구권적 성질을 공유하는 것으로서 헌법 제21조에 의하여 직접 보장되는 권리라고 파악하고 공공기관의 정보공개에 관한 법률은 위 권리의 구체적 실현을 위하여 제정된 것이라고 하고 있다.[15]

다. 공개재판주의

헌법은 제5장 법원의 장 제109조 제1문에서 "재판의 심리와 판결은 공개한다."라고 규정하여 공개재판주의를 천명하고 있는데 이는 앞서 본 바와 같이 주관적 기본권으로서 공개재판을 받을 권리를 규정한 것임과 동시에 제도보장으로서 공개재판제도를 규정한 것이라고 이해된다.[16]

이러한 제도적 보장은 주관적 권리가 아닌 객관적 법규범이라는 점에서 기본권과 구별되기는 하지만 헌법에 의하여 일정한 제도가 보장되면 입법자는 그 제도를 설정하고 유지할 입법의무를 지게 될 뿐만 아니라 헌

11) 헌법 제50조 제1항 : 국회의 회의는 공개한다.…

12) 헌법 제109조 : 재판의 심리와 판결은 공개한다.…

13) 헌재 1989. 9. 4. 88헌마22; 헌재 1991. 5. 13. 90헌마133.

14) 헌재 1989. 9. 4. 88헌마22.

15) 대법원 2004. 12. 9. 선고 2003두12707 판결 ("국민의 '알권리' 즉 정보에의 접근·수집·처리의 자유는 자유권적 성질과 청구권적 성질을 공유하는 것으로서 헌법 제21조에 의하여 직접 보장되는 권리이고, 그 구체적 실현을 위하여 제정된 법 역시 법 제3조에서 공공기관이 보유·관리하는 정보를 원칙적으로 공개하도록 하여 정보공개의 원칙을 천명하고 있다"고 판시).

16) 정종섭, 헌법학원론, 805쪽.

법에 규정되어 있기 때문에 법률로써 이를 폐지할 수 없고, 비록 내용을 제한한다고 하더라도 그 본질적 내용을 침해할 수는 없다.[17] 다만 기본권의 보장은 '최대한 보장의 원칙'이 적용되는 것임에 반하여 제도적 보장은 그 본질적 내용을 침해하지 아니하는 범위 안에서 입법자에게 제도의 구체적인 내용과 형태의 형성권을 폭넓게 인정한다는 의미에서 '최소한 보장의 원칙'이 적용된다.[18]

2. 재판공개에 대한 헌법적 이익의 주체

위 1.의 논의로부터 재판의 공개에 대한 헌법적 이익의 주체를 다음 표와 같이 정할 수 있는데, 그 헌법적 근거에 따라 다소의 차이가 있다.

헌법적 근거	기본권의 주체	헌법적 이익의 주체
공개재판을 받을 권리	재판당사자	재판당사자, 일반 국민
알권리	재판당사자, 일반 국민	재판당사자, 일반 국민
공개재판주의		재판당사자, 일반 국민

이와 같이 재판공개를 헌법적 권리로써 주장할 수 있는 주체에는 다소 차이가 있지만 그 헌법적 이익을 누리는 주체는 어느 경우이든지 재판당사자뿐만 아니라 일반 국민이 모두 포함된다.

그러므로 재판공개를 논할 때에는 일반에 대한 재판공개를 포함하는 개념을 전제하여야 한다.

17) 헌재 1997. 4. 24. 95헌바48.
18) 위 판례.

3. 재판공개의 범위

가. 4단계의 범위

위와 같이 헌법적으로 요청되는 일반에 대한 재판의 공개는 다음과 같이 서로 다른 의미로 이해될 수 있으며 이에 따라 그 공개의 범위도 달라진다.

첫째, 법정의 공개방청이라는 의미로 파악할 수 있다. 법정에서의 변론이나 공판에 일반 제3자가 방청할 수 있도록 하는 것으로서 공개를 가장 협의로 이해하는 것이다. 우리 법원조직법 제57조 제1항 본문은 "재판의 심리와 판결은 공개한다."고 규정하고 있는데, 그 규정의 위치가 '법정'의 장에 있는 점을 고려하면 이는 법정의 방청공개를 의미하는 것으로 이해된다.[19] 나아가 법정의 방청공개는 당해 법정에서의 방청객에 대한 공개만을 의미하고 녹화나 중계장치 등을 통하여 법정 외부에 전달되는 것을 배제하는 개념이다. 법원조직법 제59조는 "누구든지 법정 안에서는 재판장의 허가 없이 녹화·촬영·중계방송 등의 행위를 하지 못한다."고 규정함으로써 재판현장을 기록하거나 중계하는 행위를 원칙적으로 금지하고 있는데, 이 규정과 위 제57조 제1항 본문의 재판의 공개 규정이 양립하기 위해서는 위 '재판의 공개'는 일반인에 대한 법정방청이 허용된다는 의미를 가지는 개념이 된다. 이처럼 법원조직법 제57조가 규정하는 재판의 공개는 협의의 그것으로 이해된다.

둘째, 재판과정의 외부공개라는 의미로 파악할 수 있다. 이는 법정에서 재판하는 내용을 녹화·촬영·중계방송 등을 통하여 법정 외부에까지 공개하는 것으로서 재판이 계속중에 재판의 내용을 외부로 공개한다는 개념이다.

19) 유사한 파악으로 설민수, "일반인의 재판과 재판기록에 대한 접근권과 그 제약", 저스티스 111호(2009. 6.), 6쪽(이하 위 글을 '설민수, 접근권'이라고 한다).

셋째, 재판문서의 외부공개라는 의미로 파악할 수 있다. 재판과정을 기록한 재판기록이나 재판결과물인 재판서를 일반에게 공개한다는 의미로 이해하는 것이다. 앞서 본 재판과정의 외부공개는 그것이 기록의 형태로 외부에 공개되는 것이라고 하더라도 그 기록을 하는 주체는 법원이 아닌 제3자이고 이를 통하여 법정 외부의 일반인에게 공개되는 구조인데 반하여, 재판문서의 외부공개는 그 기록의 주체가 법원이고 법원이 이를 일반에게 공개하는 구조라는 점에서 서로 차이가 있다.

넷째, 재판정보의 외부공개라는 의미로 파악할 수 있다. 재판기록도 재판정보의 하나가 될 것이기는 하지만 재판에 관련된 정보는 재판기록에만 존재하는 것은 아니며 재판에 관한 통계 등 행정정보의 형태로도 존재한다. 이와 같이 재판의 공개는 재판과 관련한 일체의 정보를 일반에게 공개하는 의미로 파악할 수 있다.

나. 헌법적 보장의 범위

재판공개의 개념을 위와 같이 4단계로 구분하고 볼 때, 그 공개의 범위는 법정의 공개방청 – 재판과정의 외부공개 – 재판문서의 외부공개 – 재판정보의 외부공개의 순으로 점차 넓어진다. 이 중 헌법적으로 보장되는 범위는 어디까지인가.

(1) 헌법재판소의 이해

공개재판을 받을 권리, 즉 재판당사자의 공개청구권의 관점에서 바라볼 때, 헌법재판소가 주안점을 두는 것은 법정의 공개이다.[20] 그러나 그렇다고 헌법재판소가 그보다 넓은 범위는 헌법적 보장의 영역 밖이라고 단언하는 것은 아니다. 위와 같이 주안점을 제한한 것은 단지 법정 공개의 차원에서 당해 사안을 검토한 결과로 생각된다.

---

20) 위 1.가. 참조.

헌법재판소는 알권리의 관점에서 재판기록의 공개를 바라보고 이를 공개하도록 요구할 권리가 헌법적인 권리임을 명시한바 있다.[21] 특히 사건당사자가 자신의 재판기록을 공개하도록 요구하는 것도 알권리에 기하여 인정하고 있다.[22] 이에 대하여는 재판기록의 공개청구권을 헌법 제27조의 재판청구권에서 구해야 한다는 견해도 있다.[23] 이에 따르면 재판기록의 공개에 대한 헌법적 권리는 사건당사자에게만 인정되는 것으로 볼 여지가 있게 된다. 그러나 헌법재판소의 법정의견은 국민의 정부에 대한 일반적 정보공개를 구할 권리로서의 알권리에 기하여 인정하고 있기[24] 때

---

21) 헌재 1991. 5. 13. 90헌마133 (유죄의 확정판결을 받은 사람이 자신에 대한 형사확정소송기록의 복사를 위 기록을 보존하고 있던 검찰청에 신청하였으나 거절된 데 대하여 제기한 헌법소원심판청구사건에서, "표현의 자유에 포함되는 "알권리"의 기본권 보장 법리에 의할 때 확정된 형사확정소송기록이라 할지라도 이에 대한 열람이나 복사는 원칙적으로 정당한 이익이 있는 국민에게 인정된다고 할 것이고, 따라서 특단의 사정이 없는 한 사건 당사자에 대하여서는 검찰청이 보관하고 있는 형사확정소송기록에 대한 접근의 자유가 보장되어야 할 것이다."라고 판시).

22) 위 90헌마133 ("형사확정소송기록의 열람·복사에 관한 이러한 헌법적 법리에 비추어 보면, 피고인이었던 자가 자신의 형사피고사건이 확정된 후 그 소송기록에 대하여 열람·복사를 요구하는 것은 특별한 사정이 없는 한, 원칙적으로 허용되어야 한다고 할 수 있을 것이며, 특히 자신의 진술에 기초하여 작성된 문서나 자신이 작성·제출하였던 자료 등의 열람이나 복사는 제한되어야 할 아무런 이유를 찾을 수 없다."고 판시).

23) 위 90헌마133 결정에서 재판관 한병채의 반대의견 ("형사기록열람청구권은 자기권리구제를 위한 헌법 제27조의 재판청구권에 기한 형사소송절차상의 공격, 방어적 권리로 보고 그에 필요한 범위 내에서 받아들이는 것은 모르되 "알권리"에 의한 일반적 정보청구권으로서 공개를 요구할 수 있는 국민기본권으로 이론구성을 한다면 … 당해 형사소송절차상 당사자가 아닌 제3자도 사건과 직접 관련없이 형사기록과 관련된 모든 형사기록의 열람·등사를 청구할 수 있게 되고 … 결과적으로 수사 및 형사기록이 일반에게 공개되어 피고인, 피의자 및 기타 진술인 등의 기본권과 사생활 및 사회생활의 안정과 평온이 침해되는 결과를 가져와 법적안정을 해치는 혼란과 불안을 초래하게 될 우려가 있다."라고 설시).

24) 위 90헌마133 ("헌법상 입법의 공개(제50조 제1항), 재판의 공개(제109조)와는 달리 행정의 공개에 대하여서는 명문규정을 두고 있지 않지만 "알권리"의 생성기반을 살펴볼 때 이 권리의 핵심은 정부가 보유하고 있는 정보에 대한 국민의

문에 사건당사자가 아닌 일반인에게도 재판기록의 공개에 대한 헌법적 권리를 가진다고 이해한다.

또한 헌법재판소는 재판기록청구권을 기록을 비롯한 정보일반에 대한 공개를 청구할 권리로서의 알권리의 하나로 보고 있는데,[25] 이에 의할 때 재판정보의 외부공개까지 4단계의 범위를 모두 포괄하는 재판의 공개가 헌법적 보장의 대상이 된다.

(2) 소결

재판의 공개가 재판에 대한 일반국민의 접근을 보장하는 것이라 할 때, 진정한 접근보장이란 실제로 발생한 것에 대한 접근의 보장을 의미하고, 이는 당해 절차를 직접 목도하는 것(법정의 공개방청)뿐만 아니라 2차 자료를 통하여 당해 절차에 대하여 알게 되는 것에 의하여도 실현되는 것이다. 오히려 이 2차 자료가 지니는 기능이 보다 결정적일 수 있다. 이 때문에 재판의 내용을 전하는 언론은 일반국민의 대리인으로서 그 권리가 보장되어야 하며(재판과정의 외부공개), 공개재판의 내용을 기재한 서류에 대한 접근은 재판의 내용을 널리 전파함으로써 재판의 공개를 촉진하게 된다(재판문서의 외부공개).[26] 나아가 재판에 관한 기타의 정보 또한 재판공개의 대상이 된다(재판정보의 외부공개). 만일 법정이 공개되어야 한다고 하면서 법정에서 발생하는 절차를 기록한 문서는 공개되어서는 아니 된다는 것은 모순이 아닐 수 없다.[27] 재판에 대한 접근이 법정문에 간신히 들어간 사람들에게만 허용된다면 정보접근권은 공허한 것이 되고 말 것이다.[28]

"알권리", 즉 국민의 정부에 대한 일반적 정보공개를 구할 권리(청구권적 기본권)라고 할 것"이라고 판시).

25) 위 각주 참조.

26) U.S. v. Antar, 38 F.3d 1348, 1360 (3d Cir. 1994) 참조.

27) *See id.*

28) *See id.*

그러므로 위에서 본 4단계 모두 헌법적으로 보장되는 재판공개의 범위에 들어간다.

4. 헌법적 보장의 의미

위와 같이 재판공개의 4단계 범위 전부가 헌법적 보장을 받는다고 할 때, 그것이 가지는 구체적 의미는 무엇인가.

헌법재판소는 알권리가 자유권적 성질과 청구권적 성질을 공유하는 것으로 본다.[29] 여기서 자유권적 성질은 일반적으로 정보에 접근하고 수집·처리함에 있어서 국가권력의 방해를 받지 아니한다는 것을 말하며, 청구권적 성질은 의사형성이나 여론형성에 필요한 정보를 적극적으로 수집하고 수집을 방해하는 방해제거를 청구할 수 있다는 것을 의미하여 정보수집권 또는 정보공개청구권으로 나타난다.[30] 나아가 현대 사회가 고도의 정보화사회로 이행해감에 따라 "알권리"는 한편으로 생활권적 성질까지도 획득해 나가고 있다고 한다.[31]

재판문서나 재판정보의 공개를 요구하는 것은 국민이 정부에 대하여 정부가 보유하고 있는 정보를 공개하라는 것으로서 청구권적 기본권의 성질을 갖는다.[32] 따라서 알권리의 구체적인 실현은 원칙적으로 입법자의 구체적인 형성을 전제로 하여 구체적인 입법형성이 없으면 현실적으로 청구하지 못하는 것이 원칙일 것이다.[33] 그런데 토지조사부·임야조사서

---

29) 위 90헌마133 ("'알권리'는 표현의 자유와 표리일체의 관계에 있으며 자유권적 성질과 청구권적 성질을 공유하는 것"이라고 판시).

30) 위 90헌마133 참조.

31) 위 90헌마133.

32) 위 90헌마133 참조.

33) 헌재 2009. 5. 28. 2006헌바104 ("절차적 기본권은 기본권보장을 위한 기본권이며 청구권적 기본권의 성격을 지니므로 국민이 재판을 통하여 권리보호를 받기 위해서는 그 전에 최소한 법원조직법에 의하여 법원이 설립되고 민사소송법 등

에 대한 열람·복사청구가 거부된 데 대한 헌법소원 사건[34]과 형사확정소송기록에 대한 복사청구가 거부된 데 대한 헌법소원 사건[35]에서 입법형성이 이루어지지 않았더라도 헌법규정(알권리의 근거규정으로서 헌법 제21조)에 의하여 직접 보장될 수 있다고 판시한 바 있다.[36]

그렇다면, 재판공개에 관한 헌법적 요청에 위반된 법규가 위헌인 것은 물론, 구체적인 입법이 없는 상황에서도 헌법에 기하여 직접 재판공개를 명하거나 공개거부처분을 취소시킬 수 있다는 결론에 이른다.

절차법에 의하여 재판관할이 확정되는 등의 구체적인 입법절차가 필요하고, 재판을 받을 권리의 보장은 입법자의 구체적인 형성을 전제로 한다. 그러나 입법자의 형성권은 무제한적인 것이 아니므로 국민의 권리보호를 위한 최소한의 사법절차는 보장되어야 하는바, … 이와 같이 헌법 제27조 제1항이 규정하는 "법률에 의한" 재판청구권을 보장하기 위해서는 입법자에 의한 재판청구권의 구체적 형성이 불가피하므로 입법자의 광범위한 입법재량이 인정된다고 할 것"이라고 판시),

34) 헌재 1989. 9. 4. 88헌마22.

35) 헌재 1991. 5. 13. 90헌마133.

36) 헌재 1989. 9. 4. 88헌마133 ("'알권리'의 … 핵심은 정부가 보유하고 있는 정보에 대한 국민의 알권리 즉, 국민의 정부에 대한 일반적 정보공개를 구할 권리(청구권적 기본권)라고 할 것이며, … '알권리'의 법적 성질을 위와 같이 해석한다고 하더라도 헌법 규정만으로 이를 실현할 수 있는가 구체적인 법률의 제정이 없이는 불가능한 것인가에 대하여서는 다시 견해가 갈릴 수 있지만, 본건 서류에 대한 열람·복사 민원의 처리는 법률의 제정이 없더라도 불가능한 것이 아니라 할 것"이라고 판시); 헌재 1991. 5. 13. 90헌마133 ("'이러한 알권리'의 실현은 법률의 제정이 뒤따라 이를 구체화시키는 것이 충실하고도 바람직하지만, 그러한 법률이 제정되어 있지 않다고 하더라도 불가능한 것은 아니고 헌법 제21조에 의해 직접 보장될 수 있다고 하는 것이 헌법재판소의 확립된 판례인 것이다(위 결정 참조). … 형사확정소송기록에 대하여 이를 국민이나 사건당사자에게 공개할 것인지에 관하여 명문의 법률규정이 없다고 하여 헌법 제21조의 해석상 당연히 도출되어지는 위와 같은 결론을 좌우할 수는 없을 것이다."라고 판시). 이에 대하여는 법정의견이 취하는 구체적 권리설은 무리라는 반대의견이 있다(위 각 결정에서 재판관 최광률의 반대의견).

5. 헌법적 보장의 한계

재판공개를 요구할 권리가 헌법적으로 보장되는 것이라고 하더라도 이러한 권리가 무제한 인정되는 것은 아니며 거기에는 일정한 한계와 제한이 따른다.

가. 공익을 위한 제한

(1) 제한의 가능성

우선 공익을 위한 제한을 생각할 수 있다.

헌법재판소가 재판공개의 근거로 삼고 있는 알권리의 근거규정인 헌법 제21조는 그 제4항에서 "언론·출판은 … 공중도덕이나 사회윤리를 침해하여서는 아니 된다."라고 표현의 자유에 대한 한계를 명시하고 있다. 이것이 헌법유보인지[37] 개별적 가중법률유보인지[38]에 대한 논의는 차치하고 재판공개는 위와 같은 공중도덕이나 사회윤리를 위하여 제한될 수 있다.

또한 기본권 일반에 대한 제한근거규정인 헌법 제37조에 기한 제한을 생각할 수 있다. 헌법 제37조 제2항은 국민의 모든 자유와 권리는 국가안전보장·질서유지 또는 공공복리를 위하여 필요한 경우에 한하여 법률로써 제한할 수 있으며, 제한하는 경우에도 자유와 권리의 본질적인 내용을 침해할 수 없다고 규정하고 있다.

공개재판주의를 선언한 헌법 제109조는 "심리는 국가의 안전보장 또는 안녕질서를 방해하거나 선량한 풍속을 해할 염려가 있을 때에는 법원의 결정으로 공개하지 아니할 수 있다."고 하여 재판의 공개에 대한 재한사유를 직접적으로 규정하고 있다.

---

37) 김철수, 헌법학개론, 박영사(2007), 436쪽.
38) 계희열, 헌법학(중), 박영사(2005), 362쪽; 정종섭, 헌법학원론, 362쪽.

(2) 제한의 목적

기본권 제한의 목적 중 하나인 국가안전보장이 재판공개와 관련되는 경우로는 내란이나 간첩사건 등과 같이 당해 재판의 심리가 국가기밀을 다루게 되는 경우 등을 생각할 수 있고,[39] 질서유지의 경우로는 재판공개가 사회윤리를 해하는 결과를 발생시킬 수 있는 경우나 법정질서유지를 위한 경우[40] 등을 생각할 수 있으며, 공공복리의 경우로는 재판공개가 너무 과다한 비용을 지출하게 하는 경우 등을 생각할 수 있다. 특히 방청의

---

39) 대법원 1990. 6. 8. 선고 90도646 판결은 국가보안법위반 피고사건에서 통일원장관의 증언이 국가의 안정보장 또는 안녕질서를 방해할 염려가 있어서 방청인을 제한한 것이 공개재판주의에 반하지 않는다는 취지로 판단하였다("피고인들과 변호인들이 정부당국의 통일정책과 피고인들의 이 사건 방북문제에 관하여 당시 통일원장관이 공적으로 혹은 개인적으로 가지고 있던 각종 정보에 대한 증언이 필요하다는 이유로 증거조사를 신청한 당시의 통일원장관 A를 증인으로 채택한 다음, 위 증인의 증언이 국가의 안전보장 또는 안녕질서를 방해할 염려가 있다는 취지에서 위 증인을 신문함에 있어서 방청인을 피고인들의 가족 3인씩으로 제한하기로 결정하여 고지하였고, 이에 대하여 피고인들이나 변호인들은 아무런 이의신청도 한 바 없었던바, 제1심법원은 위 증인을 신문하기로 고지된 제8회 공판기일에 위와 같이 결정·고지한대로 방청이 제한된 상태에서 개정하여 재판장이 피고인 1에 대하여 보충신문을 하던 도중에, 변호인들이 위와 같은 방청의 제한은 위 증인을 신문하는 동안에만 적용된다는 취지로 이의신청을 하자, 법원이 그 이의신청을 받아들여 재판상의 보충신문을 중지하고 위 증인을 신문하려고 하였으나 위 증인이 출석하지 아니하였으므로 방청의 제한을 즉시 해제한 사실이 증명될 뿐이므로, 제1심법원의 제8회 공판기일에서의 심리가 헌법과 법원조직법에 규정된 공개재판주의에 어긋나 위법한 것이라는 취지의 논지는 받아들일 수 없다.").

40) 대법원 1990. 6. 8. 선고 90도646 판결("공판은 제한된 공간인 법정에서 이를 행하여야 하는 것이므로(법원조직법 제56조 제1항, 형사소송법 제275조 제1항), 방청하기를 희망하는 국민 모두에게 무제한으로 방청을 허용할 수 없음은 너무도 당연하다. 따라서 법원이 법정의 규모·질서의 유지·심리의 원활한 진행 등을 고려하여 방청을 희망하는 피고인들의 가족·친지 기타 일반국민에게 미리 방청권을 발행하게 하고 그 소지자에 한하여 방청을 허용하는 등의 방법으로 방청인의 수를 제한하는 조치를 취하는 것이 공개재판주의의 취지에 반하는 것은 아니므로, 이 점에 관한 논지도 이유가 없다."고 판시).

제한은 법정질서의 유지라는 직접적인 질서유지의 목적에서 행하여지는 것이다. 아래 표는 그 구체적인 예를 보여준다.

목적	예
국가안전보장	국가기밀이 심리에 연결된 재판
질서유지	모방범죄의 위험성 방지, 공중도덕·사회윤리를 해하는 내용, 수사상 필요(비밀유지 등), 법정질서의 유지
공공복리	과다한 비용 지출의 방지

(3) 제한의 수단

제한은 반드시 법률로써 하여야 한다. 하위법규에 의한 제한은 법률의 구체적 위임이 있어야 한다.

(4) 제한의 한계

기본권 제한이 허용되는 경우라도 과잉제한은 허용되지 아니한다. 목적의 정당성에 이어 수단의 유효적절성, 피해의 최소성, 법익의 균형성으로 이어지는 비례원칙의 검토를 거쳐 과잉제한이 되지 않아야 한다. 피해의 최소성과 관련하여 공익을 위한 재판공개를 제한하더라도 만일 동일한 공익을 달성할 수 있으면서 보다 완화된 수단이 있다면 최소성의 요건을 갖추지 못한 것이라는 결론에 이를 수 있고, 이는 법익의 균형성에 비하여 객관적 판단을 가능하게 해주는 좋은 수단이 된다.[41]

나아가 기본권의 본질적 내용은 침해할 수 없다. 본질적 내용의 파악에 관하여 절대설,[42] 상대설,[43] 부정설 등이 있지만, 어느 견해에 의하든 재

41) Andrew Stumer, THE PRESUMPTION OF INNOCENCE 139~140 (2010).

42) 헌재 1990. 9. 3. 89헌가95 ("재산권의 본질적인 내용이라는 것은 재산권의 핵이 되는 실질적 요소 내지 근본적 요소를 뜻하며, 재산권의 본질적인 내용을 침해하는 경우라고 하는 것은 그 침해로 인하여 사유재산권이 유명무실해지거나 형해

판공개를 전면적으로 거부하는 것은 본질적 내용의 침해가 되거나 허용되지 않는 제한이라고 평가될 것으로 보인다.

(5) 제한의 정도

공익을 위한 제한에는 최소제한의 원칙이 적용된다.[44] 즉 공익을 위하여 재판공개를 제한하더라도 최소한의 제한에 그쳐야 한다.

나. 기본권의 충돌

(1) 기본권 충돌의 상황

재판공개에는 다른 기본권의 제한과 다른 특수한 사정이 존재한다. 재판은 그것에 개입된 관련자가 존재하기 마련이고 재판의 내용이 공개될 경우 그러한 관련자에 관한 정보가 함께 공개되는 결과, 이들의 권리와 이익이 침해될 위험성이 있다는 사정이 그것이다.

우선 재판공개의 헌법적 근거인 알권리(표현의 자유)에 관한 규정인 헌법 제21조 제4항은 "언론·출판은 타인의 명예나 권리 … 를 침해하여서

화(形骸化) 되어 헌법이 재산권을 보장하는 궁극적인 목적을 달성할 수 없게 되는 지경에 이르는 경우라고 할 것이다(헌법재판소 1989. 12. 23. 선고, 88헌가13결정 참조)"라고 판시)는 절대설의 입장에서 재산권의 본질적 내용을 이해한 것으로 생각된다. 정종섭, 헌법학원론, 382쪽.

43) 헌재 1996. 11. 28. 95헌바1 ("생명권에 대한 제한은 곧 생명권의 완전한 박탈을 의미한다 할 것이므로, 사형이 비례의 원칙에 따라서 최소한 동등한 가치가 있는 다른 생명 또는 그에 못지 아니한 공공의 이익을 보호하기 위한 불가피성이 충족되는 예외적인 경우에만 적용되는 한, 그것이 비록 생명을 빼앗는 형벌이라 하더라도 헌법 제37조 제2항 단서에 위반되는 것으로 볼 수는 없다 할 것이다."라고 판시)은 상대설의 입장에 근사하다고 평가된다. 정종섭, 헌법학원론, 382쪽.

44) 헌재 2006. 4. 24. 2004헌바47 ("위임에 의한 입법형성권은 무제한의 재량이 아니라, 헌법 제37조 제2항에서 정하는 원칙, 즉 기본권의 최소제한원칙과 본질적 내용 침해금지 원칙에 따라야 하는 한계가 있다"고 설시).

는 아니 된다."라고 규정하고 있다. 따라서 재판공개로 인하여 타인의 명예나 권리가 침해되는 경우는 재판공개가 허용되지 않는다. 이는 헌법적으로 보호받는 명예나 권리에 대한 보호를 규정한 것으로서 재판공개를 요구할 알권리가 기본권이듯이 위 명예나 권리 또한 다른 사람의 기본권이므로 타인의 기본권을 침해하지 말라는 취지이다.

(2) 충돌의 해결방법

이처럼 서로 상충하는 복수의 기본권이 충돌하는 상황을 해결하는 방법으로 여러 가지 이론들이 제시되어 있다. 판례의 입장은 기본권간 서열이 드러나는 경우에는 상위기본권을 우선하여 보호하고,[45] 그렇지 않은 경우에는 규범조화적 방법을 사용하면서 법익형량의 원리, 입법에 의한 선택적 재량 등의 방법을 종합적으로 고려하는 것[46][47]이라고 이해할 수 있다.

---

45) 헌재 2004. 8. 26. 2003헌마457 (혐연권을 흡연권에 우선시켜 흡연권은 혐연권을 침해하지 않는 한도에서만 인정된다고 판시).

46) 헌재 2005. 11. 24. 2002헌바95등 ("이와 같이 두 기본권이 충돌하는 경우 그 해법으로는 기본권의 서열이론, 법익형량의 원리, 실제적 조화의 원리(=규범조화적 해석) 등을 들 수 있다. 헌법재판소는 기본권 충돌의 문제에 관하여 충돌하는 기본권의 성격과 태양에 따라 그때그때마다 적절한 해결방법을 선택, 종합하여 이를 해결하여 왔다. 예컨대, 국민건강증진법시행규칙 제7조 위헌확인 사건에서 흡연권과 혐연권의 관계처럼 상하의 위계질서가 있는 기본권끼리 충돌하는 경우에는 상위기본권우선의 원칙에 따라 하위기본권이 제한될 수 있다고 보아서 흡연권은 혐연권을 침해하지 않는 한에서 인정된다고 판단한 바 있다(헌재 2004. 8. 26. 2003헌마457, 판례집 16-2, 355, 361 참조). 또, 정기간행물의등록등에관한법률 제16조 제3항 등 위헌 여부에 관한 헌법소원 사건에서 동법 소정의 정정보도청구권(반론권)과 보도기관의 언론의 자유가 충돌하는 경우에는 헌법의 통일성을 유지하기 위하여 상충하는 기본권 모두가 최대한으로 그 기능과 효력을 발휘할 수 있도록 하는 조화로운 방법이 모색되어야 한다고 보고, 결국은 정정보도청구제도가 과잉금지의 원칙에 따라 그 목적이 정당한 것인가 그러한 목적을 달성하기 위하여 마련된 수단 또한 언론의 자유를 제한하는 정도가 인격권과의 사이에 적정한 비례를 유지하는 것인가의 관점에서 심사를 한 바 있다(헌재 1991. 9. 16. 89헌마165, 판례집 3, 518, 527~534 참조)."고 하면서 "단결하지 아니할

자유와 적극적 단결권이 충돌하게 되더라도, 근로자에게 보장되는 적극적 단결권이 단결하지 아니할 자유보다 특별한 의미를 갖고 있다고 볼 수 있고, 노동조합의 조직강제권도 이른바 자유권을 수정하는 의미의 생존권(사회권)적 성격을 함께 가지는 만큼 근로자 개인의 자유권에 비하여 보다 특별한 가치로 보장되는 점 등을 고려하면, 노동조합의 적극적 단결권은 근로자 개인의 단결하지 않을 자유보다 중시된다고 할 것이어서 노동조합에 적극적 단결권(조직강제권)을 부여한다고 하여 이를 두고 곧바로 근로자의 단결하지 아니할 자유의 본질적인 내용을 침해하는 것으로 단정할 수는 없다."고 판시); 헌재 2007. 10. 25. 2005헌바96 ("이 사건 법률조항은 채권자에게 채권의 실효성 확보를 위한 수단으로서 채권자취소권을 인정함으로써, 채권자의 재산권과 채무자와 수익자의 일반적 행동의 자유 내지 계약의 자유 및 수익자의 재산권이 서로 충돌하게 되는바, 위와 같은 채권자와 채무자 및 수익자의 기본권들이 충돌하는 경우에 기본권의 서열이나 법익의 형량을 통하여 어느 한 쪽의 기본권을 우선시키고 다른 쪽의 기본권을 후퇴시킬 수는 없다고 할 것이다. 사적자치의 원칙은 헌법 제10조의 행복추구권 속에 함축된 일반적 행동자유권에서 파생된 것으로서 헌법 제119조 제1항의 자유시장 경제질서의 기초이자 우리 헌법상의 원리이고, 계약자유의 원칙은 사적자치권의 기본원칙으로서 이러한 사적자치의 원칙이 법률행위의 영역에서 나타난 것이므로, 채권자의 재산권과 채무자 및 수익자의 일반적 행동의 자유권 중 어느 하나를 상위기본권이라고 할 수는 없을 것이고, 채권자의 재산권과 수익자의 재산권 사이에서도 어느 쪽이 우월하다고 할 수는 없을 것이기 때문이다. 따라서 이러한 경우에는 헌법의 통일성을 유지하기 위하여 상충하는 기본권 모두가 최대한으로 그 기능과 효력을 발휘할 수 있도록 조화로운 방법을 모색하되(규범조화적 해석), 법익형량의 원리, 입법에 의한 선택적 재량 등을 종합적으로 참작하여 심사하여야 할 것이다(헌재 1991. 9. 16. 89헌마165, 판례집 3, 518, 528; 헌재 2005. 11. 24. 2002헌바95등, 판례집 17-2, 403)."라고 판시).

47) 대법원 1988. 10. 11. 선고 85다카29 판결 ("우리가 민주정치를 유지함에 있어서 필수불가결한 언론, 출판 등 표현의 자유는 가끔 개인의 명예나 사생활의 자유와 비밀 등 인격권의 영역을 침해할 경우가 있는데 표현의 자유 못지않게 이러한 사적 법익도 보호되어야 할 것이므로 인격권으로서의 개인의 명예의 보호(헌법 제9조 후단)와 표현의 자유의 보장(헌법 제20조 제1항)이라는 두 법익이 충돌하였을 때 그 조정을 어떻게 할 것인지는 구체적인 경우에 사회적인 여러가지 이익을 비교하여 표현의 자유로 얻어지는 이익, 가치와 인격권의 보호에 의하여 달성되는 가치를 형량하여 그 규제의 폭과 방법을 정해야 할 것이다. 위와 같은 취지에서 볼 때 형사상이나 민사상으로 타인의 명예를 훼손하는 행위를 한 경우에도 그것이 공공의 이해에 관한 사항으로서 그 목적이 오로지 공공의 이익을 위한

(3) 재판공개와 기본권 충돌

헌법재판소는 형사확정소송기록의 열람·복사에 관련된 사안에서 공개를 요구하는 사람의 알권리와 재판관계인의 명예나 인격, 사생활의 비밀, 생명·신체의 안전과 평온 등 기본권이 서로 충돌하게 되는데 이들 충돌하는 기본권이 다같이 존중될 수 있도록 상호 조화점을 구하여야 한다고 판시한 바 있다.[48)]

이에 따르면 재판공개상황에서 충돌하는 기본권은 우열에 의한 한쪽 기본권의 일방적 양보가 요구되는 상황이 아니라 양 기본권이 모두 최대로 보장되는 조화점을 찾는 방법으로 해결되어야 한다.

(4) 제한의 정도

이와 같이 기본권 충돌 상황에서는 각 기본권은 상충하는 다른 기본권을 위하여 상당한 제약을 감수하여야 한다. 이 점은 공익을 위하여 기본권을 제한하는 상황에서 최소한의 제한에 그치도록 요구되는 것과 다른 것이다.

것일 때에는 진실한 사실이라는 증명이 있으면 위 행위에 위법성이 없으며 또한 그 증명이 없더라도 행위자가 그것을 진실이라고 믿을 상당한 이유가 있는 경우에는 위법성이 없다고 보아야 할 것이다. 이렇게 함으로써 인격권으로서의 명예의 보호와 표현의 자유의 보장과의 조화를 꾀할 수 있다 할 것이다."라고 판시).

48) 헌재 1991. 5. 13. 90헌마133 ("'표현의 자유에 포함되는 알권리'의 기본권보장법리에 의할 때 확정된 형사확정소송기록이라 할지라도 이에 대한 열람이나 복사는 원칙적으로 정당한 이익이 있는 국민에게 인정된다고 할 것이고, 따라서 특단의 사정이 없는 한 사건 당사자에 대하여서는 검찰청이 보관하고 있는 형사확정소송기록에 대한 접근의 자유가 보장되어야 할 것이다. 다만, … 사건에 직접·간접으로 관계를 가지고 있는 피의자, 피고인, 고소인이나 참고인, 증인, 감정인 등의 명예나 인격, 사생활의 비밀, 생명·신체의 안전과 평온 등 기본권보호에 충실하지 못하게 되는 경우가 있을 수 있기 때문에 이들 기본권이 다같이 존중될 수 있도록 상호 조화점을 구하지 않으면 안 될 것이다. 그것은 정보에의 자유로운 접근, 수집 및 그 처리가 정보의 횡포를 의미하는 것은 아니기 때문이다."라고 판시).

다. 재판공개와 충돌하는 이익

앞서 본 바와 같이[49] 판례는 많은 사례에서 법익균형의 기준을 제시하고 있고 구체적인 법익형량을 하여 결론을 내리고 있다.[50] 재판공개와 관련하여 서로 충돌하는 이익의 구체적 내용으로 다음과 같은 이익들을 생각할 수 있다.

공개가 추구하는 이익		비공개가 추구하는 이익	
사익	알권리 다른 소송에 사용 관련사건에서의 증거 입수 피해자의 권리 보호 민간업자의 영업의 자유[51] 학술적 목적	사익	재판관계인[52]의 인격권(명예권) 재판관계인의 사생활의 비밀(프라이버시)과 자유 재판관계인의 생명·신체의 안전과 평온 (피해자, 신고자, 목격자의 보호 필요성) 재판관계인의 재산권(영업비밀)
공익	사법에 대한 국민의 감시와 비판 사법의 투명성 재판의 공정성·적정성 담보 재판에 대한 국민의 이해 재판에 대한 신뢰 제고 법관에 대한 평가 사법부에 대한 평가 사법권의 남용 견제(민주적 견제)[53] 언론의 자유 실질적 법원(法源)의 공개[54] 학술적 목적	공익	재판의 공정성(심리적 압박) 국가기밀(국가안전보장) 범죄모방의 방지(사회질서) 사회윤리의 저해 방지(사회질서)[55] 수사기밀 유출로 인한 증거인멸, 도주 우려(사회질서) 법원·수사기관에 대한 불신조장의 초래 (국가안전보장, 사회질서)[56] 비용(공공복리) 교정목적 (피고인의 반사회성의 교정 및 교화갱생)에 대한 장애[57]

49) 위 제3장 II.1. 참조.

50) 예컨대, 대법원 2010. 12. 23. 선고 2008두13101 판결("정보공개법은 공공기관이 보유·관리하는 정보에 대한 국민의 공개청구 및 공공기관의 공개의무에 관하여 필요한 사항을 정함으로써 국민의 알권리를 보장하고 국정에 대한 국민의 참여와 국정운영의 투명성을 확보함을 목적으로 공공기관이 보유·관리하는 모든 정보를 원칙적 공개대상으로 하면서, 사업체인 법인 등의 사업활동에 관한 비밀의 유출을 방지하여 정당한 이익을 보호하고자 하는 취지에서 …"라고 판시).

51) 로앤비와 같이 재판정보를 유상으로 제공하는 업체.

52) 피의자, 피고인, 고소인, 참고인, 증인, 감정인, 기타 재판과정에서 언급되는 사람

위와 같이 충돌하는 이익을 평가함에 있어서는 재판 당시가 아니라 재판공개를 하는 시점을 기준으로 하여야 할 것이다.[58)]

등이 이에 해당한다.

53) 일찍이 미국 연방대법원은 재판의 공개야말로 사법권의 남용을 견제하는 실질적인 수단임을 강조한바 있다. In Re Oliver, 333 U.S. 257, 270-71 (1948) ("공개재판은 법정을 검찰권의 도구로 사용하려는 시도에 대한 안전장치이다. 개방된 공론의 장에서 동시대사람들의 감시하에 재판이 이루어진다는 것은 사법권이 남용될 가능성을 효과적으로 제어한다. 재판이 공개되지 않는다면 상소 등 어떠한 수단도 허울뿐 실질적인 견제수단이 되지는 못한다."라는 취지로 판시: "Whatever other benefits the guarantee to an accused that his trial be conducted in public may confer upon our society, the guarantee has always been recognized as a safeguard against any attempt to employ our courts as instruments of persecution. The knowledge that every criminal trial is subject to contemporaneous review in the forum of public opinion is an effective restraint on possible abuse of judicial power. One need not wholly agree with a statement made on the subject by Jeremy Bentham over 120 years ago to appreciate the fear of secret trials felt by him, his predecessors and contemporaries. Bentham said: 'suppose the proceedings to be completely secret, and the court, on the occasion, to consist of no more than a single judge,-that judge will be at once indolent and arbitrary: how corrupt soever his inclination may be, it will find no check, at any rate no tolerably efficient check, to oppose it. Without publicity, all other checks are insufficient: in comparison of publicity, all other checks are of small account. Recordation, appeal, whatever other institutions might present themselves in the character of checks, would be found to operate rather as cloaks than checks; as cloaks in reality, as checks only in appearance.'"); 설민수, 「일반인의 재판과 재판기록에 대한 접근권과 그 제약」, 저스티스 111호(2009. 6), 6쪽 참조.

54) 성문법주의에서도 판례는 실질적인 법원의 역할을 하는데, 판례를 공개하지 않고 적용하는 것은 공포하지 않은 법률을 적용하는 것과 다를 바 없다.

55) 사회윤리에 반하는 범죄의 내용이 알려짐으로써 있을 있는 결과이다.

56) 기록의 공개로 인하여 사법절차상 있을 수 있는 과실이 드러나는 상황을 전제한 것이다.

57) 헌재 1991. 5. 13. 90헌마133 ("당해 사건의 피고인의 반사회성의 교정 및 정상적인 사회인으로 순조롭게 복귀하는 교화갱생의 면에 있어서 장애사유가 되는지의 여부도 검토되지 않으면 안 될 것"이라고 판시).

58) 헌재 1991. 5. 13. 90헌마133 ("또한 형사확정소송기록의 공개에 있어서는 위와

6. 헌법적 판단틀의 기본구조

이제 이상의 논의를 바탕으로 재판공개의 범위를 어떻게 설정한 것인가에 관한 헌법적 해결의 판단틀을 구성해 본다.

가. 재판공개의 원칙

위 표에서 공개가 추구하는 이익 중 사익은 공개요구자의 기본권에 기하여 인정되는 것으로서 헌법적으로 보장된다. 이들 이익을 실현하기 위해서는 재판에 관한 모든 정보를 공개하는 것이 요구된다.

나. 공익을 위한 최소의 제한

재판공개는 비공개를 추구하는 공익을 위하여 제한할 수 있는데, 이에는 최소제한의 원칙이 적용되며 보다 완화된 방법이 있을 때 당해 비공개 조치는 배제되어야 한다.

이 때 공개를 추구하는 공익은 위 비공개를 추구하는 공익을 감쇄하는 기능을 한다.

다. 상충하는 기본권을 위한 규범적 조화

위 표에서 비공개가 추구하는 사익은 그들의 기본권의 내용을 이루는 것으로서 공개를 요구하는 권리와 규범조화적 해석을 통하여 충돌하는 각 기본권을 최대한으로 실현시킬 수 있는 최적의 방법을 모색하여야 한다.

같은 사정 외에도 그 재판이 국가적 또는 사회적 법익의 보호를 위하여 비공개로 진행되었던 경우에는 추후에 사정변경이 있는지의 여부가 고려되어야 할 것"이라고 판시).

라. 심리와 판결의 구별

헌법 제109조는 본문에서 "재판의 심리와 판결은 공개한다."라고 하면서 단서에서 "다만, 심리는 국가의 안전보장 또는 안녕질서를 방해하거나 선량한 풍속을 해할 염려가 있을 때에는 법원의 결정으로 공개하지 아니할 수 있다."라고 규정하고 있다. 이는 헌법 스스로가 심리는 비공개되더라도 판결만은 공개하여야 한다는 천명, 즉 심리와 판결은 공개의 요청이 질적으로 다르다는 것을 선언한 것으로 평가할 수 있다. 따라서 판결은 원칙적으로 유보 없이 공개하여야 한다.

마. 제도보장의 요청

제도보장의 경우에는 상대적으로 입법자가 형성할 재량의 여지가 넓다.[59] 그러나 재판의 공개는 기본권에 기하여도 요구되는 것이므로 입법재량에 대한 제약이 요청되는데, 이는 앞서 가.~라.의 기준에 따른 판단에 의하게 된다. 결국 위 앞서 가.~라.의 판단틀에 따라 재판공개의 범위를 설정하면 그것으로 제도보장의 요청은 충족된다고 할 수 있다.

59) 헌재 2009. 11. 26. 2008헌바25 ("재판청구권과 같은 절차적 기본권은 원칙적으로 제도적 보장의 성격이 강하기 때문에, 자유권적 기본권 등 다른 기본권의 경우와 비교하여 볼 때 상대적으로 광범위한 입법형성권이 인정되므로, 관련 법률에 대한 위헌심사기준은 합리성원칙 내지 자의금지원칙이 적용된다(헌재 2005. 5. 26. 2003헌가7, 판례집 17-1, 558, 567 ; 헌재 1998. 9. 30. 97헌바51, 판례집 10-2, 541, 550 ; 헌재 1998. 12. 24. 94헌바46, 판례집 10-2, 842, 851)."고 판시).

II. 쟁점별 검토

이하 입법적으로 해결된 부분은 제외하고 추후 문제될 수 있는 쟁점을 중심으로 검토해 본다.

1. 공개의 방법

가. 공개와 보호조치

(1) 공개의 단계

재판기록이나 재판서를 일반에게 공개하는 경우 그 구체적인 방법을 어디까지 인정할 것인가의 문제가 있다. 가장 좁은 공개로부터 가장 넓은 공개에 이르기까지 단계별로, (i) 단순열람, (ii) 메모, (iii) 복사(등사)가 전통적으로 논하여져 왔고, 인터넷의 확대로 (iv) 전자우편, (vi) 웹사이트 게시 등의 방법이 대두되고 있으며, (vii) 특정장소에서의 시스템 접속, (viii) 언론공개 등의 방법도 있다.

흔히 재판의 공개 여부를 판단함에 있어 구체적인 공개방법을 고려하지 않고 공개이익과 비공개이익의 비교형량에 따른 가부 판단을 하는 경향이 있다. 그러나 재판의 공개가 위 모든 방법을 일률적으로 허용하는 것이고 비공개는 이를 일률적으로 불허하는 것이라고 할 필요는 없다.

재판정보의 공개는 공개의 방법에 따라 공개가 추구하는 이익(공개이익)의 실현정도와 비공개가 추구하는 이익(비공개이익)[60]의 제한정도에 커다란 영향을 미친다. 우선 단순열람과 메모와 복사에 큰 차이가 있다.[61]

---

60) 제5장 I.5.다.의 표 참조.

열람은 당해 열람을 한 특정인의 인식과 그 기억에 의존한 진술을 전문한 제3자에 한정되어 그 정보를 취득하게 될 것이지만, 메모는 그 보다 많은 정보를 보다 많은 제3자에게, 복사는 그보다 정확한 정보를 보다 많은 제3자에게 전달될 가능성이 있음을 인정할 수 있다. 그리하여 비공개이익, 예컨대 관계인의 프라이버시가 침해될 위험은 열람-메모-복사의 순으로 점증하게 된다.

나아가 전자적 방법으로 공개가 이루어지는 경우, 즉 최초의 정보취득자가 전자적 방법으로 정보를 취득하는 경우, 이 때 재판정보 보관자가 제공하는 정보는 매우 정확한 형태의 파일로 제공될 것이고 이것이 인터넷을 통하여 전파되는 범위는 실물기록으로부터 취득한 정보가 전파되는 범위보다 매우 광범위한 범위로 또한 매우 용이하게 전파될 수 있다. 이에 따라 비공개이익이 침해될 위험은 엄청나게 증대하게 된다. 이는 일반적으로 전자적 방법에 의한 공개이익의 증대보다 클 것으로 예상된다. 또한 전자적 방법 중에서도 전자우편에 의한 방법보다 웹사이트에 게시하는 방법이 비공개이익을 보다 많이 침해하게 된다. 웹사이트에 게시하는 것은 불특정다수인이 언제든지 접근할 수 있는 상태로 정보를 제공하는 것이기 때문이다.[62]

따라서 비공개이익의 침해정도에 따라 공개방법을 나열하면, 열람－메모－복사－전자우편－웹사이트 게시의 순으로 비공개이익의 침해정도가 심화된다.

(2) 보호조치

재판정보의 공개 여부를 판단함에는 공개이익과 비공개이익을 비교형

---

61) 공개·열람과 공표·보도를 준별하여야 한다는 일본의 논의도 같은 맥락에서 이해할 수 있다. 제2장 II.4.다. 참조.

62) 전자정보를 제공하는 방법에는 이 외에도 (i) 열람·시청, (ii) 출력물의 제공, (iii) 매체저장 제공(예컨대 USB에 저장해서 제공하는 방법, 법고을 LX DVD 제공) 등을 생각할 수 있다. 이에 관하여는 뒤에서 따로 보기로 한다. 위

량하게 된다(판례의 입장[63]). 이에 의할 때, 비공개이익을 보호하는 조치를 취하게 되면 그렇지 않은 경우보다 훨씬 많은 경우에 공개를 허용할 수 있을 것이다. 나아가 이 글에서는 특히 공개이익과 비공개이익 사이에 기본권의 충돌이 일어날 경우 단순한 비교형량이 아니라 규범적 조화를 추구하여야 한다는 입장을 취하는바,[64] 이에 의할 때 단순비교형량으로 공개이익이 큰 경우라도 비공개이익의 제한에 따른 적절한 보호조치를 하는 것이 요청된다.

이렇게 본다면 공개를 하는 경우라도 비공개이익을 보호하기 위한 보호조치를 하여야 하고 그 보호조치는 침해되는 비공개이익이 클수록 강한 조치일 것이 요구되므로 결국 열람－메모－복사－전자우편－웹사이트 게시 순으로 요구되는 보호조치의 강도가 커지게 된다. 그리하여 일응 다음의 구도로 정리할 수 있다.

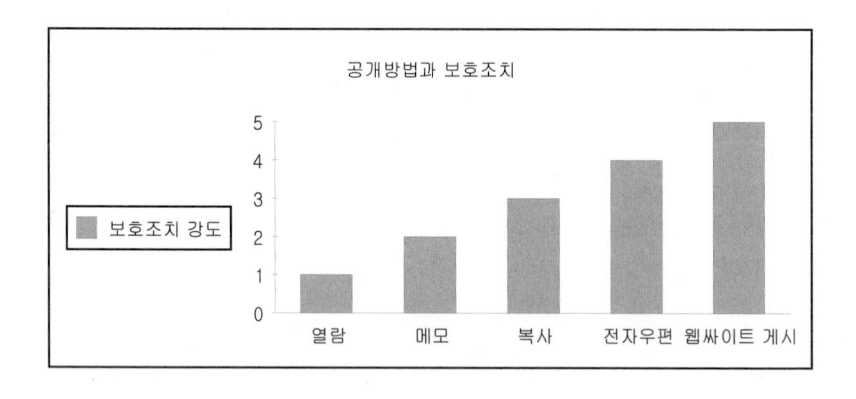

보호조치의 방법은 공개되는 재판정보의 관점과 재판정보에 접근하는 사람의 관점의 두 가지 관점에서 접근할 수 있다.

첫째, 공개되는 재판정보의 범위를 제한하는 것이다.

우선 하나의 정보에 비공개대상정보에 해당하는 부분과 공개가 가능한

63) 제3장 II.2. 참조.

64) 제5장 I.6. 참조.

부분이 혼합되어 있는 경우(혼합정보의 경우) 공개청구의 취지에 어긋나지 아니하는 범위 안에서 두 부분을 분리할 수 있는 때에는 비공개대상정보에 해당하는 부분을 제외하고 공개하여야 하는 부분공개의 방법[65]을 생각할 수 있다. 여기에는 해당부분을 제외하고 정보를 제공하는 경우(예: 2장으로 이루어진 문서 중 표지를 제외한 내용만 제공, 이하 '일부제외' 방법)와 해당부분을 가리고 정보를 제공하는 경우(예: 재판서의 일부를 가리고 복사한 사본을 제공, 이하 '가리기' 방법) 등이 해당한다.

한편 일본 형사소송법은 피해자특정사항(성명, 주소 기타 피해자를 특정하는 사항)의 비공개를 결정하는 비닉결정제도를 두고 있고 이 때 법원이 피해자특정사항에 관한 명칭을 대신하는 호칭을 정할 수 있도록 하고 있다.[66] 피해자특정사항은 우리 판례가 말하는 '개인식별정보'[67] 또는 개

65) 정보공개법 제14조. 대법원 2010. 2. 11. 선고 2009두6001 판결 등. 위 제3장 II.2.다.(3)(라) 및 제3장 II.2.라. 참조.

66) 제2장 II.5.나. 참조.

67) 제3장 II.2.다. 참조. 구 공공기관의 정보공개에 관한 법률(2004. 1. 29. 법률 제7127호로 개정되기 전의 것) 제9조 제6호는 '이름·주민등록번호 등에 의하여 특정인을 식별할 수 있는 개인에 관한 정보'라고 하였고 이 규정이 문제된 사건에 관한 대법원 2007. 12. 13. 선고 2005두13117 판결과 대법원 2006. 12. 7. 선고 2004두9180 판결에서 '개인식별정보'라는 표현을 사용하였다. 그런데 위 2004. 1. 29. 개정으로 위 부분이 '이름·주민등록번호 등 개인에 관한 사항으로서 공개될 경우 개인의 사생활의 비밀 또는 자유를 침해할 우려가 있다고 인정되는 정보. 다만, 다음에 열거한 개인에 관한 정보 …'로 개정되었다. 위 개정의 입법취지가 "비공개대상 정보인 특정인을 식별할 수 있는 개인에 관한 정보를 개인의 사생활의 비밀 또는 자유를 침해할 우려가 있는 정보로 축소하는 등 비공개대상 정보의 요건을 강화함"에 있었음(당해 개정안 의안원문 2~3쪽 참조, 국회의안정보시스템 2011. 7. 21. 검색)을 고려할 때는 개정법이 개인식별정보 중 사생활의 비밀이나 자유를 침해하는 경우만을 의미하는 것이라고 해석할 수도 있지만, 문언이 '식별'의 제한을 없애고 '개인에 관한 정보'로 한 이상 식별과 무관한 개인에 관한 정보, 예컨대 개인의 명예에 관한 정보도 역시 사생활의 비밀과 자유를 침해할 우려가 있는 한 이에 해당한다고 해석하여야 한다. 판례도 개정법이 적용되는 사안에서 '개인식별정보'라는 용어를 명시적으로 사용하고 있지는 않는 것으로 보인다.

인정보보호법이 말하는 '개인정보'[68]에 해당할 것으로서 '비닉결정'은 우리나라에서 통상 호칭되는 '비실명조치'에 해당한다고 할 수 있다. 비실명조치의 구체적 방법에 관하여는 후술한다.

그런데 개인에 관한 정보는 개인식별정보에 한하지 않는다고 할 것이다. 예컨대, 개인의 명예에 관한 정보 또는 개인의 재산상태나 이력에 관한 정보 등에 대한 보호조치가 필요한 경우도 있다. 이와 같은 정보는 비실명조치를 함으로써 특정개인과의 연관성이 확인되지 않아 그 자체로 보호조치가 될 수도 있지만 비실명조치만으로는 부족한 경우가 있을 수 있다. 이 경우 해당 부분에 대하여 일부제외나 가리기의 방법을 병행할 수 있다. 특히 전자정보의 형태로 제공되는 경우에는 당해 부분을 생략하고 '(생략)'이라고 기재하거나 '***' 또는 '…'과 같은 생략부호를 사용하는 방법(이하 '생략' 방법)이 있다.

나아가 전자적 형태로 보관하는 정보에 관하여는 이를 편집하여 제공할 수 있다. 예컨대 최근 개정된 형사소송법 제59조의3이 요구하는 법원에 제출한 서류·물건의 명칭·목록 등은 공개가 가능한 부분에 해당하는 정보만을 모은 별도의 목록을 제공하는 방법에 의할 수 있을 것이다. 이와 같이 원시자료(예컨대, html 데이터)를 토대로 편집된 정보를 제공하는 방법(이하 '편집' 방법)은 컴퓨터의 도움으로 자동으로 제공될 정보를 생성할 수도 있을 것이다.

둘째, 재판정보에 접근하는 사람의 관점에서 보호조치를 하는 방법이 있다.

이에도 우선 재판정보 접근자의 자격을 심사하는 방법(이하 '자격심사' 방법)이 있다. 예컨대, 판결문 검색·열람을 위한 특별창구의 설치 및 이용에 관한 내규 제3조 제1항은 특별창구에서 판결문을 검색·열람할 수 있는

68) 개인정보보호법 제2조 제1호는 "'개인정보'란 살아 있는 개인에 관한 정보로서 성명, 주민등록번호 및 영상 등을 통하여 개인을 알아볼 수 있는 정보(해당 정보만으로는 특정 개인을 알아볼 수 없더라도 다른 정보와 쉽게 결합하여 알아볼 수 있는 것을 포함한다)를 말한다."고 정의하고 있다.

사람을 (i) 검사, 검찰공무원, 변호사, 법무사, 사법연수생 및 대학교수, (ii) 국가기관, 연구기관, 시민단체의 임·직원으로서 소속 기관장 또는 단체장의 의뢰로 법원도서관장의 승인을 얻은 사람, (iii) 기타 상당한 이유가 있어 법원도서관장의 승인을 얻은 사람으로 제한하는 한편, 위에 해당하는 사람이라도 제2항에서 다른 사람의 개인정보를 알아낼 목적임이 명백하거나 다른 사람의 사생활의 비밀을 침해할 가능성이 있는 경우 법원도서관장이 판결문의 검색·열람을 제한할 수 있도록 하고 있는데, 이는 대표적인 자격심사 방법이다.

다음 정보취득자에게 일정한 의무를 부과하고 이에 위반할 경우 제재를 가하는 방법(이하 '규제' 방법)이 있다. 민사소송법 제162조 제4항은 "소송기록을 열람·복사한 사람은 열람·복사에 의하여 알게 된 사항을 이용하여 공공의 질서 또는 선량한 풍속을 해하거나 관계인의 명예 또는 생활의 평온을 해하는 행위를 하여서는 아니 된다."고 하고 형사소송법 제59조의2 제5항은 "소송기록을 열람 또는 등사한 자는 열람 또는 등사에 의하여 알게 된 사항을 이용하여 공공의 질서 또는 선량한 풍속을 해하거나 피고인의 개선 및 갱생을 방해하거나 사건관계인의 명예 또는 생활의 평온을 해하는 행위를 하여서는 아니 된다."고 규정하여 정보취득자에게 의무를 부과하고 있다. 그런데 이에 위반한 경우의 처벌이나 책임에 관한 규정은 없다. 이에 관하여 민사소송법 제162조 제7항과 형사소송법 제59조의2 제8항을 신설하여 타인의 비밀을 누설한 행위를 처벌하자는 민사소송법 및 형사소송법 개정안이 국회에 계속되어 있다.[69]

나. 재판기록의 공개

(1) 재판기록

재판기록에 종이문서만 포함될 것인가, 제출된 물건 등도 포함될 것인

69) 이주영 의원안. 제4장 II.2. 참조.

가의 문제가 있다. 통상 전자로 이해하고 논하고 있는 듯하다. 그러나 기록공개의 필요성과 그 제한의 필요성은 종이문서인지 물건인지에 따라 다르지 아니하므로 후자로 이해함이 타당하다. 재판예규인 확정된 소송기록의 열람에 관한 예규(재일 2007-3)도 제2조 제1호에서 "'소송기록'이라 함은 재판사무 등에 관한 문서와 기록, 증거물 기타 관계 서류(도면, 사진, 디스크, 테이프, 필름, 슬라이드, 전자문서 등의 특수매체기록을 포함한다)를 말한다."라고 규정하고 있다.

(2) 열람과 등사

재판기록에 관하여 미국에서는 일반공개가 허용되므로 공개제한사유가 없는 한 열람을 물론 비용을 납부하면 등사도 허용된다.[70] 일본은 피해자에게는 열람 이외에 등사도 허용하지만,[71] 이해관계 없는 제3자에게는 열람만을 규정하고 있을 뿐이다.[72] 여기에 메모나 복사가 포함되는지 논의되고 있다.[73] 독일은 제3자에게는 열람만을 허용하고 있다.[74]

우리 민사소송법은 '열람'만을, 형사소송법은 '열람등사'를 인정하고 있다.[75] 메모는 열람과 등사(복사)의 중간에 있는 공개방법이므로 적어도 형사기록에 대하여는 메모도 허용된다고 할 수 있다. 또 민사기록에 대해서도 기록공개는 그 내용을 열람자가 인식하고 기억하여 그 정보를 사용할 수 있게 함에 목적이 있으므로 메모행위까지 포함되어야 한다는 점, 일본에서도 메모를 허용하는 추세라는 점,[76] 형사기록만 메모를 허용한다고 할 이유가 없다는 점 등에 비추어 메모까지 허용된다고 함이 타당하다.

나아가 등사는 형사기록에 대하여만 인정되고 있는데 형사기록의 어떠

70) 문준필, 개선방안, 410쪽(형사에 관한 설명).
71) 범죄피해자등 보호를 위한 형사절차에 부수하는 조치에 관한 법률 제3조.
72) 형사확정기록보존법 제53조 등. 제2장 II.6.가. 참조.
73) 제2장 II.4.라.(4) 참조.
74) 문준필, 개선방안, 424쪽(민사에 관한 설명).
75) 제4장 III.3. 참조.
76) 제2장 II.4.라.(4) 참조.

한 특징 때문에 위와 같이 규율이 다른지 분명하지 아니하다. 민사는 당사자에 한한 문제여서 형사보다 공익성이 적고 따라서 공개이익도 적다는 점을 고려할 수 있다. 그러나 한편 오히려 형사기록에 있는 정보가 보다 비공개이익이 큰 정보인 측면도 있다. 따라서 형사기록과 민사기록을 일률적으로 차별함은 타당하지 못하다.

(3) 전자적 방법

(가) 개정법 개요

최근의 민사소송법과 형사소송법의 개정은 인터넷 등 전자적 방법에 의한 열람복사를 지향한 것이다.[77] 특히 위 각 법률안을 심의한 제301회 국회(임시회) 사법제도개혁특별위원회 제19차 회의(2011. 6. 22.)에서 이주영 위원장은 "판결서 등의 인터넷 게시, 여기에 대해서 의견을 듣겠습니다."라고 하면서 위 각 법률안을 상정하였는데,[78] 이에 비추어 보면 입법자는 위 각 조항을 인터넷 게시(웹사이트 게시)를 통한 공개로 인식하였음을 알 수 있다.

그러나 개정 민사소송법 제163조의2 제1항은 "인터넷, 그 밖의 전산정보처리시스템을 통한 전자적 방법 등으로 열람 및 복사"라고 하고 개정 형사소송법 59조의3 제1항은 "열람 및 복사(인터넷, 그 밖의 전산정보처리시스템을 통한 전자적 방법을 포함한다.…"고 하고 있는데, 문언상 반드시 인터넷 게시에 한정한다고 하기는 어렵다. 일반공개에 관하여 개정 전후의 규율내용을 보면 아래와 같다.

---

77) 제4장 III.1. 및 각 법률안 제안이유 참조.

78) 위 회의록 제41쪽(국회 의안정보시스템 2011. 7. 21. 검색).

	공개대상	공개방법	공개대상	공개방법
	민소법 제162조 제2항		민소법 제163조의2(개정법)	
민소법	확정소송기록	열람	판결서	전자적 열람·복사
형소법	확정소송기록	열람·등사	판결서, 증거목록, 서류·물건의 명칭·목록	열람·복사 (전자적 방법 포함)
	형소법 제59조의2		형소법 제59조의3(개정법)	

위에서 보듯, 기존의 형소법 제59조의2에서 말하는 열람·등사가 반드시 전자적 방법을 배제한다고는 해석하기 어렵고, 한편 개정 형사소송법 제59조의3에서 공개대상으로 한 증거목록, 서류·물건의 명칭·목록은 확정소송기록의 일부라 할 수 있을 뿐만 아니라[79] 개정법의 열람·복사가 비전자적 방법을 배제한 것이라고 해석하기 어려우므로 이 부분을 개정법에서 규정한 것은 대상에 관한 한 중복된 면이 있다.

(나) 종래 법하에서의 전자적 방법

그런데 종래 통상의 사건에서 소송기록이 전자데이터로 보존되어 있지 않으므로 전자적 방법에 의한 기록의 열람 또는 등사는 이루어지지 않았다. 그러나 전자소송(음주·무면허의 형사사건 포함)이 시행되면서 기록이 전자적으로 보존되게 되었고 이에 전자적 방법에 의한 열람·등사가 문제되게 되었다. 종래의 규정, 즉 민사소송법 제162조 제2항이나 형사소송법 제59조의2 규정만으로는 인터넷을 통한 열람이나 복사가 보장되지 아니하였다. 민사소송규칙 제37조의2 제2항,[80] 확정된 소송기록의 열람에 관한 예규 제3조, 검찰보존사무규칙 제20조 제1항이 각 서면으로 신청하도록 규정하고 있는데, 이는 종래 전자적 방법에 의한 신청을 예정하고 있

79) 개정법 조항의 공개도 소송이 확정됨을 전제로 하는 것이다.
80) 민사소송법 제162조 제2항은 대법원규칙에 따라 신청하도록 규정하고 있다.

지 않은 것으로 보이기 때문이다. 그러나 서면에 의한 신청을 한 이상 전자기록이 존재하는 사건에서는 전자적 방법에 의한 열람·등사를 거부할 근거는 없다.[81]

(다) 개정법의 의미(공개방법)

이제 재판기록의 공개에 관한 개정법의 의미를 살펴보자.[82] 형사소송법 제59조의3 제1항에서 "열람 및 복사(인터넷, 그 밖의 전산정보처리시스템을 통한 전자적 방법을 포함한다."라고 한 것이 전자적 방법에 의한 열람·복사와 비전자적 방법에 의한 열람·복사를 모두 포함한다는 뜻인지, 법원이 위 방법 중 어느 한 방법으로 제공하면 된다는 뜻인지 의문이 있을 수 있다. 위 조항은 "누구든지 … 열람·복사(… 전자적 방법을 포함 …)할 수 있다."는 내용이어서 문언해석상 일반인의 열람·복사권을 보장한 것이라고 해석되며, 따라서 일반인은 전자적 방법과 비전자적 방법 모두에 대한 열람·복사권이 있고 법원이 그 중 어느 한 방법을 선택하여 제공할 재량은 없다고 할 것이어서, 결국 법원은 전자적 방법에 의하여 재판정보를 제공할 '의무'가 생긴 것이다.

나아가 "인터넷, 그 밖의 … 전자적 방법"이라는 것이 문리상 '인터넷 또는 전자적 방법'이라고 해석하기는 어렵고 인터넷과 그 밖의 전자적 방법을 모두 제공하도록 요청하는 취지로 해석된다.

(라) 개정법의 의미(공개대상)

이처럼 법원에게 인터넷 및 기타 전자적 방법에 의한 재판정보 제공을

---

81) 재판기록 열람·등사규칙 제5조는 법원에 있는 복사기를 이용한 복사를 원칙적인 모습으로 규정하고 있지만, '법원의 복사기 등 법원설비'라고 하고 있기 때문에 이 규정 또한 전자적 출력을 금한다고 할 수는 없다.

82) 개정 민사소송법은 판결서에 대하여만 규정하고 있기 때문에 본문의 논의는 형사사건에 한정될 것이다.

의무화하는 대신, 개정법은 그 의무의 대상을 재판기록 중 일부로 한정함으로써 조화를 꾀하려 하였다. 즉, 재판기록 중 (i) 증거목록과 (ii) 제출된 서류·물건의 명칭·목록으로 그 대상을 한정한 것이다.

개정법은 위 (i), (ii)를 열거한 뒤에 '또는 이에 해당하는 정보'를 공개대상으로 규정하고 있다.83) '이에 해당하는 정보'란 증거목록이나 명칭·목록 그 자체는 아니지만 이에 해당하는 정보를 말한다. 이에 관한 상세는 후술한다.84)

(마) 개정법의 의미(공개의무자)

① 법원이 의무자

종래 형사확정기록에 관한 정보의 제공자는 검찰청이다.85) 이는 판결확정 후 기록이 검찰청으로 송부되어 검찰청이 기록보관자가 되기 때문이다. 그런데 개정법은 "정보(…)를 보관하는 법원에서 … 열람 및 복사(…)할 수 있다."고 규정하여 법원이 정보를 보관함을 전제로 하면서도 정보제공의 의무자를 법원으로 하고 있다.86)

② 의무의 내용

정보에 대한 공개의무는 공공기관이 보유·관리하고 있는 정보를 그 상태대로 공개하는 것이어서 정보를 보유하고 있지 않는 한 공개할 의무가 있다고 할 수 없다.87) 확정기록이 검찰청에 송부된 후에는 법원은 기록의 일부인 증거목록 등을 보유·관리하고 있지 않으므로 이를 공개할 의무가 없다.

---

83) 개정 형사소송법 제59조의3 제1항.

84) 아래 (마) 참조.

85) 형사소송법 제59조의2 제1항.

86) 형사소송법 제59조의3 제1항 참조.

87) 대법원 2010. 2. 11. 선고 2009두6001 판결("공공기관의 정보공개에 관한 법률 … 에 의한 정보공개제도는 공공기관이 보유·관리하는 정보를 그 상태대로 공개하는 제도"라고 판시).

다만, 직접 보유·관리하는 정보가 아니라도 기초자료인 전자적 정보를 어렵지 않게 편집할 수 있는 내용은 당해 정보를 보유·관리하고 있다고 보아 공개대상이 되는데,[88] 기록송부 후 증거목록 등이 이에 해당한다고 보는 입장이 있을 수 있다. 그러나 기록이 송부된 후에는 검색·편집할 기초자료가 존재하지 않으므로 증거목록 등이 위 편집정보에 해당한다고 하기는 어렵다.

법원은 공공기관으로서 법원이 보유·관리하는 정보에 대하여 정보목록을 작성·비치하고 이를 정보통신망을 활용한 정보공개시스템을 통하여 공개할 의무가 있다.[89] 그러나 여기서의 목록은 재판일반정보에 관한 목록을 의미하지 증거목록 등 재판기록에 관한 목록을 의미한다고 할 수는 없으므로[90] 이 조항을 근거로 법원이 확정되어 검찰청에 송부한 후에도 증거목록을 작성·비치하고 공개할 의무가 있다고 할 수는 없다.

이러한 점들에서 보면 법원은 확정사건의 기록이 검찰에 송부되기 전까지만 공개할 의무가 있다는 해석이 있을 수 있다.

그러나 판결서와 증거목록 등에 대한 접근성을 높여 재판의 공개원칙이 실질적으로 보장되도록 하려는 입법취지를 가진 개정법이 판결확정 후 기록 송부 전의 짧은 기간 동안만의 공개를 규정하였다고 하는 것은

---

88) 대법원 2010. 2. 11. 선고 2009두6001 판결("공공기관의 정보공개에 관한 법률 … 에 의한 정보공개제도는 공공기관이 보유·관리하는 정보를 그 상태대로 공개하는 제도이지만, 전자적 형태로 보유·관리되는 정보의 경우에는, 그 정보가 청구인이 구하는 대로는 되어 있지 않다고 하더라도, 공개청구를 받은 공공기관이 공개청구대상정보의 기초자료를 전자적 형태로 보유·관리하고 있고, 당해 기관에서 통상 사용되는 컴퓨터 하드웨어 및 소프트웨어와 기술적 전문지식을 사용하여 그 기초자료를 검색하여 청구인이 구하는 대로 편집할 수 있으며, 그러한 작업이 당해 기관의 컴퓨터 시스템 운용에 별다른 지장을 초래하지 아니한다면, 그 공공기관이 공개청구대상정보를 보유·관리하고 있는 것으로 볼 수 있고, 이러한 경우에 기초자료를 검색·편집하는 것은 새로운 정보의 생산 또는 가공에 해당한다고 할 수 없다."고 판시).

89) 정보공개법 제8조 제1항.

90) 제3장 II.2.나. 참조.

합리적인 해석이 아니다. 개정법의 입법취지는 판결확정 후 기록이 검찰청에 송부된 후에도 원에서 증거목록 등의 정보를 제공하도록 함에 있다.[91] 그리고 이러한 법원의 정보제공을 의무화하려는 것이 바로 개정법의 취지라 해석된다. 즉, 개정 형사소송법 제59조의3은 확정기록의 송부 후에도, 그리하여 기록 원본의 증거목록 등을 더 이상 보유·관리하고 있지 않더라도 송부되어 버린 사건의 증거목록 등을 계속 제공할 의무가 있다는 것을 규정한 것으로 해석하여야 한다.

따라서, 확정 형사기록의 공개에 관한 한 형사소송법이 정보공개법보다 우선하여 적용된다고 할 것이므로, 정보공개법에 의하면 청구인이 전자적 형태로 공개하여 줄 것을 요청하는 경우, 전자적 형태로 보유·관리하는 정보는 원칙적으로 전자적 형태로 공개할 의무가 있고 그렇지 않은 정보는 전자적 형태로 공개할 재량이 있을 뿐 의무는 없다[92]고 하더라도 위와 같은 해석은 여전히 유지된다.

③ 해결방안

그렇다면 이미 송부하여 버려 존재하지 않는 정보를 어떻게 제공할 것인가. 이를 위하여 법원은 여러 가지 방법을 강구할 수 있다.

가장 원시적인 방법으로는 확정기록을 검찰청에 송부할 때 증거목록 등의 사본을 작성하여 두었다가 이를 제공하는 방법을 생각할 수 있다. 위에서 본 바와 같이 증거목록 등은 인터넷 및 기타 전자적 방법에 의하여도 제공하여야 하므로 적어도 위 사본은 pdf 등 전자파일의 형태로 작성하여야 할 필요가 있다. 그러나 이러한 방법은 법원의 업무를 추가시키는 것이고 이를 보관하는 법원 서버에도 부하가 가중되는 것으로서 별로 바람직하지 못하다.

만일 재판부에서 법원사무관 등이 애초 증거목록을 작성할 때 그 데이

---

91) 물론 형사소송법 제59조의2에 의한 검찰청의 공개의무는 그대로 존속한다.
92) 정보공개법 제15조 제1항, 제2항. 제3장 II.2.바.(3)(가) 참조.

터를 html의 형태로 저장한 후 이를 필요에 따라 여러 형태의 문서양식으로 출력(display)하는 방법을 사용하고 이러한 작업을 모두 법원의 정보시스템 안에서 행한다면, 기록 송부 후에도 필요에 따라 증거목록이나 서류목록 등의 형태로 출력하여 정보를 제공할 수 있게 된다. 더구나 개정법에 따라 인터넷을 통하여 제공하는 방법이란 법원의 웹사이트에서 언제나 열람·출력할 수 있는 상태를 유지하여야 한다는 것이므로 위와 같은 방법이 가장 현실적이고 저렴하며 적절하다.

개정법 제59조의3이 공개대상으로 한 '이에 해당하는 정보'(=증거목록이나 서류·물건 목록에 해당하는 정보)는 이와 같이 원래 재판기록에 존재하던 정보가 아니었으나 편집에 의하여 생성된 위 증거목록 등에 해당하는 정보 등을 지칭한다고 이해할 수 있다.

(바) 개정법의 의미(신청 요부)

① 인터넷 게시에 의한 경우 : 신청 불요

종래 민사소송법이나 형사소송법하에서 열람·등사는 신청에 의하여 이루어졌다.[93] 이에 따라 신청에 대한 허부를 결정하면서 부당한 열람·등사를 통제할 수 있었다.

그런데 개정법은 신청을 요건으로 규정하지 않았다.[94] 이는 앞서 본 바와 같이 개정법의 공개방법이 인터넷을 통한 공개 특히 웹사이트에의 게시를 포함하고 있는 것이어서[95] 이러할 경우 별도의 신청절차를 거치기 어렵거나 부적절하다는 점을 고려한 것으로 이해된다.

93) 민사소송법 제162조 제2항과 형사소송법 제59조의2 제1항은 "누구든지 … 신청할 수 있다."고 규정하고 있다.

94) 민사소송법 제163조의2 제1항, 형사소송법 제59조의 2 제1항은 "누구든지 … 열람 및 복사할 수 있다."는 내용으로 규정하고 있다.

95) 위 (다) 참조.

② 그 밖의 전자적 방법에 의한 경우 : 신청절차

전자적 방법에 의한 열람·복사가 반드시 인터넷 게시를 통한 일반제공을 의미하는 것은 아니고 예컨대, (i) 전자우편이나 인터넷을 통한 신청과 자료제공의 방법, (ii) 법원에 설치된 PC를 이용한 검색과 출력의 방법 등도 포함한다. 이러한 방법에 의한 열람·등사가 종래의 규정(민사소송법 제162조, 형사소송법 제59조의2)에 근거하여 이루어질 경우에는 신청과 허가의 절차를 거쳐야 하고 이에 대한 허가과정에서 부당한 열람·등사를 통제할 수 있다.

그런데 만일 개정법 규정(민사소송법 제163조의2, 형사소송법 제59조의3)을 근거규정으로 하여 위와 같은 방법에 의한 열람·검색을 권리로서 주장하는 경우, 법원이 이에 대한 신청과 허가 절차를 거치도록 요구할 수 있는가.

개정법 조항의 규정이 "누구든지 … 열람 및 복사할 수 있다."고 하여 종래와 달리 '신청'의 요건을 규정하지 않은 점을 중시하면 신청절차를 설정할 수는 없다는 견해가 있을 수 있다. 이런 입장에 의할 때 만일 대법원규칙 등으로 신청절차를 설정하여 신청과 허가의 절차를 통하여 열람·등사를 허용할 경우 법률유보원칙에 위배되어 위헌이라는 시비가 있을 수 있다.

일본에서는 열람·복사·복제의 청구가 소송기록의 보존이나 재판소의 업무에 지장이 있을 때에는 허용되지 아니한다는 법률규정[96]이 있지만, 우리나라에는 없다. 따라서 위와 같은 사정을 들어 신청절차를 요구하거나 공개요구를 거절할 수는 없다.

그렇지만 개정 법률에 의한 열람·복사권도 무제한 인정되는 것이 아니라 일정한 제한 사유가 있다는 점,[97] 정보공개법에 부분적인 제한이 허용되는 규정이 있는데[98] 성질상 재판기록의 경우에도 적용될 수 있다는 점,

---

96) 일본 민사소송법 제91조 제5항, 형사소송법 제53조 제1항 단서, 기록법 제4조 제1항 단서. 제2장 II.6.가. 참조.

97) 민사소송법 제163조의2 제1항 단서, 형사소송법 제59조의3 제1항 단서 참조.

법원은 정보제공시스템 등 설비관리자로서 최소한의 신청과 허가절차를 요구할 수는 있다는 점 등을 고려할 때, 위와 같은 경우 신청절차를 대법원규칙에 설정함은 구체적 법집행을 위한 것으로 적법하다고 생각된다. 물론 법률에 규정되지 않은 새로운 제한사유를 설정할 수는 없다.

(사) 개정법의 의미(목적)

정보공개법에 의한 정보공개청구를 함에 있어 공개청구의 목적을 밝힐 필요는 없다(판례의 입장).[99] 그런데 확정된 소송기록의 열람 또는 열람·등사를 신청함에는 권리구제, 학술연구, 공익 중 어느 하나의 목적이 있어야 한다.[100]

개정법 조항은 증거목록 등을 신청함에 있어 이러한 목적을 요구하고 있지 아니하다.[101]

다. 판결서의 공개

헌법 제109조는 판결의 제한 없는 공개를 규정하고 있고[102] 법원조직법 제57조도 같은 취지의 규정을 하고 있다.

개정 민사소송법과 형사소송법은 확정된 사건의 판결서에 대한 일반공

---

98) 정보공개법 제13조 제2항("공공기관은 공개대상정보의 양이 과다하여 정상적인 업무수행에 현저한 지장을 초래할 우려가 있는 경우에는 정보의 사본·복제물을 일정 기간별로 나누어 교부하거나 열람과 병행하여 교부할 수 있다."라고 규정); 같은 법 제15조 제2항("공공기관은 전자적 형태로 보유·관리하지 아니하는 정보에 대하여 청구인이 전자적 형태로 공개하여 줄 것을 요청한 경우에는 정상적인 업무수행에 현저한 지장을 초래하거나 당해 정보의 성질이 훼손될 우려가 없는 한 그 정보를 전자적 형태로 변환하여 공개할 수 있다."고 규정)

99) 제3장 II.2.자. 참조.

100) 민사소송법 제162조 제2항, 형사소송법 제59조의2 제1항.

101) 민사소송법 제163조의2, 형사소송법 제59조의3.

102) 제5장 I.6.라. 참조.

개에 관한 직접적인 규정을 두었다.[103] 위 조항의 ‘판결서’에 결정문이나 명령문이 포함되지는 이론이 있을 수 있다. 헌법상 재판공개의 원칙이 절대적으로 적용되는 것은 ‘판결’뿐이므로 결정·명령(문)에 대하여는 그 공개가 보장되지 않는다는 취지의 견해도 있다.[104]

민사소송법 제162조 제1항 당사자 등에 의한 ‘재판서·조서’의 등본 등의 신청을 규정하였는데 신설되어 위 조항에 가까운 위치에 배치된 민사소송법 제163조의2 제1항은 ‘판결서‘라고 한 것에 비추어 보면, 개정조항은 결정이나 명령을 제외한 판결서에 관하여만 규정한 것이라 이해된다. 신설된 형사소송법 제59조의3 제1항의 ‘판결서’도 같은 의미로 이해할 수 있다.

앞서 나.에서 본 재판기록에 관한 논의 중 신설조항과 관련되는 부분은 성질에 반하지 않는 한 대체로 판결서의 공개에 그대로 적용된다.

라. 정리

민사소송법과 형사소송법이 규정한 공개내용은 아래와 같다.

공개대상	민사소송법			형사소송법		
	공개방법	공개주체	근거 조문	공개방법	공개주체	근거 조문
판결서 (+등본)	전자적 열람·복사	법원	163-2	전자적 열람·복사 비전자적 열람·복사	법원	59-3
증거목록 (+등본) 서류·물건의 명칭·목록 상응 정보				전자적 열람·복사 비전자적 열람·복사	법원	59-3
소송기록	비전자적 열람	법원	162	비전자적 열람·복사	검찰청	59-2

103) 민사소송법 제163조의2 제1항, 형사소송법 제59조의3 제1항.

104) 김배원, 공개방안, 463쪽.

정보공개를 신청하는 방법(요부 포함)과 결과물로서 취득하는 정보의 형태를 기준으로 아래와 같이 구분할 수 있다.

	신청방법/게시	정보취득의 형태
종류	출석신청(서면/구술) 우편신청 모사전송신청 정보통신망(인터넷) 신청	열람/시청 (원본/시스템) 복사/복제/출력물 전자파일 전자우편
	인터넷 게시	열람 내려받기 출력
관련조문	형사소송규칙 37-2② 정보공개법 10① 법원정보공개규칙 4①	법원정보공개규칙 14

개정 민사소송법 제163조의2와 형사소송법 제59조의3에서 '인터넷, 그 밖의 전산정보처리시스템을 통한 전자적 방법'은 신청방법의 측면이 아니라 정보취득의 측면에서 인터넷이나 전산정보처리시스템(예: 법원의 재판정보시스템)을 이용하여 열람·복사하는 모든 경우를 말한다.[105]

---

105) 법원도서관 특별열람실에서 법원의 내부시스템을 통하여 정보를 취득하는 것은 비록 전자적 방법에 의한 취득이지만 그 전파가능성 면에서 위 열람에 유사하므로 보호조치의 강도가 비교적 적다. 그런 면에서 현재 특별열람실에서 판결정보를 여과 없이 검색할 수 있도록 하는 법원의 조치를 이해할 만하다. 그러나 절대적 공개를 원칙으로 하는 판결과 달리 재판기록은 비공개이익을 위한 공개의 제한을 비교적 강하게 고려할 수 있다. 판결과 재판기록은 공개이익과 비공개이익의 정도가 다르다. 따라서 아무리 특별열람실에서의 열람이라고 하더라도 내부시스템을 통하여 재판기록에 전면적으로 접근하게 허용할 수는 없다.

2. 보호조치

가. 개요

앞에서 본 바와 같이 보호조치에 관하여는 재판정보의 관점과 재판정보 접근자의 관점 두 측면에서 살펴볼 수 있다.[106] 이를 다시 요약하면 아래와 같다.

	재판정보의 관점	재판정보 접근자의 관점
보호조치의 방법	▪부분공개 방법 －일부제외 방법 －가리기 방법 ▪비실명조치(비닉방법) ▪생략 방법 ▪편집 방법	▪자격심사 방법 ▪규제 방법 －의무부과 －민사책임 －형사책임

여기서는 특히 판결서의 비실명조치와 증거목록 등의 편집방법을 중심으로 살펴본 다음, 이를 토대로 판결서와 증거목록 등의 공개범위를 검토해 본다.

나. 외국의 판결서 비실명화 현황

(1) 미국

연방법원의 기록 및 판결에 대하여 인테넷을 통한 접근이 광범위하게 허용되고 있다. '법원전자기록 마당(PACER : Public Access to Court Electronic Records)' 사이트에서는 연방의 모든 지방법원, 파산법원, 항소

106) 第5장 II.1.가.(2) 참조.

법원에 대한 사건정보와 일람표를 제공한다. PACER는 현재 50억 개의 사건서류를 게시하고 있는데 전자적으로 법원에 제출되는 즉시 공개된다.[107] 이 때 사회보장번호의 첫 5자리수, 금융계좌번호, 미성년자의 성명, 형사사건에서 개인의 생년월일, 주소 등의 개인식별정보 등이 제거된 후 공개된다.[108] 정보는 유료이다.[109]

비실명화와 관련하여 미국에서는 원칙적으로 사건관계인을 실명으로 표시하고 있다. 다만 예외적으로 당사자의 신청에 기해 법원이 가명으로 재판할 것을 결정한 사건, 프라이버시 보호를 위해 심리의 공개를 금지한 사건, 소년사건의 경우에는 실명이 공개되지 않는다.[110] 비실명화 작업이 이루어지는 경우에도 법원이 주도하거나 책임지는 것이 아니라 비실명화 작업은 없다. 당사자의 신청에 의하여 비닉명령(order to be sealed)이 있는 경우 당해 내용이 비공개된다.

(2) 영국

영국은 법원 웹사이트에서는 상고심 판결만 공개하고 항소법원 판결은 BAILII(British and Irish Legal Information Institute) 웹사이트에서 무료로 공개하고 있다.[111] BAILII는 원칙적으로 선고 즉시 웹사이트에서 무료로 검색 및 다운로드 가능하며 등록되지 않은 판결은 해당 법원에 사본 청구 가능하다.

판결은 원칙적으로 비실명 처리 없이 전문을 공개한다.

(3) 독일

독일에서는 정당한 이익이 있는 경우에만 판결을 열람할 수 있다. 법관

107) http://www.pacer.gov/ (2011. 7. 22. 검색)
108) 위와 같은 곳.
109) 위와 같은 곳.
110) 김현석, 판결공개, 555쪽; 여미숙, 판결공개, 395쪽 참조.
111) http://www.bailii.org/

이 공개하려는 판결을 Juris에 보내고 Juris에서 판결을 공개한다. 사건의 종류와 관계없이 당사자의 실명을 표기하지 않는 것이 원칙이지만, 현저하게 공지의 사건인 경우에는 당사자의 실명을 표기하고 있다.112)

(4) 프랑스

변론과 판결이 공개된 법정에서 이루어졌다는 이유로 일반인도 모든 판결에 대하여 사본을 신청할 수 있도록 하고 있다.

비실명화는 사건의 종류에 따라 선별적으로 한다. 명예훼손, 신분관계소송, 낙태관련 소송, 형사사건 등이 비실명화의 대상이다.113)

(5) 일본

주요한 판결만을 공개하고 있고 법원이 공개할 판결을 정하여 제공한다. 비실명화 처리를 하여 제공하는 것이 일반적이다.

다. 우리 법원의 비실명화 현황

(1) 연혁

2002. 3. 인격권 침해의 우려가 있는 사건의 판결에 대하여 비실명 공개방식을 채택하고 이후 선고된 판결은 비실명화 작업을 거쳐 공개하고 있으며, 그 이전의 판결도 비실명화 작업을 진행중이다. 법원 내부에서만 공개하는 판결도 모두 비실명화 작업을 거치고 있다.114)

---

112) 김현석, 판결공개, 555쪽; 여미숙, 판결공개, 394쪽.

113) 김현석, 판결공개, 555쪽; 여미숙, 판결공개, 394쪽.

114) 김현석, 판결공개, 556쪽.

(2) 비실명화 요령

법원도서관은 다음의 요령에 따라 비실명화 작업을 하고 있다.

(가) 원칙

판결문에 실명이 공개될 경우 사건관계인의 명예훼손이나 프라이버시 침해 등 인격권 침해가 발생할 수 있는 경우 비실명 처리한다.

(나) 비실명화 대상

① 사건관계인

원고, 피고, 참가인, 피고인, 소외인, 공소외인, 피해자, 증인 등 소송상 지위를 불문하고 비실명화한다.

② 자연인의 성명

비실명을 원칙으로 한다. 특히 (i) 가사사건의 사건관계인, (ii) 범죄행위, 불법행위, 위법·부당한 행위, 비리행위 등의 주체 및 그 관여자, (iii) 명예훼손행위의 피해자, 성범죄의 피해자, (iv) 윤락녀, 호스티스 등 공개하기 적절하지 않은 직업을 가진 자와 정신병, 성병, 성기능 장애 등 공개하기 적절하지 않은 질병보유자 등은 반드시 비실명화한다.

③ 법인, 단체의 명칭

법인이나 단체의 명칭으로 자연인을 특정할 수 있는 실마리를 제공하는 경우 비실명 처리함을 원칙으로 하여 민사, 행정, 가사, 조세, 특허 등 사건의 종류에 따라 달리 취급한다. 특히 가사는 비실명을 원칙으로, 조세나 특허는 실명을 원칙으로 한다.

④ 비실명 대상인 사건관계인의 직장, 주소, 전화번호, 주민등록번호, 차량번호, 계좌번호 등도 원칙적으로 비실명화한다.

(다) 비실명화의 예외

(i) 특허사건에서 자연인, (ii) 국가, 지방자치단체, 공공기관, 공기업의 명칭, (iii) 사건발생지, 토지소송에서 토지 지번, (iv) 공지의 중요사건, (v) 공지의 단체·개인, (vi) 지식재산권의 대상 등은 비실명화의 대상에서 제외한다.

(라) 비실명조치의 방법

법원은 비실명조치에 관하여 소송상 지위명으로 표시하는 방법을 기본으로 하고 있다. 다음은 그 구체적 예이다.

[성명 표시]

판결원문	비실명조치	비고
원고 김갑동	원고 원고	원고 1인시 당사자 표시
원고 김갑동 외 3인	원고 원고 1외 3인	원고 수인시 당사자 표시
원고 김갑동, 이을수	원고 1, 2	이유
소외 박병삼/공소외 박병삼	소외인/공소외인	이유
공소외 박병삼, 최정사	공소외 1, 2	이유

심급사이에 동일지위의 사람의 수가 달라지는 경우 원칙적으로 상고심판결을 먼저 비실명 처리하고 이를 전제로 하급심판결을 비실명 처리한다. 피고인 번호가 심급에 따라 달라지는 경우 이를 표시한다(예: 피고인 2(대법원 판결의 피고인 2).

법인인 경우도 유사한 원칙에 의한다.

[법인 표시]

판결원문	비실명조치	비고
원고 학교법인 현동학원	원고 학교법인	원고 1인시 당사자 표시
원고 학교법인 현동학원 외 3인	원고 1 학교법인 외 3인	원고 수인시 당사자 표시
건창운수 주식회사	공소외 주식회사	이유
피고인 김갑동과 피고인 건창운수 주식회사	피고인 1과 피고인 2 주식회사	이유
주식회사 건일 및 건이 주식회사	공소외 1 주식회사 및 공소외 2주식회사	이유

[기타]

판결원문	비실명조치	비고
서울 서초구 반포동 70의1 한신서래아파트 4동 1205호	서울 서초구 반포동 (이하 생략) 서울 서초구 반포동 (상세주소 생략) 서울 서초구 반포동 70의 1 한신서래아파트 (동호수 생략)	적절히 선택
용인시 남사면 북리 201-2 임야	용인시 남사면 북리 (지번 1 생략) 임야	
용인시 남사면 남리 102-1 답 2,000평	용인시 남사면 남리 (지번 2 생략) 답 2,000평	
690803-1887123	생략 or 690803-생략	주민등록번호
서울 1가 1555호 그랜저 승용차	그랜저 승용차 or (차량번호 생략) 그랜저 승용차	
서울 1가 1555호 승용차 및 경기 2나 1333호 승용차	(차량번호 1 생략) 승용차 및 차량번호 2 생략) 승용차	

(마) 비실명화 작업 담당자

비실명화 작업은 공개되는 각급법원의 판결에 대하여 법원도서관의 업무로서 대법원 판결은 조사심의관이 항소심과 제1심 판결은 편찬과에서 담당하고 있다. 이러한 작업은 거의 수작업으로 이루어지고 있다.

라. 우리 헌법재판소의 익명처리지침

헌법재판소는 그 결정문을 공표함에 있어 아래 원칙에 따라 익명처리를 한다.

[원칙]

결정원문	비실명조치	비고
주소, 송달장소, 수감장소	삭제	당사자란
성명	익명처리	유명인·공직자 예외
법인명	실명처리	사생활침해 우려시 익명처리
주소, 장소, 차량번호, 전화번호, 주민등록번호, 계좌번호 등	실명처리	당사자란 이외 사생활침해 우려시 익명처리

익명처리를 하는 구체적인 방법은 아래와 같다.

[방법]

결정원문	비실명조치	비고
김갑동	김○동	
김갑동, 이을수	김○동, 이□수	
서울 서초구 반포동 123	서울 서초구 반포동 (이하 삭제)	
서울 서초구 반포동 12번지와 서울 서초구 반포동 23번지	서울 서초구 ○○동 12번지와 서울 서초구 ○○동 23번지	
서울 1가 1555	서울 1가 ○○○○	

마. 판결문 비실명화 검토

(1) 기존방법의 문제점

비실명처리는 재판정보를 공개함에 따라 발생할 수 있는 비공개이익

침해의 위험성을 방지하거나 의미 있게 감소시킬 수 있는 좋은 방법이다. 다만, 현재 우리 법원에서 하고 있는 비실명화 방법은 단점이 너무 많은 방법이다.

언뜻 생각하더라도, (i) 소송상 지위를 원칙으로 함으로써 내용을 일일이 파악하여야 할 뿐만 아니라 판결문 상 소송상 지위가 불문명한 경우 작업에 어려움이 있다는 점, (ii) 원고가 김갑동 1인일 경우 판결원문의 '김갑동'도 '원고'로 판결원문의 '원고'도 '원고'로 표시되어 혼동을 야기한다는 점, (iii) 판결원문이 '소외 박병삼'인 경우 '소외 소외인'이라고 표시되며, 판결원문이 '소외인'인 경우와 구별이 어렵다는 점, (iv) 판결원문이 '원심상피고인 서원주와 공모하여'인데 '원심 상피고인 원심 상피고인 1와 공모하여'로 표시되어 중복되는 결과가 된다는 점,[115] (v) 비실명처리 후 조사는 그대로 남아 비실명처리된 앞 단어와 어법상 틀린 결과가 된다는 점, (vi) 판결원문의 '원고 학교법인 현동학원'도 '원고 학교법인'으로, '원고 학교법인'도 '원고 학교법인'으로 표시되어 혼동스럽다는 점, (vii) 판결원문의 '주식회사 건일 및 건이 주식회사'가 '공소외 1 주식회사 및 공소외 2 주식회사'로 표시되어 회사이름이('건일' 또는 '건이') '주식회사' 앞 또는 뒤에 오는 원래의 명칭을 왜곡한다는 점 등등 무수히 많다.

무엇보다도 법원이 사용하고 있는 요령은 내용에 따라 경우에 따라 매우 복잡하고 혼동스러운 지침을 제시하고 있기 때문에 상당한 지력과 법적 지식이 있는 사람이 일일이 직접 수작업을 하지 않으면 안 되는 일이어서 인력과 시간과 비용이 매우 낭비되고 있다. 나아가 그 결과물 또한 매우 만족스럽지 못하다. 원고1, 원고2, 소외1, 소외2 등등으로 표시되어 있는 판결문을 읽어보면, 우리 국어의 자연스러움을 해치고 가독성이 매우 떨어진다. 사람 수가 늘어날 경우 사람 사이에 구별이 헷갈려 판결을 이해하는데 매우 큰 어려움이 생긴다.

이처럼 고비용 저효율의 비실명화 방법은 하루빨리 개선되어야 한다.

---

115) 예컨대, 대법원 1995. 12. 22. 선고 94도3013 판결.

(2) 개선책

(가) 기호에 의한 비실명화

사람이나 법인의 명칭을 기호화하는 방법은 세계 각국에서 사용하고 있고 매우 편의하며 가독성이 좋은 방법이다. 이에도 아래와 같은 여러 가지 방법이 있을 수 있다.

	방법	예	장단점
1안	부류에 따라 다른 계열 알파벳	▪1인 원고 : X, 1인 피고(인) Y ▪수인 원고 : X1, X2 수인 피고(인) : Y1, Y2 ▪그 외 자연인 : A, B, C 그 외 법인 : P, Q, R	▪장점 －편의성,[116] 가독성 높음 －영문판례작성에 편의 ▪단점 －외국어 사용 －판결원문의 알파벳과 혼동 우려[117]
2안	일률적 알파벳	지위 무관하게 A, B, C 또는 A1, A2 (양자 혼합 가능)	▪장점 －편의성 높음, 가독성 중간 －영문판례작성에 편의 ▪단점 －당사자와 제3자가 섞임 －외국어 사용 －판결원문의 알파벳과 혼동 우려
3안	부류에 따라 다른 한글	▪원고 : 갑 / 갑1, 갑2 ▪피고 : 을 / 을1, 을2 ▪제3자 －병, 정, 무 [or[－병1, 병2	▪장점 －한국어 사용 －편의성 높음 －가독성 중간 ▪단점 －한글 본문과 빨리 구별되지 않음 －판결원문의 갑, 을과 혼동 우려

이 글에서는 일응 위 1안을 제안한다. 이에 의하더라도 원고를 P계열

116) 비실명화 작업의 편의성을 말한다.

117) 이 우려는 A, B, C 대신 A1, A2의 방식을 사용하면 감쇄될 것이다. 한글에 의한 비실명화 작업의 경우도 같다.

로, 피고를 D계열로 하는 방법이 있고, 이럴 경우 외국에서도 그 이해도가 높을 것으로 생각된다.

(나) 자동 비실명화 작업

위와 같이 명칭을 그에 대응하는 알파벳으로 하는 밥벙은 명칭이 있는 바로 그 곳에 상응하는 알파벳으로 대체하는 것이어서 원문의 내용을 그대로 읽는 경우와 거의 같은 효과를 볼 수 있으면서도 작업이 매우 단순하여 기계적으로 처리할 수 있는 작업이 된다. 이하 그러한 작업의 하나를 제안한다.

우리나라 인명은 일정한 특징(대부분 3음절, 한정된 수의 성 등)이 있으므로 컴퓨터가 성명을 자동으로 인식하게 하는 방법도 생각할 수 있다. 그러나 이러한 방법은 일반적 형태를 취하지 않는 인명에는 오류가 발생할 우려가 있으므로 적절하지 아니하다.

제1심 재판부에서 재판사무시스템에 사건관계인의 성명을 입력하게 되는데 이 때 자동으로 비실명화를 할 경우 대응되는 알파벳을 배정하는 프로그램은 쉽게 개발할 수 있고 정확성을 유지할 수 있다. 즉 재판사무시스템 원고성명 데이터와 X라는 문자가, 피고성명 데이터와 Y라는 문자가 연계되도록 프로그램화하여 놓았다가 추후 재판사무시스템을 이용하여 판결문을 출력(공개를 위한 파일출력 포함)할 경우 성명대신 연계된 문자가 드러나도록 하는 것이다. 이 경우 제1심 재판부의 추가적인 업무부담 없이도 자동으로 비실명화가 이루어지게 된다. 증인, 감정인 등 사건과 관련하여 재판사무시스템에 성명이 기입되는 모든 사람을 위와 같이 하여 자동으로 비실명화할 수 있다.

이와 같은 방법에 의할 경우 비실명화가 완벽하게 되지 못하는 경우가 생길 수 있다. 예컨대, 증인도 감정인도 아니면서 사건에 관련되어 기록상 현출된 사람이 판결문에 등장하는 경우이다. 이 경우에는 우리나란 인명의 특징을 이용하여 자동으로 비실명화하는 프로그램에 의하여 1차 작업을 한 다음 이를 담당 재판부의 법원사무관등[118]이 확인하면서 수정하는 방식으로 비실명화를 완성한다. 이 때 판결문 상에서 추가적 비실명화 작업의 대상이 된 사람은 다시 재판사무시스템에 자동으로 저장되게 한다. 이 방법은 재판부(참여공무원)에 추가적인 업무 부담을 지우는 것이지만, 감내할 수 없는 수준이라고 하기는 어렵다.

한편 재판사무시스템을 통하여 작업을 하기 때문에 제1심의 작업은 제2심 및 제3심이 이어받을 수 있고 과도한 추가업무부담 없이 일관된 비실명화 작업을 할 수 있다.[119]

(다) 비실명화 작업의 담당자 및 소요경비

위와 같은 자동 비실명화 작업은 종래 사람이 수작업으로 하던 작업을 컴퓨터 프로그램에 의하여 자동으로 하는 것이어서 법원도서관(조사심의관이나 직원)이 그 모든 업무를 짊어지는 대신 컴퓨터 프로그램의 도움을 받은 각 재판부의 법원사무관등이 작업을 담당하게 된다.

이 때 재판부의 업무량은 다소 증가하겠지만 추가적인 인력이 필요할 정도는 아닌 것으로 예상되며 추가 소요비용은 컴퓨터 프로그램의 개발비용 정도여서 예산의 제약 없이 모든 판결문의 비실명화가 가능하게 된다.

(3) 비실명의 한계

비실명조치가 모든 비공개이익을 보호하는 것이 아닌 것과 대응하여, 아무리 합리적으로 비실명화 작업을 한다고 하더라도 원본판결이 가져다주는 만큼의 공개이익을 가져다주지는 못한다. 예컨대, 비실명 판결들은 그 내용 자체를 이해할 수는 있지만, 그 사건과 사실관계에서 관련된 다른 사건들이나 그 사건과 같은 사회적 현상에 관한 다른 사건들에 대한

118) 개정 민사소송법 제163조의2 제2항, 형사소송법 제59조의3 제2항은 법원사무관등을 보호조치의 주체로 규정하고 있다.

119) 예컨대, 제1심에 C는 상고심에서도 C이어서 혼동 없이 사건을 파악할 수 있다.

검색이 어렵다. 그래서 판결이 사회적 의미나 법리적 의미를 입체적으로 파악하지 못하는 결과가 된다.

그러나 이러한 부담은 적어도 현단계에서는 비공개이익의 보호를 위하여 안고가야 하는 것이 아닌가 한다.

바. 증거목록 등

(1) 기존자료의 이용

개정 형사소송법 제59조의3 제1항은 증거목록, 검사나 피고인 또는 변호인이 법원에 제출한 서류·물건의 명칭·목록 또는 이에 해당하는 정보를 공개하도록 하고 있다. 이들 명칭·목록은 재판사무시스템에 입력될 것이므로 이를 이용하여 공개를 위한 목록을 제공한다면[120] 공개를 위한 원자료를 따로 입력할 필요는 없다.

문제되는 것은 이러한 원자료에 대한 비실명화 문제이다.

(2) 증거목록

(가) 민사의 경우

민사의 경우 증거목록상의 당사자 성명, 증인이나 감정인의 성명 정도가 비실명대상의 대부분을 차지한다. 이들의 성명을 함께 비실명화할 것인가는 검토를 요한다. 우리나라 소소현실에서 증인의 진술을 매우 중요한 증거들이 되고 또 판결서를 넘어 증거목록까지 보고자 하는 사람들은 대부분 증인이 누구인가에 관심을 가질 것이므로 이 점에서 공개의 이익이 크다고 할 수 있다. 이를 고려하면 증인이나 감정인의 성명은 원칙적으로 실명으로 두어야 한다는 견해가 있을 수 있다. 그러나 판결문의 관

---

120) 앞서 본 바와 같이 html 형태의 원자료 데이터를 이용하여 증거목록 등 서식을 작성할 수 있다.

계인도 비실명화하면서 증인의 성명을 실명으로 하는 것은 모순일뿐더러 증인의 이름을 굳이 알고자 하는 사람은 사건과 이해관계가 있는 사람이 대부분일 것이므로 이해관계인으로서 기록열람을 통하여 그 필요성을 충족시킬 수 있을 것이다. 인터넷 게시를 위한 증거목록에는 증인이나 감정인도 비실명처리를 하는 것이 타당하다.

인부 요지를 삭제할 것인가에 대한 정책판단이 남아 있지만, 삭제하더라도 그 작업은 어렵지 않을 것이다.

(나) 형사의 경우

형사의 경우는 피고인, 증인, 감정인의 성명 외에 수사기관에서 작성한 각종 서류의 관계인(조서, 진술서의 진술자, 고소장의 고소인, 혼인관계증명서의 관계본인, 주민등록표 등본의 관계본인 등)의 성명도 비실명화할 것인가의 문제가 있다. 증인이나 감정인을 비실명화하는 것과 같은 이유로 이들의 성명도 비실명화하는 것이 타당하다.

증거의견란을 삭제할 것인가에 대한 정책판단이 남아 있지만, 삭제하더라도 그 작업은 어렵지 않을 것이다.

한편 증거목록을 작성하면서 입력한 진술조서 등의 성명에 알파벳 문자를 자동으로 연계시키고 이를 비실명화 작업으로 연결시키는 것도 생각할 수 있다. 이 경우에는 판결문 비실명화 후 재판시스템에 그 내용 입력되는 것[121]이 아니라 증거목록에서 입력된 자료가 비실명화 작업과 연계됨으로써 법원사무관등에게 추가적인 업무 부담을 주지 않는 방법이다. 다만 이럴 경우, 판결문에 인용되지 않는 것이 있을 수 있어 알파벳 순서상 누락된 듯한 인상을 줄 수 있으나[122] 문자 자체를 순서쌍이 아닌 단순 표시로 인식한다면 위 인상은 극복할 수 있다.

121) 위 마.(2)(나)에서의 방법.
122) 예컨대, A, C, D 또는 A1, A3, A4.

(3) 제출서류나 물건의 명칭이나 목록

민사에서 소장, 답변서, 준비서면 등과 형사에서 구속관계서류, 의견서, 변론요지서, 고소취소장 등이 이에 해당할 것이다. 이 경우에도 앞서 본 것과 같이 해결하면 될 것이다.

3. 판결 전부공개의 원칙

가. 판결서

(1) 공개의 현황 검토

법원실무상 대법원 판결은 그 선례적 가치 등을 기준으로 하여 다음과 같이 구분하여 취급되고 있다.

등급		A급	Ae급	C급	D+급	D급	E급	X급
대법원 판례집		○	○[×]	×	×	×	×	×
영문판례집		○[×]	○	○[×]	×	×	×	×
판례공보		○	○	○	×	×	×	×
비실명처리		○	○	○	○	×	×	×
종합 법률정보	대법원	○	○	○	○	○	○	×
	각급법원	○	○	○	○	○	×	×
	외부	○	○	○	○	×	×	×
판결문등록 시스템	내부	○	○	○	○	○	○	○
	특별열람	○	○	○	○	○	○	○
	외부	×	×	×	×	×	×	×

이 중 음영부분은 실제로 자료가 존재함에도 외부로부터의 접근이 차단된 정보들이다. 위 등급의 구분은 주로 법리상 선례적 가치의 강도를 기준으로 구분한 것이다. 선례적 가치라는 것은 재판정보에 관한 공개이익[123] 중 '실질적 법원(法源)의 공개'에 관련된다고 할 수 있다. 이는 사생활보호 등 비공개이익과는 전혀 무관하다. 이처럼 많은 공개이익과 비공개이익 중에서 기본권과 직접 연관되지 않는 이익 하나만을 절대적으로 고려하는 것은 타당하지 아니하다.

더구나 실질적 법원의 공개라는 것은 판시내용에 새로운 법리나 중요한 법리가 있을 때에만 의미 있는 것은 아니다. 같은 내용의 법리가 계속적으로 판시되어 왔다거나 반대로 판시가 엇갈린다는 사실 또는 같은 종류의 사건에서 같은 경향의 판시가 계속된다거나 반대로 엇갈린다는 사실 자체도 실질적 법원의 판단에 중요한 자료가 된다. 나아가 어떠한 내용의 사건들이 어느 특정의 시대에 법원의 판결을 통하여 판단되고 있는가 하는 것 자체도 중요한 자료가 된다.

따라서 판결은 그것이 어떤 내용이든 공개할 필요가 있다.

(2) 보호조치

판결문이 공개될 경우 비공개이익이 침해될 우려가 있는 것은 사실이다. 그러나 이는 앞서 본 비실명조치에 의하여 대부분 해소된다고 본다.

물론 비실명조치로 모든 위험이 해소되는 것은 아니다. 예컨대 영업비밀, 수사기밀 유출, 피고인의 갱생·교화 등은 비실명조치에도 불구하고 그 침해될 위험이 존재할 수 있다. 그러나 현재 법원의 비공개 기준으로 이러한 위험을 제거할 수 있는 것도 아니어서 이러한 고려가 현재 법원의 비공개 기준을 합리화할 수는 없다.

그렇다면 이제 위와 같은 위험을 고려한 새로운 기준에 의하여 판결문을 비공개하여야 한다는 생각도 있을 수 있지만, 이에 대하여 적절한 보

---

123) 위 IV.1.마.(3) 참조.

호조치를 취한다면 위와 같은 위험에도 불구하고 판결문을 공개하는 것이 타당하다고 할 수 있게 된다. 이에 관하여는 아래 4.항에서 보기로 한다.

(3) 전부공개의 타당성

우리나라는 판례가 법원으로서 의미가 있는 판례법국가인 미국과 달리 공개의 필요성의 상대적으로 약하다는 견해가 있을 수 있다.[124] 형식적으로는 일응 일리가 있는 말이지만, 실상 미국은 판례를 법률로 입법화하는 관행상 법률 자체가 매우 구체적인 행동기준을 제시하는데 비하여 우리나라는 법률의 규정은 상대적으로 추상적이고 구체적인 행동기준은 판례에 의하여 규율되는 것이 일반적이라는 사실에 착안한다면, 오히려 실질적으로는 우리나라에서 판례가 더욱 중요한 면이 있다. 위 견해는 받아들이기 어렵다.

사실 법원이 등급을 나누어 일부 판결을 공개하지 않는 데에는 (i) 비실명화 작업에 많은 예산과 인력이 소요된다는 점, (ii) 수많은 사건을 처리함에 따라 모든 판결이 무오류라고 하기 어려운 점, (iii) 법원 서버의 과부하 등이 은연중 고려된 것이 아닌가 한다.

그러나 (i)은 앞서 본 비실명화 작업의 자동화를 통하여 어느 정도 해결할 수 있고, (ii)는 판결의 오류를 두려워할 것이 아니라 오히려 국민들의 비판을 받으면서 보다 건실한 법리를 발전시키는 것이 바람직하며, (iii)은 어차피 모든 판결이 재판사무시스템에 입력되고 있는 사정이므로 이 부분 추가 부하는 크지 않을 것이고 정보제공요구자들의 열람·복사 작업에 소요되는 용량만큼의 과부하가 예상되나 이도 기술의 발달로 극복할 수 있는 문제이다.

이상을 종합하여 볼 때, 판결은 원칙적으로 100% 공개함이 타당하다고 생각한다.

---

124) 제301회 국회(임시회) 사법제도개혁특별위원회 제19차 회의(2011. 6. 22.)에서 한 홍일표 위원의 발언 참조. 위 회의록 41쪽.

나. 증거목록 등

증거목록 등도 원칙적으로 유사하게 취급할 수 있다. 다만, 증거목록 등은 실질적 법원의 공개 등 공개이익의 강도가 판결보다는 약하므로 판결에 비하여 비공개의 범위를 확대하여도 무방하다고 생각한다.

4. 공개의 제한

가. 소송관계인의 동의

(1) 현황

재판정보의 공개를 통하여 가장 큰 영향을 받는 사람들은 소송관계인이며 이들이 공개이익과 비공개이익의 충돌을 현실적으로 느끼게 되므로 이들의 의견은 존중되어야 한다.
이에 우리 법은 아래와 같이 소송관계인 의견을 고려하고 있다.

	민사	형사
소송관계인의 개념	당사자, 법정대리인, 참가인, 증인[125]	피고인, 변호인, 법인피고인 대표, 법정대리인, 특별대리인, 보조인, 당사자 이외의 상소권자(피고인의 배우자·직계친족·형제자매 등), 피해자, 고소인·고발인[126]
소송관계인의 권한	확정기록 일반 열람 동의권 (부동의의 경우 열람 금지)[127]	확정기록 공개 동의권 (부동의의 경우 열람등사 전부/일부 제한)[128]
절차	열람신청 → 소송관계인에 통지(발송송달허용) → 동의 여부 서면 제출(2주 이내) → 동의간주(부제출시)[129]	열람·등사 신청 → 보존직원 동의 여부 확인(등기발송 기타) →검사에 보고[130]

(2) 문제점

위와 같은 현행법에는 다음과 같은 문제점이 있다.

첫째, 소송관계인의 개념이 일관되지 않다.[131]

둘째, 민사의 경우 일부 열람제한이 가능한지 분명하지 아니하다.

셋째, 민사의 경우 부동의시 열람하게 하여서는 아니 된다고 하고, 형사에서는 제한할 수 있다고 규정하는 바, 반드시 이를 구별하여야 하는지 의문이다.

넷째, 형사에 관하여 검찰보존사무규칙이 규율하는 법률적 근거가 없다.

다섯째, 민사의 경우 발송송달에 동의의제규정은 실질적으로 소송관계인을 보호하지 못하며, 형사의 경우 동의 여부가 확인되지 않을 때 처리방법에 관하여 검찰보존사무규칙에도 명확한 규정이 없다.

여섯째, 소송관계인의 의견이 절대적이다. 즉 소송관계인은 비공개이익을 갖지만 공개청구인은 공개이익을 갖는데 소송관계인이 부동의하면 바로 그 사유만으로 공개를 거부할 수 있도록 되어 있어 양 이익을 규범적으로 조화시키는 선에서 공개 여부를 결정하여야 하는 기본적인 판단틀에서 볼 때 타당하지 아니하다.

일곱째, 소송관계인이 기록공개에 관하여만 동의권이 있고[132] 판결공개에 관하여는 아무런 권한이 없다.

---

125) 민사소송법 제162조 제3항, 민사소송규칙 제37조의3 제1항.

126) 검찰보존사무규칙 제20조 제2항(법률의 위임 없음).

127) 민사소송법 제162조 제3항.

128) 형사소송법 제59조의2 제2항 제7호

129) 민사소송법 제162조 제3항, 민사소송규칙 제37조의3 제2항~제5항.

130) 검찰보존사무규칙 제22조의2.

131) 이에 관하여 위 II.3.가. 참조.

132) 그것도 아래에서 보듯 절대적 동의권이다.

(3) 대책

(가) 기록공개에 대하여

위와 같은 문제점에 관하여, (i) 소송관계인의 개념을 정리할 필요가 있고, (ii) 민사의 경우에도 일부제한이 가능하도록 형사소송법에서와 같은 법률의 정비가 필요하며, (iii) 다른 사유를 고려하지 않고 일률적으로 차별함은 부당하고, (iv) 형사에 관하여도 법률에 근거한 규율로 정비하여야 한다.

(v) 민사소송규칙처럼 발송송달에 의한 동의의 의제는 형식적인 적법절차에 이바지할지는 몰라도 실질적으로는 적법절차를 거친 것이라 하기 어렵다. 의견 확인이 되지 않을 경우에 대한 해결책이 없는 검찰보존사무규칙은 더욱 문제이다.

(vi) 소송관계인의 동의가 절대적인 점을 완화시켜야 한다. 결국은 두 이익의 충돌을 조화롭게 해결하여야 하는 것이 관건이므로 소송관계인의 의견을 들어 정보제공자(검사의 경우 다툼이 있을 때에는 법원이 최종 판단을 하게 될 것이다)가 판단하도록 함이 타당하다. 이렇게 한다면 (v)에서 소송관계인의 의견 확인이 어렵더라도 그 추정적 의사를 고려하여 법원이 판단할 수 있으므로 (v)의 문제점에 대한 어느 정도의 대책이 될 수 있다.

(vi) 또한 이렇게 소송관계인의 의견의 의미가 합리화되면 판결 공개에 관하여도 그 의견을 반영할 길을 찾을 수 있게 된다.

(나) 판결과 증거목록 등의 일반공개에 대하여

기록공개는 신청인이 누군가에 따라 소송관계인의 동의 여부가 달라질 것이다. 그러나 판결서와 증거목록 등의 일반공개, 특히 인터넷 게시에 의한 일반공개에 대하여는 충분히 그 상황을 예상할 수 있으므로 사전에 동의 여부를 확인하는 것이 가능하다.

그리하여 소송의 계속중에 소송관계인에게 동의 여부, 일부제한, 보호조치 등에 관한 의견을 들을 수 있다. 이렇게 함으로써 소송관계인의 이익을 보호하면서도 판결공개의 이익을 추구할 수 있게 된다.

그런데 모든 소송관계인에 대하여 이러한 절차를 거칠 경우, 자칫 사건의 정당한 결론에 집중하여야 할 재판부가 부차적인 일에 시간과 힘을 사용하게 될 위험이 있다. 이에 대한 해결책으로는 당사자, 증인 등과 같이 직접적인 소송관계인은 명시적으로 의견을 묻고 그 밖에 간접적인 소송관계인은 의견진술권이 있음을 개괄적으로 고지하거나 추상적 규범으로 규정하는 방법을 생각할 수 있다.

한편, 사건에서 거론되면서도 재판의 진행사실 조차를 알지 못하는 사람이 있을 수 있다. 즉 제3자나 모르는 사람의 소송의 사실관계에서 언급될 뿐인 사람이 있을 수 있고 이들은 재판의 존재를 모르므로 사전에 의견을 진술할 기회를 갖지 못하게 된다. 대체로 이들의 관련성은 매우 간접적이므로 판결 공개 등으로 인하여 침해될 비공개이익이 생길 위험은 낮다. 따라서 이러한 위험은 감수하고 판결 등을 공개한 다음, 그 제3자가 후에 이의를 제기할 수 있는 방법을 취하는 것이 타당하다.

나. 비공개 대상정보

우리 법은 비공개이익이 큰 정보들에 관하여 일반공개를 제한하는 비공개 대상정보로 규정하고 있다. 그러나 그 내용이 법률마다 일치하지 않는다. 이들을 합리적으로 조정할 필요가 있다.

근거조문	비공개대상(공개제한사유)
정보공개법 9 (임의적 비공개)	1. 다른 법률 or 법규명령(위임명령, 대법원규칙)[133]에서 정한 정보 2. 국가의 중대한 이익을 현저히 해할 우려 있는 정보 3. 국민의 생명·신체 및 재산의 보호에 현저한 지장을 초래할 정보 4. 진행중인 재판관련 정보, 범죄수사 등 직무수행을 현저히 곤란하게 할 정보, 공정한 재판을 받을 권리를 침해할 정보 5. 감사 등이나 내부검토과정에 있는 정보 6. 개인의 사생활의 비밀 또는 자유를 침해할 우려 있는 정보 7. 경영·영업상의 비밀에 관한 사항 8. 부동산 투기·매점매석의 우려 있는 정보
민소 162 ②[134] (필수 비공개)	·변론공개금지 소송기록 ·소송관계인 부동의
민소 163-2 ① (임의적 제한)	·소액판결, 심리불속행 판결, 상고이유서 미제출 상고기각 판결[135] ·변론공개금지사건 판결로서 대법원규칙으로 정하는 경우
형소 59-2 ② (임의적 제한)	1. 심리가 비공개인 경우 2. 국가안전보장, 선량 풍속, 공공질서, 공공복리 현저한 저해 우려 3. 명예·사생활 비밀, 생명·신체 안전, 생활의 평온 4. 공범자 등의 증거인멸, 도주 용이, 관련재판 중대 영향 5. 피고인 개선, 갱생에 현저한 지장 6. 영업비밀 현저한 침해 우려 7. 소송관계인 부동의
형소 59-3 ① (임의적 제한)	1. 심리가 비공개인 경우 2. 소년사건 3. 공범자 등의 증거인멸, 도주 용이, 관련재판 중대 영향 4. 국가안전보장 현저 저해 우려 명백 5. 명예·사생활 비밀, 생명·신체 안전, 생활의 평온 (소송관계인 신청 전제) 6. 영업비밀 현저한 침해 우려 (소송관계인 신청 전제)

133) 대법원 2010. 6. 10. 선고 2010두2913 판결 ("정보공개법 제9조 제1항 본문은 "공공기관이 보유관리하는 정보는 공개대상이 된다"고 규정하면서 그 단서 제1호에서는 "다른 법률 또는 법률이 위임한 명령(국회규칙·대법원규칙·중앙선거관리위원회규칙·대통령령 및 조례에 한한다)에 의하여 비밀 또는 비공개 사항으로 규정된 정보"는 이를 공개하지 아니할 수 있다고 규정하고 있는바, 그 입법 취지는 비밀 또는 비공개 사항으로 다른 법률 등에 규정되어 있는 경우는 이를 존중함으로써 법률 간의 마찰을 피하기 위한 것이라고 할 것이고(대법원 2008. 10. 23. 선고 2007두1798 판결 참조), 여기에서 '법률에 의한 명령'은 정보의 공개에 관하여 법률의 구체적인 위임 아래 제정된 법규명령(위임명령)을 의미한

5. 면책

가. 개요

판결서나 증거목록 등을 공개함에 따라 관계인의 이익이 침해되고 손해가 발생할 염려가 있다. 이 손해는 법관이나 법원사무관 등의 공개조치로 인하여 발생한 것이므로 이들이 손해배상책임을 부담하여야 하는가 하는 문제가 있다.

만일 손해배상책임을 광범위하게 인정한다면 관계인의 이익은 두텁게 보호되는 것이겠지만 재판공개에 역행하는 결과가 초래될 것이다. 그렇다고 하여 어떤 행위를 하더라도 모두 면책된다고 하는 것은 부당하다. 따라서 손해배상책임을 일정 부분으로 제한할 필요가 있다.

나. 책임발생의 원인

법원사무관 등은 판결서 등을 공개할 때 비실명조치 등 직권보호조치를 취하게 된다. 이때 직권보호조치에 잘못이 있는 경우 책임을 부담할 여지가 있다. 법관은 청구를 받아 보호조치를 취하게 되거나 공개여부를 결정하게 되는데 이때 귀책사유가 있는 경우 책임을 부담할 여지가 있다.

다고 보아야 한다(대법원 2003. 12. 11. 선고 2003두8395 판결 참조)."고 판시).

134) 민사소송법 제162조 제2항이 '대법원규칙'을 언급하였으나 민사소송규칙은 비공개대상에 대하여 특별한 규정을 두고 있지 않다.

135) 법률의 공개의무를 부과하지 않은 것일 뿐이어서 법원이 공개한다고 하더라도 위법은 아니다.

다. 책임의 내용

책임의 내용은 국가배상법의 법리를 원칙적으로 적용 또는 준용할 수 있을 것이다. 이에 따라 법원사무관 등의 고의·과실로 손해가 발생한 경우 국가가 이를 배상하고, 고의·중과실이 있는 경우 구상을 하는 구조를 취하는 것이 타당하다고 생각된다.

다만, 공개여부 결정은 재판작용의 결과이므로 이에는 특별한 고려가 요구된다.

제6장 결론

I. 재판공개의 추구

민주사회에서 모든 권위와 권력은 국민의 신뢰에 기초할 때 비로소 존립할 수 있다. 사법부의 권위와 권력도 마찬가지이다. 사법부가 국민의 신뢰를 잃는 순간 더 이상 그 재판은 권위를 가지지 않을 것이며 권위 없는 재판은 현실을 규제하는 권력이 없다. 재판은 완전히 공개되어야 한다. 재판정보 또한 완전히 공개되어야 한다. 다만, 재판이 공개됨으로써 초래되는 관계자의 이익과 공익과의 조화가 필요하다.

이 글은 이상의 관점에서 양자의 조화를 꾀할 수 있는 구체적인 방법이 무엇일까를, 특히 현재 문제되고 있는 재판기록과 판결서와 관련하여, 고민하여 보았다. 이를 토대로 구체적인 재판공개의 틀을 아래와 같이 제시하여 본다.

II. 재판공개의 틀

1. 공개방안

가. 판결서

(1) 단계별 공개

방법	열람 (메모)	복사	특별열람 1)	특별접근 2)	전자우편	인터넷 게시
대상	예외 有	예외 有	예외 有	예외 有	예외 有	등급폐지
절차	신청	신청	신청	포괄신청	신청	제공
보호 조치3)	비실명 △ 자격/규제	비실명 △ 자격/규제	비실명 × 자격/규제	비실명 × 자격/규제	비실명 △ 자격/규제 ×	비실명 자격/규제 ×

---

1) 법원의 특별열람실에서 열람하는 방법.
2) 학자들이나 기타 공적 목적으로 비실명처리가 되기 전의 원본 자료에 접근할 필요가 있는 사람에 대하여 외부에서 법원 시스템에 접근할 권한을 부여하는 방법. 이 방법은 극도로 엄격한 자격심사와 극도로 엄격한 규제방법에 의한 보호조치가 필요하다.
3) 열람－메모－복사－특별열람－특별접근의 순으로 자격심사는 엄격해지고 의무부과와 그 위반에 대한 규제(민·형사책임)는 엄격해진다.

(2) 보호조치와 비공개결정

종류	대상	내용
직권보호조치	비실명조치	·각 재판부가 직권으로 함 ·프로그램에 의한 자동작업
청구보호조치	그 외 보호조치 －부분공개 －생략 －편집	·예 : 영업비밀, 증거인멸 ·소송관계인의 신청에 의함 ·직접관계인은 현실적 의견 청취 ·간접관계인은 의견제출할 수 있다는 법류를 두고 의견 제출 있는 경우 고려 ·최종판단은 법원이 함
비공개결정	법정사유	·직권 비공개 ·청구 비공개 : 청구보호조치에 준함

나. 증거목록 등

위 판결서의 경우에 준하되, 비공개의 범위를 확장할 수 있다. 예컨대, 소액사건은 증거목록 등을 공개할 필요도 없고 바람직스럽지도 않다.

다. 재판기록

방법	열람(메모)	복사
대상	민·형사 사건, 공개 예외 有	형사사건, 공개 예외 有
절차	신청	신청
보호조치	비실명 ×, 자격/규제	비실명 ×, 보다 강한 자격/규제

2. 면책

책임주체	법원사무관등	법관	국가
책임원인	·직권보호조치	·청구보호조치 ·공개여부 결정	왼쪽의 모든 사유
책임내용	·고의·중과실의 경우만 책임 ·보호조치 당시 사정을 기준	·고의·중과실의 경우만 책임 ·보호조치 당시 사정을 기준	고의·과실

【참고문헌】

[한국문헌]

김배원, "'재판기록 및 재판정보의 공개방안'에 대한 검토", 사법 선진화를 위한 개혁: 사법제도개혁추진위원회 자료집 제13권, 사법제도개혁추진위원회(2006), 454~470쪽 → 김배원, 공개방안

김현석, "판결공개 확대방안", 사법 선진화를 위한 개혁: 사법제도개혁추진위원회 자료집 제13권, 사법제도개혁추진위원회(2006), 541~557쪽 → 김현석, 판결공개

慶健, "情報公開를 위한 公共記錄管理體系의 整備", 法律行政論集 8卷(2001. 2.), 서울市立大學校 法律行政研究所(2001), 1~24쪽

문준필, "재판기록공개 개선방안", 사법 선진화를 위한 개혁: 사법제도개혁추진위원회 자료집 제13권, 사법제도개혁추진위원회(2006), 398~436쪽 → 문준필, 개선방안

申平, "搜査記錄의 公開를 둘러싼 問題 分析", 世界憲法研究 5號(2000. 10.), 國際憲法學會 韓國學會(2000), 415~458쪽

申平, 「搜査記錄의 公開를 둘러싼 問題 分析」, 衡平과 正義 15輯(2000. 12.), 대구지방변호사회(2000), 27~55쪽

言論仲裁委員會, "內閣 會議의 내용이 기록된 前職閣僚 日記의 공개를 機密 維持를 이유로 禁止시킬 수 없어", 言論仲裁 8卷 1號(통권26호 1988. 3. 봄), 言論仲裁委員會(1988), 133~137쪽

여미숙, "판결공개범위 확대방안", 사법 선진화를 위한 개혁: 사법제도개혁추진위원회 자료집 제13권, 사법제도개혁추진위원회(2006), 389~387쪽 → 여미숙, 판결공개

[일본문헌]

宮澤俊義, 全訂日本國憲法, 日本評論社(1978) → 宮澤, 헌법
福島至 編, コメンタール 刑事確定訴訟記錄法, 現代人文社(東京: 1999) ☞ 福島, 기록법
杉原泰雄, 憲法 II 統治の機構, 有斐閣(1989) → 杉原, 헌법
松井茂記, マス·メディア法入門 (第二版), 日本評論社(1998) → 松井, 매스미디어
松井茂記, 裁判を受ける權利, 日本評論社(1993) → 松井, 재판권리
押切謙德 等, 注釋 刑事確定訴訟記錄法, ぎょうせい(東京: 1988) → 押切, 기록법
奧平康弘, なぜ'表現の自由'か, 東京大學出版會(1988) → 奧平, 표현자유
羽涎淸司, 迅速な裁判 : 裁判の公開, 信山社(2007)
伊藤榮樹 等, 注釋 刑事訴訟法(新版) 第一卷, 立花書房(1996) → 伊藤, 주석형소
日本 最高裁判所事務總局行政局, 行政裁判資料 第74號 : 情報公開訴訟執務資料, 法曹會(2001)
田宮裕, 注釋 刑事訴訟法, 有斐閣(1980) → 田宮, 주석형소
佐藤功, ポケット注釋日全本書憲法 (下) (新版), 有斐閣(1983) → 佐藤, 주석
佐藤幸治, 憲法(第三版), 青林書院(1995) → 佐藤, 헌법
佐藤幸治 編, 要說 コメンタール 日本國憲法, 1991 → 佐藤, 코멘타르
酒巻匡 編, Q&A 平成19年犯罪被害者の刑事手續關連法改正
樋口陽一 等, 注釋 日本國憲法 (下), 青林書院(1988) → 樋口, 주석헌법
家永三郎, "國民と裁判所 : 空文化する憲法の「裁判公開」", 法律時報 52卷 10號(637號)(1980. 10.), 日本評論社(1980), 42頁
葛野尋之, "刑事裁判の公開と少年審判の非公開 : 少年の適正手續としての審判非公開", 少年法の展望 : 澤登俊雄先生古稀祝賀論文集(2001.03), 現代人文士(2000), 223~248頁
葛野尋之, "刑事確定訴訟記錄法と知る權利(六)·完", 龍谷法學 30卷 3号, 1997 → 葛野, 기록법
高橋和之, "法廷メモ訴訟裁判の公開 : 1989", 法學教室 121號(1990. 10.), 有斐閣(1990), 84頁

關哲夫, "都知事交際費情報公開に關する東京地裁判決", 法律のひろば 47卷 3號(1994. 3.), ぎょうせい(1994), 56頁
宮野彬, "電子メディアと裁判の公開 : 實驗的な試みとプライバシーの權利", 三原憲三先生古稀祝賀論文集, 成文堂(2002), 635~654頁
內野正幸, "裁判を受ける權利と裁判公開原則", 法律時報 66卷 1號(809號)(1994. 1.), 日本評論社(1994), 64頁 → 內野, 공개원칙
大외義和, "公開裁判原則と訴訟事件·非訟事件", 公法學の開拓線 : 手島孝先生還暦祝賀論集 (1993. 4.), 法律文化社(1993), 159頁
東平好史, "情報公開條例をめぐる2判決", ジュリスト 822號(1984. 10.), 有斐閣(1984), 51頁
大久保史郎, "傍聽人のメモ制限と裁判の公開", ジュリスト 臨時增刊 910號(1988. 6.) : 昭和62年度 重要判例解說, 有斐閣(1988), 25頁
大久保史郎, "法廷傍聽メモと裁判の公開·知る權利", 法學敎室 106號(1989. 7.), 有斐閣(1989), 6頁
福井厚, "「知る權利」と少年保護事件記錄の公開 : 『文藝春秋』 檢察官調書掲載問題を中心として", 轉換期の刑事法學 : 井戶田侃先生古稀祝賀論文集 (1999. 10.), 現代人文社(1999), 981~1002頁
山名學, "紀錄の開示", 岡垣學/野田愛子 編, 講座 實務家事審判法, 1989 → 山名, 기록개시
三井誠, "刑事裁判の公開と訴訟指揮·法廷警察, 1", 法學敎室 186號(1996. 3.), 有斐閣(1996), 62頁
三井誠, "刑事裁判の公開と訴訟指揮·法廷警察, 2", 法學敎室 187號(1996. 4.), 有斐閣(1996), 98頁
三井誠, "刑事裁判の公開と訴訟指揮·法廷警察, 3", 法學敎室 188號(1996. 5.), 有斐閣(1996), 115頁
三宅弘, "交際費情報公開判決と審査會の役割 : 最三小判平成13年3月27日批判", 自由と正義 53卷 10號(2002. 10.), 日本弁護士連合會(2002), 92~101頁
上野正吉, "刑事裁判と法醫鑑定 : 裁判に眞の公開を", ジュリスト 631號(1977. 2.), 有斐閣(1977), 122頁
石川元也, "メモ禁止の現狀と裁判の公開", 自由と正義 37卷 2號(1986. 2.), 日本弁護士連合會(1986) 16頁

石村修, "公開原則 : 裁判と議院·委員會の會議", 法學教室 109號(1989. 10.), 有斐閣(1989), 54頁

石村善治, "教育情報公開裁判", 言論法研究 , II : 知る權利·プライバシー·國家機密·デモ行進 (1993. 3.), 信山社(1993), 500頁

船田三雄, "裁判の公開,知る權利と公正な裁判の實現, 上 : 法廷メモ最高裁大法廷判決を契機として", 判例時報 1319號(1989. 10.), 判例時報社(1989), 3頁

船田三雄, "裁判の公開, 知る權利と公正な裁判の實現, 下 : 法廷メモ最高裁大法廷判決を契機として", 判例時報 1320號(1989. 10.), 判例時報社(1989), 3頁

笹田榮司, "裁判の公開", ジュリスト 增刊 法律學の爭點 シリーズNo.2(1999. 6.) : 憲法の爭點(第3版), 有斐閣(1999), 240頁

笹田榮司, "裁判の公開", ジュリスト 增刊 憲法の争点, 有斐閣(2008), 268~269頁

小橋馨, "營業秘密の保護と裁判公開の原則, ジュリスト 962號(1990. 9.), 有斐閣(1990), 38頁

小田中聰樹, "權力に對する監視と參加(司法を中心として) : 裁判の公開と法廷秩序", 法律時報 53卷 3號(642號)(1981. 3.), 日本評論社(1981), 57頁

小田中聰樹, "裁判公開原則と法廷メモ訴訟 : 權利としてのメモの自由をなぜ認めなければならないか", 法學セミナー33卷 11號(407號)(1988. 11.), 日本評論社(1988), 14頁

篠倉滿, "裁判の公開", ジュリスト 增刊 法律學の争点シリーズNo.6(1991. 6.) : 刑事訴訟法の争点(新版), 有斐閣(1991), 174頁

松本哲治, "被害者特定事項の非公開決定と公開裁判を受ける權利", ジュリスト 1376號(增刊 平成 20年度 重要判例解說), 2009. 4. 10., 24~25頁 → 松本, 특정사항

松永寬明, "サンクションと觀察 : 明治初期における刑事裁判の公開過程を題材に", 法社會學 第65號 : サンクションの法社會學, 有斐閣(2007), 22~33頁

松原光宏, "裁判公開と犯罪被害者の保護", ジュリスト 別冊 187号 : 憲法判例百選 II, 2007, 426~427頁 → 松原, 재판공개

松井茂記, "裁判記錄の公開", ジュリスト 增刊(1994. 5.) : 情報公開·個人

情報保護, 有斐閣(1994), 66頁 → 松井, 기록공개
松井茂記, "裁判の公開と｢秘密｣の保護 (一)", 民商法雜誌 106卷 4號(1992. 7.), 425~459頁
松井茂記, "裁判の公開と｢秘密｣の保護 (二)", 民商法雜誌 106卷 5號(1992. 8.), 569~598頁
松井茂記, "裁判の公開と｢秘密｣の保護 (三･完)", 民商法雜誌 106卷 6號 (1992. 9.), 735~772頁 → 松井, 재판공개(3)
松井茂記, "電磁的記錄 : 情報のさらなる電子化と公開を", 法學セミナ 44卷 10號(538號) (1999. 10.), 46~47頁 → 松井, 전자기록
神田修, "情報公開と教育 : 教委｢會議錄｣公開判決の意義と準公選教委の課題", ジュリスト 臨時增刊 742號(81.06) : 情報公開･プライバシ-, 有斐閣(1981), 89頁
渥美東洋, "裁判の公開･非公開と被害者の傍聽權", 刑事法學の現實と展開 : 齊藤誠二先生古稀記念, 信山社(2004), 679~688頁
鈴木秀美, "法治國家における基本權保護 : 法廷テレビカメラ取材と裁判の公開 : ドイツ連邦憲法裁判所二00一年一月二四日判決を中心に", 法治國家の展開と現代的構成 : 高田敏先生古稀記念論文集, 法律文化社(2007), 233~258頁
日本刑法學會, "刑事確定記錄と情報公開", 刑法雜誌 37卷 3號(98.04), 日本刑法學會(1998), 354頁
田辺 誠, "訴訟手續における企業秘密の保護", 民事訴訟雜誌 37号, 1991 → 田辺, 소송절차
田辺 誠, "民事訴訟における企業秘密の保護(下)", 判例タイムズ 777号, 1992 → 田辺, 민사소송
庭山英雄, "裁判の公開", ジュリスト 增刊 法律學の爭點シリーズ No.6(1979. 7.) : 刑事所訟法の爭點, 有斐閣(1979), 168頁
佐藤幸治, "｢公開裁判原則｣再論 : 人事訴訟制度に關連して", 憲法論集 : 둥口陽一先生古稀記念, 創文社(2005), 223~248頁
佐藤幸治, "司法權と｢公開裁判原則｣ : 特に情報公開法制との關連において", 憲法と行政法 : 小嶋和司博士東北大學退職記念 (1987. 3.), 良書普及會(1987), 291頁
酒卷匡, "裁判を受ける權利と裁判の公開", 法と裁判 (2000. 3.), 放送大學教育振興會(2000), 42~55頁

竹下甫, "海野普吉弁護士の事件記錄の保存と公開", 自由と正義 41巻 8號(1990. 8.), 日本弁護士連合會(1990), 49頁
津田贊, "刑事確定訴訟記錄の閱覽と報道·著作", 研修 555号(1994) → 津田, 형사기록
中國裁判事例研究會, "中國裁判事例研究 , 3 : 中國における情報公開條例の適用について", 比較法學 44巻 2號(通巻 第93號), 早稻田大學比較法硏究所(2010), 238~248頁
中野貞一郎, "民事裁判の公開と秘密保護 , 上", 判例タイムズ 51巻 26號(1039)(2000.11), 判例タイムズ社(2000), 4頁
中野貞一郎, "民事裁判の公開と秘密保護 , 下", 判例タイムズ 52巻 1號(1044)(2001.01), 判例タイムズ社(2001), 48~53頁
指宿 信, "判例公刊について·上 : 未公刊判例に關する問題の檢討から", 法律時報 73巻 10号 (通巻909号), 2001. 9. 1., 67~73頁
指宿 信, "判例公刊について·下 : 未公刊判例に關する問題の檢討から", 法律時報 73巻 11号 (通巻910号), 2001. 10. 1., 91~97頁
津村政孝, "裁判の公開", ジュリスト 增刊 法律學の爭点シリーズ No.6(2002.04) : 刑事所訟法の爭點(第3版), 有斐閣(2002), 152~153頁
塚原英治, "裁判の公開とメモの權利", 自由と正義 37巻 2號(1986. 2.), 日本弁護士連合會(1986), 59頁
秋田仁志, "自治體の情報公開制度の現狀から學ぶもの : 大阪府水道部情報公開判決を公開文書で檢證して", 自由と正義 46巻 5號(1995. 5.), 日本弁護士連合會(1995), 39頁
村田哲夫, "プライバシー保護に搖れる訴訟記錄原則公開", 判例地方自治 294號(2007. 10), ぎょうせい(2007), 4~8頁
側野貴生, "公判前整理手續と裁判の公開", (季刊)刑事弁護 no.60(2009 Winter), 現代人文社(2009), 62~65頁
浦部法穗, "訴訟記錄の公開と憲法", コメンタール 刑事確定訴訟記錄法, 現代人文社(東京: 1999) → 浦部法穗, 소송기록
縣幸雄, "帝國憲法制定にいたるまでの裁判の公開と傍聽制度", 裁判と地方自治 : 和田英夫先生古稀紀念論文集 (1989. 3.), 敬文堂(1989), 49頁
戶松秀典, "裁判の公開と非公開文書の裁判", ジュリスト 增刊(1994. 5.) : 情報公開·個人情報保護, 有斐閣(1994), 49頁

"公開裁判と報道の自由", 法曹時報 12卷 12號(1960. 12.), ウイリアム·オー·ダグラス 法曹會(1960), 74頁
寺田友子, "市情報公開決定取消請求事件(第一審判決)(那覇市)", 判例地方自治 147號(1996. 6.), ぎょうせい(1996), 98

(평석)

石村善治, "教育情報公開裁判", ジュリスト 別冊 118號(92.07) : 教育判例百選(第3版), 有斐閣(1992), 56頁
小田中聰樹, "裁判公開と傍聽人の權利 : レペタ事件", ジュリスト 別冊 131號(1994. 10.) : 憲法判例百選II(第3版), 有斐閣(1994), 420頁
松原光宏, "裁判公開と犯罪被害者の保護", ジュリスト 別冊 No.187 : 憲法判例百選 II, 有斐閣(2007), 426~427頁
阿部照哉, "傍聽人のメモの制限と表現の自由·裁判の公開", 判例時報 1321號(1989. 11.)(判例評論369), 判例時報社(1989), 196頁
渥美東洋, "裁判の公開 : レペタ法廷メモ訴訟", ジュリスト 別冊 148號(1998. 8.) : 刑事訴訟法判例百選(第7版), 有斐閣(1998), 124頁
野間禮二, "裁判の公開 : レペタ法廷メモ訴訟", ジュリスト 別冊 119號(1992. 11.) : 刑事訴訟法判例百選(第6版), 有斐閣(1992), 112頁
宇賀克也, "情報公開條例における「公文書」概念についての最高裁判決", 法學教室 265號(2002. 10.), 有斐閣(2002), 40~49頁
伊志嶺惠徹, "傍聽人のメモ制限と裁判の公開", 法學教室 93號(1988. 6.), 有斐閣(1988), 102頁
日野田浩行, "裁判公開と刑事確定訴訟記錄の閱覽", ジュリスト 別冊 131號(1994. 10.) : 憲法判例百選II(第3版), 有斐閣(1994), 422頁
日野田浩行, "裁判公開と刑事確定訴訟記錄の閱覽", ジュリスト 別冊 155號(2000. 10.) : 憲法判例百選II(第4版), 有斐閣(2000), 412~413頁

日野田浩行, "裁判公開と刑事確定訴訟記錄の閱覽", ジュリスト 別冊 No.187 : 憲法判例百選 II, 有斐閣(2007), 424~425頁
田中館照橘, "1. 確定した刑事裁判記錄の閱覽請求に對する檢察官の拒否處分と取消訴訟の對象との關係, 2. 確定した刑事裁判記錄閱覽請求に對する檢察官の拒否處分と刑事訴訟法53條2項の 記錄公開

原則の適用除外規定との關係", 判例時報 1206號(86.11)(判例評論 333), 判例時報社(1986), 160頁

地方自治判例研究會, "市の情報公開條例に基づき, 市立小中學校學力診斷テストの中學校實施部分のうち, 學校別一覽に係る文書(市全體及び中學校ごとに教科全體, 観点別, 領域別で平均得点及び到達評價が記錄されているもの) に記錄された", 判例地方自治 296號(2007. 12.), ぎょうせい(2007), 60~69頁

判例タイムズ社, "アマミノクロウサギ情報公開訴訟控訴審判決", 判例タイムズ 51巻 10號(1023)(2000. 4.), 判例タイムズ社(2000), 153頁

判例タイムズ社, "愛知縣知事交際費情報公開訴訟控訴審判決 : 縣知事及び副知事の交際費に關する現金出納簿, 領收證書等の非公開決定の一部が取り消された事例", 判例タイムズ 49巻 16號(969) (1998. 6.), 判例タイムズ社(1998), 153頁

"起訴後公判前に開かれた, 裁判官が關與する手續(本件では證據排除申立手續)での, 公衆の立會·傍聽·公開裁判を求める權利. 被告人, 檢察官および裁判官の全員が, 公正な公判を確保するには手續を非公開にすべきだと", 米國刑事判例の動向(III) : 合衆國最高裁判所判決 (1994. 8.), 渥美東洋(1994), 163頁

【별첨 I-A】 日本 刑事確定訴訟記錄法

[昭和六十二年六月二日号外法律第六十四号]

(目的)

第一條　この法律は、刑事被告事件に係る訴訟の記錄の訴訟終結後における保管、保存及び閲覽に關し必要な事項を定めることを目的とする。

(訴訟の記錄の保管)

第二條　刑事被告事件に係る訴訟の記錄（犯罪被害者等の權利利益の保護を図るための刑事手續に付隨する措置に關する法律（平成十二年法律第七十五号)第十四條第一項に規定する和解記錄については、その謄本)は、訴訟終結後は、当該被告事件について第一審の裁判をした裁判所に對応する檢察廳の檢察官（以下「保管檢察官」という。)が保管するものとする。

2　前項の規定により保管檢察官が保管する記錄（以下「保管記錄」という。)の保管期間は、別表の上欄に掲げる保管記錄の區分に応じ、それぞれ同表の下欄に定めるところによる。

3　保管檢察官は、必要があると認めるときは、保管期間を延長することができる。

(再審の手續のための保存)

第三條　保管檢察官は、保管記錄について、再審の手續のため保存の必要があると認めるときは、保存すべき期間を定めて、その保管期間滿了後も、これを再審保存記錄として保存するものとする。

2　再審の請求をしようとする者、再審の請求をした者又は刑事訴訟法（昭和二十三年法律第百三十一号)第四百四十條第一項の規定により選任された弁護人は、保管検察官に對し、保管記録を再審保存記録として保存することを請求することができる。

3 前項の規定による請求があつたときは、保管検察官は、請求に係る保管記録を再審保存記録として保存するかどうかを決定し、請求をした者にその旨を通知しなければならない。ただし、請求に係る保管記録が再審保存記録として保存することとされているものであるときは、その旨の通知をすれば足りる。

4 再審保存記録の保存期間は、延長することができる。この場合においては、前三項の規定を準用する。

(保管記録の閲覧)

第四條 保管検察官は、請求があつたときは、保管記録(刑事訴訟法第五十三條第一項の訴訟記録に限る。次項において同じ。)を閲覧させなければならない。ただし、同條第一項ただし書に規定する事由がある場合は、この限りでない。

2 保管検察官は、保管記録が刑事訴訟法第五十三條第三項に規定する事件のものである場合を除き、次に掲げる場合には、保管記録(第二号の場合にあつては、終局裁判の裁判書を除く。)を閲覧させないものとする。ただし、訴訟關係人又は閲覧につき正当な理由があると認められる者から閲覧の請求があつた場合については、この限りでない。

一 保管記録が弁論の公開を禁止した事件のものであるとき。

二 保管記録に係る被告事件が終結した後三年を経過したとき。

三 保管記録を閲覧させることが公の秩序又は善良の風俗を害することとなるおそれがあると認められるとき。

四 保管記録を閲覧させることが犯人の改善及び更生を著しく妨げることとなるおそれがあると認められるとき。

五 保管記録を閲覧させることが關係人の名譽又は生活の平穏を著しく害することとなるおそれがあると認められるとき。

六　保管記録を閲覧させることが裁判員、補充裁判員、選任予定裁判員又は裁判員候補者の個人を特定させることとなるおそれがあると認められるとき。

3　第一項の規定は、刑事訴訟法第五十三條第一項の訴訟記録以外の保管記録について、訴訟關係人又は閲覧につき正当な理由があると認められる者から閲覧の請求があつた場合に準用する。

4　保管検察官は、保管記録を閲覧させる場合において、その保存のため適当と認めるときは、原本の閲覧が必要である場合を除き、その謄本を閲覧させることができる。

(再審保存記録の閲覧)

第五條　保管検察官は、第三條第二項に規定する者から請求があつたときは、再審保存記録を閲覧させなければならない。

2　前條第一項ただし書及び第四項の規定は、前項の請求があつた場合に準用する。

3　保管検察官は、學術研究のため必要があると認める場合その他法務省令で定める場合には、申出により、再審保存記録を閲覧させることができる。この場合においては、前條第四項の規定を準用する。

(閲覧者の義務)

第六條　保管記録又は再審保存記録を閲覧した者は、閲覧により知り得た事項をみだりに用いて、公の秩序若しくは善良の風俗を害し、犯人の改善及び更生を妨げ、又は關係人の名譽若しくは生活の平穩を害する行爲をしてはならない。

(閲覧の手數料)

第七條　保管記録又は再審保存記録を閲覧する者は、實費を勘案して政令で定める額の手數料を納付しなければならない。

(不服申立て)

第八條　第三條第二項の規定により保存の請求をした者（同條第四項において準用する同條第二項の規定により保存期間の延長の請求をした者を含む。)又は第四條第一項（同條第三項において準用する場合を含む。)若しくは第五條第一項の規定により閲覽の請求をした者であつて、当該請求に基づく保管檢察官の保存又は閲覽に關する處分に不服があるものは、その保管檢察官が所屬する檢察廳の對応する裁判所にその處分の取消し又は変更を請求することができる。

2　前項の規定による不服申立てに關する手續については、刑事訴訟法第四百三十條第一項に規定する檢察官の處分の取消し又は変更の請求に係る手續の例による。

(刑事參考記錄の保存及び閲覽)

第九條　法務大臣は、保管記錄又は再審保存記錄について、刑事法制及びその運用並びに犯罪に關する調査研究の重要な參考資料であると思料するときは、その保管期間又は保存期間の滿了後、これを刑事參考記錄として保存するものとする。

2　法務大臣は、學術研究のため必要があると認める場合その他法務省令で定める場合には、申出により、刑事參考記錄を閲覽させることができる。この場合においては、第四條第四項及び第六條の規定を準用する。

3　刑事參考記錄について再審の手續のため保存の必要があると認められる場合におけるその保存及び閲覽については、再審保存記錄の保存及び閲覽の例による。

4　法務大臣は、法務省令で定めるところにより、第一項又は第二項の規定に基づく權限を所部の職員に委任することができる。

(法務省令への委任)

第十條 この法律に規定するもののほか、この法律の實施に關し必要な事項は、法務省令で定める。

附 則

(施行期日)

第一條 この法律（以下「本法」という。)は、昭和六十三年一月一日から施行する。

(経過措置)

第二條 刑事被告事件に係る訴訟であつて本法施行の日（以下「施行日」という。)前に終結したものの記録については、本法施行の際現に保管されているものに限り、本法の規定を適用する。

第三條 前條の場合において、大審院のした裁判の裁判書については、本法施行の際現に保管検察官が原本に代えて保有するその謄本を当該裁判書とみなし、原本は最高裁判所が保存するものとする。

第四條 附則第二條の場合において、施行日から六月を経過する日前に第二條第二項の保管期間が滿了することとなる訴訟の記録は、施行日から六月を経過する日まで保管するものとする。この場合において、当該訴訟の記録の閲覧については、第四條第二項第二号の規定は適用しない。

第五條 本法施行の際現に法務大臣が刑事法制及びその運用並びに犯罪に關する調査研究の重要な參考資料として保存している刑事被告事件に係る訴訟の記録は、第九條の規定による刑事參考記録とみなす。

(略式手續による訴訟の記錄等に關する特例)

第六條　刑事訴訟法第六編又は交通事件卽決裁判手續法（昭和二十九年法律第百十三号)に定める手續による訴訟の記錄であつて法務省令で定めるものに係る本法の規定の適用については、当分の間、第二條第一項中「当該被告事件について第一審の裁判をした裁判所に對応する檢察廳の檢察官」とあるのは、「法務省令で定める檢察官」とする。

(刑事訴訟法施行法の一部改正)

第七條　刑事訴訟法施行法（昭和二十三年法律第二百四十九号)の一部を次のように改正する。

[次のよう略]

附　則[平成一二年五月一九日法律第七五号抄]

(施行期日)

1　この法律は、公布の日から起算して六月を超えない範囲內において政令で定める日から施行する。

[平成一二年一〇月政令四四六号により、平成一二・一一・一から施行]

附　則[平成一六年五月二八日法律第六三号抄]

沿革

平成一九年　五月三〇日号外法律第六〇号[裁判員の參加する刑事裁判に關する法律等の一部を改正する法律一條による改正]

(施行期日)

第一條　この法律は、公布の日から起算して五年を超えない範囲內において政令で定める日から施行する。[後略]

[平成二〇年四月政令一四一号により、平成二一·五·二一から施行]

（検討）

第九條　政府は、この法律の施行後三年を経過した場合において、この法律の施行の状況について検討を加え、必要があると認めるときは、その結果に基づいて、裁判員の参加する刑事裁判の制度が我が國の司法制度の基盤としての役割を十全に果たすことができるよう、所要の措置を講ずるものとする。

附　則[平成一六年一二月八日法律第一五六号抄]

（施行期日）

第一條　この法律は、公布の日から起算して三月を超えない範囲内において政令で定める日から施行する。

[平成一六年一二月政令四〇〇号により、平成一七・一・一から施行]

附　則[平成一九年五月三〇日法律第六〇号抄]

（施行期日）

第一條　この法律は、公布の日から施行する。[後略]

附　則[平成一九年六月二七日法律第九五号抄]

（施行期日）

第一條　この法律は、公布の日から起算して一年六月を超えない範囲内において政令で定める日から施行する。[後略]

[平成二〇年九月政令二七七号により、平成二〇・一二・一から施行]

（検討等）

第九條　政府は、この法律の施行後三年を経過した場合において、この法律による改正後の規定の施行の状況について検討を加え、必要があると認めるときは、その結果に基づいて所要の措置を講ずるものとする。

【별첨 I-B】 日本 刑事確定訴訟記錄法施行規則

[昭和六十二年十二月十四日法務省令第四十一号]

(法別表の法務省令で定める保管期間)

第一條　刑事確定訴訟記錄法 (以下「法」という。)別表第一号３の確定裁判の裁判書のうち法務省令で定めるものは、道路交通法 (昭和三十五年法律第百五号)第八章の罪又は自動車の保管場所の確保等に關する法律 (昭和三十七年法律第百四十五号)第十七條若しくは第十八條の罪に係る被告事件についての刑事訴訟法 (昭和二十三年法律第百三十一号)第六編又は交通事件卽決裁判手續法 (昭和二十九年法律第百十三号)に定める手續 (以下「略式手續等」という。)による確定裁判の裁判書 (正式裁判の請求があつた事件に係るものを除く。)とし、その保管期間は、十年とする。

第二條　法別表第一号６のその他の裁判の裁判書の法務省令で定める期間は、次の表の上欄に掲げる裁判書の區分に応じ、それぞれ同表の下欄に定めるところによる。

裁判書の區分

保管期間

一 (1)上訴審で破棄された裁判の裁判書

当該裁判に係る被告事件についての法別表第一号１から４までの確定裁判の區分に応じて、その確定裁判の裁判書の保管期間と同じ期間

(2)　公訴棄却、控訴棄却又は上告棄却の確定裁判 (公訴棄却、控訴棄却又は上告棄却の確定判決を除く。)に係る上訴の申立て (異議申立てを含む。)についての裁判の裁判書

(3)　判決訂正申立てについての裁判の裁判書

二（1） 刑の執行猶予の言渡しを取り消す確定裁判の裁判書、刑法(明治四十年法律第四十五号)第五十二條の規定により刑を定める確定裁判の裁判書、刑事訴訟法第五百一條の規定による裁判の解釋を求める申立てについての確定裁判（棄却決定を除く。)の裁判書、刑事事件における第三者所有物の沒收手續に關する応急措置法（昭和三十八年法律第百三十八号)第十三條の規定により沒收の裁判を取り消す確定裁判の裁判書又は再審を開始する確定裁判の裁判書

確定裁判に係る被告事件についての法別表第一号１から４までの確定裁判の區分に応じて、その裁判の裁判書の保管期間が滿了するまでの期間

（2）（1)に掲げる裁判に係る上訴の申立て（異議の申立てを含む。)についての裁判の裁判書

三（1)刑事訴訟法第百八十一條第四項、第百八十三條、第百八十四條若しくは少年法第四十五條の三第一項の規定により訴訟費用を負担させる確定裁判の裁判書又は同法第五百條の規定による訴訟費用の負担を命じる裁判の執行の免除の申立てについての確定裁判の裁判書

五年

（2)(1)に掲げる裁判に係る上訴の申立て（異議の申立てを含む。)についての裁判の裁判書

四 非常上告の申立てについての裁判（棄却判決を除く。)の裁判書

破棄された確定裁判の裁判書又は破棄された訴訟手續に係る確定裁判の裁判書の保管期間が滿了するまでの期間

五 一から四までの裁判以外の裁判の裁判書

当該裁判についての裁判書以外の保管記錄の保管期間が滿了するまでの期間

第三條 法別表第二号１（六)の保管記錄のうち法務省令で定めるもの

は、道路交通法第八章の罪又は自動車の保管場所の確保等に關する法律第十七條若しくは第十八條の罪に係る被告事件についての略式手續等による訴訟の記錄であつて仮納付の裁判の執行により略式命令又は交通事件即決裁判が確定したときに刑の執行を終えたこととなる事件に係るもの（正式裁判の請求があつた事件に係るものを除く。)とし、その保管期間は、一年とする。

第四條　法別表第二号3のその他の保管記錄の法務省令で定める期間は、次の表の上欄に掲げる保管記錄の區分に応じ、それぞれ同表の下欄に定めるところによる。

保管記錄の區分	保管期間
一　再審請求事件の訴訟の記錄	再審請求に係る被告事件の裁判書以外の保管記錄の保管期間が満了するまでの期間（その期間が三年未満のものについては、三年)
二　その他の保管記錄	三年

(再審の手續のための保存の請求)

第五條　法第三條第二項の規定により保管記錄を再審保存記錄として保存することを請求しようとする者は、再審保存請求書（様式第一号)を保管検察官に提出しなければならない。

(保存に關する通知)

第六條　法第三條第三項の規定による通知は、書面により行うものとする。この場合において、保存しない旨の通知をするときは、その理由を付記するものとする。

(保存期間の延長の請求等)

第七條 前二條の規定は、法第三條第四項において準用する同條第二項の規定による再審保存記録の保存期間の延長の請求について準用する。この場合において、第五條中「再審保存請求書 (様式第一号)」とあるのは、「再審保存期間延長請求書 (様式第二号)」と讀み替えるものとする。

(保管記録の閲覽の請求等)

第八條 法第四條第一項又は第三項の保管記録の閲覽の請求をしようとする者は、保管記録閲覽請求書 (様式第三号)を保管檢察官に提出しなければならない。

2 前項の場合において、保管檢察官は、必要があると認めるときは、訴訟關係人であること又は閲覽につき正当な理由があることを明らかにすべき資料の提出を求めることができる。

3 保管檢察官は、保管記録について閲覽の請求があつた場合において、請求に係る保管記録を閲覽させないときは、その旨及びその理由を書面により請求をした者に通知するものとする。

(再審保存記録の閲覽の請求等)

第九條 法第五條第一項の再審保存記録の閲覽の請求をしようとする者は、再審保存記録閲覽請求書 (様式第四号)を保管檢察官に提出しなければならない。

2 前條第三項の規定は、再審保存記録について閲覽の請求があつた場合に準用する。

(法第五條第三項の法務省令で定める場合)

第十條 法第五條第三項の法務省令で定める場合は、次に掲げる場合とする。

一　民事上又は行政上の爭訟に關して再審保存記錄を閱覽する必要があると認める場合
二　刑事上の手續に關して再審保存記錄を閱覽する必要があると認める場合
三　その他特に再審保存記錄を閱覽する必要があると認める場合

(再審保存記錄の閱覽の申出)
第十一條　法第五條第三項の再審保存記錄の閱覽の申出をしようとする者は、再審保存記錄閱覽申出書 (樣式第五号)を保管検察官に提出しなければならない。

(閱覽の日時、場所等の指定等)
第十二條　保管検察官は、保管記錄又は再審保存記錄の閱覽について、日時、場所及び時間を指定することができる。
2　保管検察官は、保管記錄又は再審保存記錄の閱覽について、当該記錄の破棄その他不法な行爲を防ぐため必要があると認めるときは、検察廳の職員をこれに立ち合わせ、又はその他の適当な措置を講ずるものとする。

(閱覽の手數料の納付方法)
第十三條　法第七條の手數料は、手數料の額に相当する額の收入印紙をもつて納めることができる。

(法第九條第二項の法務省令で定める場合)
第十四條　法第九條第二項の法務省令で定める場合は、次に掲げる場合とする。
一　民事上又は行政上の爭訟に關して刑事參考記錄を閱覽する必要があると認める場合

二　刑事上の手續に關して刑事參考記錄を閲覽する必要があると認める場合
三　その他特に刑事參考記錄を閲覽する必要があると認める場合

(權限の委任)
第十五條　法第九條第四項の規定に基づき、刑事參考記錄の保存及び閲覽に關する法務大臣の權限 (刑事參考記錄として保存する旨の決定に關する權限を除く。)は、刑事參考記錄に係る被告事件について第一審の裁判をした裁判所に對応する檢察廳の長 (區檢察廳にあつては、その所在地を管轄する地方裁判所に對応する檢察廳の檢事正。以下同じ。)に委任する。

(刑事參考記錄の閲覽の申出等)
第十六條　法第九條第二項の刑事參考記錄の閲覽の申出をしようとする者は、刑事參考記錄閲覽申出書 (樣式第六号)を前條に規定する檢察廳の長に提出しなければならない。
2　第十二條の規定は、刑事參考記錄の閲覽について準用する。この場合において、同條中「保管檢察官」とあるのは、「檢察廳の長」と讀み替えるものとする。

附　則
(施行期日)
1　この省令は、法の施行の日 (昭和六十三年一月一日)から施行する。
(略式手續による訴訟の記錄等に關する特例)
2　法附則第六條の法務省令で定める訴訟の記錄は、道路交通法第八章の罪又は自動車の保管場所の確保等に關する法律第十七條若しくは第十八條の罪に係る被告事件についての訴訟の記錄であつて法務大臣が告示で定めるものとし、法附則第六條の規定により讀み替えられた法第二條第一項の法務省令で定める検察官は、有罪の言渡しを受けた者の本籍地（本籍のない者、本籍の明らかでない者又は日本の國籍を有しない者にあつては、東京都)を管轄する地方裁判所に對応する検察廳の検察官とする。

附　則[平成元年五月一六日法務省令第一七号]
この省令は、公布の日から施行する。

附　則[平成九年一一月一七日法務省令第六八号]
1　この省令は、平成十年一月一日から施行する。
2　この省令の施行の際この省令による改正前の様式により使用されている書類は、この省令による改正後の様式によるものとみなす。

附　則[平成一六年一二月二四日法務省令第九二号]
この省令は、刑法等の一部を改正する法律（平成十六年法律第百五十六号)の施行の日[平成一七年一月一日]から施行する。

附　則[平成一八年九月二九日法務省令第七五号]
この省令は、刑事訴訟法等の一部を改正する法律（平成十六年法律第六十二号)附則第一條第一号に掲げる規定の施行の日（平成十八年十月二日)から施行する。

【별첨 II-A】 형사소송법 개정안 (서청원 의원 등)

형사소송법 일부개정법률안 (서청원 의원 대표발의)

의 안 번 호	524

발의연월일 : 2008. 8. 4.

발 의 자 : 서청원·김노식·김일윤·김태원·김학용·노철래·서상기·박종근·박종희·송영선·양정례·유승민·이정현·이혜훈·임동규·정하균·정영희·정희수·조원진·홍사덕·홍장표 의원 (21인)

제안이유

헌법 제27조제4항은 형사피고인에 대한 무죄추정의 원칙을 천명하고 있고, 검찰은 사법부의 최종 판단이 있기 전까지는 무죄추정의 헌법정신에 따라 불구속수사 원칙을 천명하고 있음.

그럼에도 불구하고 형사소송법상의 일부 조항들은 이러한 무죄추정 원칙과 불합치되게 긴급체포 요건과 체포영장 발부 요건을 광범위하게 인정하고 있으며, 위법하게 수집된 증거에 대한 명확한 규정의 미비로 인해 본안사건과 관련이 없는 별건의 증거에 대한 효력을 인정하고 있으며, 피의자의 증거동의 과정에서 증거동의에 대한 법적효력에 대한 고지도 충분한 정도로 이행되지 못하고 있음.

또한, 공판중심주의가 정착되는 과정에서 현행 형사소송법은 검찰이 기소하기 위해 증거기록만을 제출하고 피고인에게 공판기록만을 열람 또는 등사할 수 있도록 하고 수사기록에 대한 열람 또는 등사관련 조항이 없어 피고인에게 유리한 수사기록이 누락 또는 산일될 우려가 있음.

이에 긴급체포 요건과 체포영장 발부 요건을 강화하고, 위법하게 수집된 증거에 대한 규정을 명확히 하며, 증거동의 과정에서의 고지의무 강화하고, 기소된 사건의 경우 증거기록 및 수사기록까지 열람 또는 등사할 수 있는 조항을 신설하여 피의자가 공정한 재판을 받을 권리를 보호하고자 함.

주요내용

가. 기소된 사건의 경우 피고인은 검찰의 증거기록 및 수사기록 일체를 본인 또는 변호인을 통하여 열람 또는 등사 청구할 수 있도록 함. 다만, 보복범죄와 증거인멸 방지를 위해서 필요한 경우 수사기록 중 인적사항을 제외한 부분만을 열람 또는 등사하도록 할 수 있음(안 제55조의2 신설).

나. 정당한 이유 없이 제200조의 규정에 의한 출석요구에 응하지 아니하거나 응하지 아니할 우려가 있는 때로 되어 있는 체포영장 발부 요건을 출석요구 불응시 체포영장이 발부될 수 있다는 내용이 고지된 서면에 의한 출석요구로 한정하고, 이러한 출석요구에 대해서 3일 이내에 정당한 사유를 고지하지 않고 3회 이상 출석요구에 응하지 아니한 경우로 체포영장 발부요건을 강화함(안 제202조의2 제1항).

다. 검사 또는 사법경찰관은 피의자가 사형·무기 또는 장기 3년 이상의 징역이나 금고에 해당하는 죄를 범하였다고 의심할 만한 상당한 이유로 규정되어 있는 긴급체포 요건 중 장기 3년 이상의 징역이나 금고에 해당하는 죄를 단기 3년 이상의 징역이나 금고에 해당하는 죄로 개정하여 긴급체포 요건을 강화함(안 제202조의3제1항).

라. 적법한 절차에 따르지 아니하고 수집한 증거의 대상을 진술증거, 인적증거, 물적증거 및 발부된 영장과 관련이 없이 압수수색된 증

거물 등으로 명확히 규정함(안 제308조의2).

마. 피고인은 수사 및 재판과정에서 증거로 할 수 있음을 동의하기 이전에 증거로 동의한 서류 또는 물건이 가지는 의미 및 법적 효력에 대해서 사전에 서면으로 고지 받을 권리가 있음(안 제318조제1항).

법률 제 호

형사소송법 일부개정법률안

형사소송법 일부를 다음과 같이 개정한다.

제55조의2를 다음과 같이 신설한다.

제55조의2(피고인의수사기록열람등사청구권등) 기소된 사건의 경우 피고인은 검찰의 증거기록 및 수사기록 일체를 본인 또는 변호인을 통하여 열람 또는 등사 청구할 수 있다. 다만, 보복범죄와 증거인멸 방지를 위하여 필요한 경우 수사기록 중 인적사항을 제외한 부분만을 열람 또는 등사하도록 할 수 있다.

제200조의2제1항 중 "정당한 이유없이 第200條의 規定에 의한 出席要求에 응하지 아니하거나 응하지 아니할 우려가 있는 때에는"을 "제200조에 따라 출석요구 불응 시 체포영장이 발부될 수 있다는 내용이 고지된 서면에 의한 출석요구에 대하여 3일 이내에 정당한 사유를 고지하지 아니하고 3회 이상 출석요구에 응하지 아니한 때에는"으로 한다.

제200조의3제1항 중 "長期 3年이상의 懲役이나 禁錮에 해당하는 罪"를 "단기 3년이상의 징역이나 금고에 해당하는 죄"로 한다.

제308조의2 중 "적법한 절차에 따르지 아니하고 수집한 증거는 증거로

할 수 없다"를 "적법한 절차에 따르지 아니하고 수집한 증거는 증거능력이 없다. 여기서 증거라 함은 진술증거, 인적증거, 물적증거 및 발부된 영장과 관련이 없이 압수수색된 증거물 등을 모두 포함한다"로 한다.

제318조제1항에 단서를 다음과 같이 신설한다.

다만, 피고인은 수사 및 재판과정에서 증거로 할 수 있음을 동의하기 이전에 증거로 동의한 서류 또는 물건이 가지는 의미 및 법적 효력에 대하여 사전에 서면으로 고지 받을 권리가 있다.

부 칙

이 법은 공포한 날부터 시행한다.

신·구조문대비표

(생략)

【별첨 II-B】 민사소송법 개정안 (이주영 의원 등)

민사소송법 일부개정법률안 (이주영의원 대표발의)

의 안 번 호	2412

발의연월일 : 2008. 11. 28.
발 의 자 : 이주영·김성수·주광덕·홍일표·손범규·임동규·정영희·안효대·이정현·이한성·이인기·김태원·김동성 의원 (13인)

제안이유

현행법상 재판이 확정된 소송기록에 대하여는 일정 제한 하에 누구든지 열람·복사를 신청할 수 있도록 규정하여, 법원의 재판에 대한 국민의 알권리를 보장하고 있음. 그러나 최근 열람·복사 과정에서 성폭력 피해자의 신원이 노출되는 등 소송관계자의 사생활의 비밀이 침해되는 사례가 발생하여 사회적으로 문제가 되고 있음. 이에 대처하고자, 소송기록을 열람·복사한 자가 열람·복사 중 알게 된 타인의 비밀을 누설한 때에는 일정한 형벌을 부과하도록 벌칙규정을 신설하고자 함.

주요내용

소송기록을 열람·복사한 자가 열람·복사 중 알게 된 타인의 비밀을 누설한 때에는 1년 이하의 징역 또는 500만 원 이하의 벌금에 처하도록 함(안 제162조제7항 신설).

법률 제 호

민사소송법 일부개정법률안

민사소송법 일부를 다음과 같이 개정한다.

제162조에 제7항을 다음과 같이 신설한다.

⑦ 소송기록을 열람·복사한 자가 열람·복사 중 알게 된 타인의 비밀을 누설한 때에는 1년 이하의 징역 또는 500만원 이하의 벌금에 처한다.

부 칙

이 법은 공포 후 3개월이 경과한 날부터 시행한다.

신·구조문대비표

(생략)

【별첨 II-C】 형사소송법 개정안 (이주영 의원 등)

형사소송법 일부개정법률안 (이주영 의원 대표발의)

의안 번호	2413

발의연월일 : 2008. 11. 28.

발 의 자 : 이주영·김성수·주광덕·홍일표·손범규·임동규·정영희·안효대·이정현·이한성·이인기·김태원·김동성 의원 (13인)

제안이유

현행법상 재판이 확정된 소송기록에 대하여는 일정 제한 하에 누구든지 열람 또는 등사를 신청할 수 있도록 규정하여 법원의 재판에 대한 국민의 알권리를 보장하고 있음. 그러나 최근 열람·등사 과정에서 성폭력 피해자의 신원이 노출되는 등 소송관계자의 사생활의 비밀이 침해되는 사례가 발생하여 사회적으로 문제가 되고 있음. 이에 대처하고자, 소송기록을 열람·등사한 자가 열람·등사 중 알게 된 타인의 비밀을 누설한 때에는 일정한 형벌을 부과하도록 벌칙규정을 신설하고자 함.

주요내용

소송기록을 열람·등사한 자가 열람·등사 중 알게 된 타인의 비밀을 누설한 때에는 1년 이하의 징역 또는 500만원 이하의 벌금에 처하도록 함

(안 제59조의2제8항 신설).

법률 제 호

형사소송법 일부개정법률안

형사소송법 일부를 다음과 같이 개정한다.

제59조의2에 제8항을 다음과 같이 신설한다.

⑧ 소송기록을 열람·등사한 자가 열람·등사 중 알게 된 타인의 비밀을 누설한 때에는 1년 이하의 징역 또는 500만원 이하의 벌금에 처한다.

부 칙

이 법은 공포 후 3개월이 경과한 날부터 시행한다.

신·구조문대비표

(생략)

【별첨 II-D】 형사소송법 개정안 (정동영 의원 등)

형사소송법 일부개정법률안 (정동영의원 대표발의)

의 안 번 호	

발의연월일 : 2009. 9. 24.

발 의 자 : 정동영·강기갑·강성종 강창일·김성곤·김영진 김유정·김춘진·문국현 문학진·박영선·박은수 송영길·신 건·신낙균 오제세·우윤근·우제창 유성엽·이낙연·이시종 이용삼·이용희·이종걸 장세환·조승수·조정식 주승용·최영희·최인기 홍희덕 의원 (31인)

제안이유

지난 2009년 1월 20일, 서울 용산구 한강로3가 63의 70번지 국제빌딩 주변 제4구역 도시환경정비사업지구 내에 위치한 남일당 빌딩에서 점거농성을 벌인 용산4구역 철거민 등에 대한 진압과정에서 6명의 고귀한 인명이 희생되고 다수의 사람이 부상을 당한 참사가 발생했음.

이 중 철거민 5명은 참사 발생 후 7개월이 지난 현재까지 순천향병원 냉동고에 시신이 보관된 채 장례조차 치르지 못하고 있으며, 그 유가족들은 생계에 대한 어떠한 대책도 없이 장례식장과 현장 분향소에서 대규모 경찰병력에 포위된 채 희망 없는 삶을 이어가고 있음.

구속된 철거민들에 대한 재판은 재판부 기피 신청과 거부, 변호인단의 사임 등 파행을 거듭하고 있음. 핵심은 검찰의 수사기록 3,000페이지 증거 채택 거부 때문임.

이처럼 현재 「형사소송법」은 재판과정에서 검찰이 수사기록을 공개하지 않고 있음에도 불구하고 이를 제재할 수 있는 명시적 근거가 없음. 열람·등사허용결정의 불이행의 경우에도 제재의 어려움이 있음. 피고인의 실질적인 방어권을 높이기 위해서는 공소제기 전의 증거 기록에 대한 열람·등사의 허용도 필요하다고 보여짐. 증거목록에 해당하는 증거물 외에도 해당 관청에서 보관 중인 모든 증거물에 대한 열람· 등사의 필요성도 있음. 재판과정에서 검찰이 수사기록을 공개하지 않고 있음에도 불구하고 이를 제재할 수 있는 명시적 근거가 없음. 열람·등사허용결정의 불이행의 경우에도 제재의 어려움이 있음. 피고인의 실질적인 방어권을 높이기 위해서는 공소제기 전의 증거 기록에 대한 열람·등사의 허용도 필요하다고 보여짐.

주요내용

가. 피의자 또는 변호인이 공소제기 전의 수사 단계에서 증거의 열람·등사 또는 서면의 교부를 신청할 수 있도록 하고, 검사는 피의자 또는 변호인의 신청을 받은 경우에는 수사에 지장이 없으면 신속히 응하도록 함(안 제195조).

나. 법원이 허용한 열람·등사 또는 서면의 교부에 관한 결정에 대하여 검사는 어떤 경우도 불복할 수 없도록 하고, 법원의 결정을 지체 없이 이행하지 아니하는 경우 법원은 공소기각이 필요하다고 판단되면 공소기각 판결을 할 수 있도록 함(안 제266조의4).

법률 제 호

형사소송법 일부개정법률안

형사소송법 일부를 다음과 같이 개정한다.

제195조를 다음과 같이 한다.

제195조(검사의 수사)

① 검사는 범죄의 혐의있다고 사료하는 때에는 범인, 범죄사실과 증거를 수사하여야 한다.

② 피의자 또는 변호인은 수사 단계에서 작성된 증거의 열람·등사 또는 서면의 교부를 허용하도록 할 것을 신청할 수 있다.

③ 검사는 제2항에 따른 피의자 또는 변호인의 신청을 받은 경우에는 수사에 지장이 없으면 신속히 응하여야 한다.

제266조의4제2항 후단 중 "있다"를 "있으며, 검사는 이 결정에 대하여 불복할 수 없다"로 하고, 같은 조에 제6항을 다음과 같이 신설한다.

⑥ 검사가 제2항의 열람·등사 또는 서면의 교부에 관한 법원의 결정을 지체 없이 이행하지 아니하는 경우 법원은 공소기각이 필요하다고 판단되면 공소기각 판결을 할 수 있다.

부 칙

이 법은 공포 후 3개월이 경과한 날부터 시행한다.

신·구조문대비표

(생략)

【별첨 II-E】 법원조직법 개정안 (여상규 의원 등)

법원조직법 일부개정법률안 (여상규의원 대표발의)

의 안 번 호	7953

발의연월일 : 2010. 3. 24.

발 의 자 : 여상규·이주영·장윤석·박민식·이두아·이한성·주성영·주광덕·손범규·홍일표·안상수·강석호·성윤환·원희목·장제원 의원 (15인)

제안이유

최근 국민의 법감정과 괴리되는 판결이 잇따르면서 사법개혁에 대한 사회적 요청이 높아지고 있음. 따라서 국내외적 여건변화를 적극 반영하여 현행 사법제도의 운영상 나타난 미비점을 보완하고 재판절차에 따른 문제점을 개선하여 국민들이 공정하고 충실한 재판을 받을 권리를 보장하고 나아가 책임있는 사법체계의 확립을 통해 국민들로부터 신뢰받는 사법을 구현하고자 함.

주요내용

가. 대법관의 수를 24명으로 하고 그 중 3분의 1은 주된 경력이 판사가 아닌 자로 함(안 제4조).

나. 법관인사위원회의 구성 및 심의사항 등에 대하여 규정함(안 제25조의

2 신설).

다. 형사재정합의부 및 합의재판회부결정부의 구성 및 운영에 관하여 규정함(안 제32조의2).

라. 대법원장이 제청할 대법관 후보자의 추천을 위하여 대법원에 대법관추천위원회를 둠(안 제41조의2 신설).

마. 판사의 임용자격을 관련 분야에서 10년 이상 경력이 있는 사람으로 강화함(안 제42조).

바. 판사의 근무성적 및 자질을 평정하기 위한 기준을 마련하여 연임을 포함한 판사의 인사에 반영하도록 규정함(안 제44조의2 신설).

사. 재판의 판결서를 사생활이 침해되지 아니하는 범위에서 인터넷 홈페이지에 지체없이 게시하도록 함(안 제57조제2항).

아. 대법관과 판사의 정년을 연장함(안 제45조제4항).

법률 제 　　　호

법원조직법 일부개정법률안

법원조직법 일부를 다음과 같이 개정한다.

…

제57조 제2항 및 제3항을 각각 제3항 및 제4항으로 하고, 같은 조에 제2항을 다음과 같이 신설한다.

② 제1항에 따라 심리와 판결을 공개하는 재판의 판결서는 그 전문을 사건 관계인의 사생활이 침해되지 아니하는 방법으로 법원 인터넷 홈페이지 등에 지체 없이 게시하여야 한다.

부　　칙

제1조(시행일) 이 법은 2011년 1월 1일부터 시행한다.

…

신·구조문대비표

(생략)

법원조직법 일부개정법률안 비용추계서

(생략)

【별첨 II-F】 형사소송법 개정안 (박영선 의원 등)

형사소송법 일부개정법률안 (박영선의원 대표발의)

의 안 번 호	8111

발의연월일 : 2010. 4. 7.

발 의 자 : 박영선·김동철·양승조 정동영·최영희·최문순 우윤근·박주선·조배숙 이성남·박지원 의원 (11인)

제안이유

증거개시가 실질적인 효과를 발휘할 수 있도록 하기 위한 전제로서 수사과정에서 작성된 서류 등을 빠짐없이 목록화할 의무가 있음을 명시함. 검사가 수사기록 등의 목록의 열람을 거부하거나 법원의 기록등의 열람·등사 또는 교부의 결정을 이행하지 아니하는 등 증거개시절차를 위반하는 경우에는 피고인의 방어권에 중대한 침해가 발생하였으므로 공소기각의 판결을 할 수 있으며, 증거개시의 결정을 이행할 때까지 법원은 직권 또는 피고인이나 변호인의 신청에 따라 재판절차를 중지하는 등 증거개시의 실효성을 확보함.

또한, 조서 재판의 관행을 개선하여 공판중심주의적 심리절차를 강화하고 피고인의 방어권을 실질적으로 보장하기 위하여 수사기관이 작성한 조서의 증거능력을 엄격히 제한할 필요가 있음. 이를 위하여 사법경찰관뿐만 아니라 검사가 작성한 피의자 신문조서와 참고인 진술조서, 피고인 또는 참고인이 수사기관에서 조사자의 요구에 따라 작성한 진술서 및 그 밖에 피고인의 진술이 기재된 진술서류는 피고인이나 변호인이 그 내용을 인정하거나 동의한 경우에 한하여 증거로 사용할 수 있도록 함. 개정안에 따르면 수사기관이 작성한 조서는 원칙적으로 「형사소송법」 제316조에 따라 피고인의 진술을 기재한 작성자가 법정에서 증언하는 경우 증거능력이 인정될 수 있으므로, 공개된 법정에서의 구두변론과 반대신문권이 구현됨으로써 공판중심주의와 피고인의 방어권을 실질적으로 보장할 수 있게 됨.

한편, 수사과정의 적정성 확보 및 인권침해 방지를 위하여 수사과정에서의 영상녹화가 선진 각국에서 확대 실시되는 추세에 있고, 외국에서는 법원과 변협 등에서 수사기관에 영상녹화제도의 도입을 촉구하고 있는 실정임을 고려하여, 조사자가 증인으로 나와 피고인의 수사단계에서의 진술내용을 증언하였으나 그 내용의 진위에 다툼이 계속되어 이를 확인할 필요가 있는 때 피고인의 진술이 변호인의 참여하에 이루어지는 등 특히 신빙할 수 있는 상태하에서 행하여졌고, 그 진술의 전과정을 객관적으로 영상녹화한 경우에 한하여 피고인의 수사기관에서의 진술을 내용으로 하는 영상녹화물을 증거로 사용할 수 있도록 함.

주요내용

가. 수사기관 등은 수사과정에서 작성되거나 취득한 서류 또는 물건에 대한 목록을 빠짐없이 작성하도록 함(안 제198조제3항 신설).

나. 검사가 피고인 또는 변호인이 서류 등의 목록에 대한 열람·등사를 요청한 때부터 48시간 이내에 응하지 아니하는 때에는 법원은 직권 또는 피고인이나 변호인의 신청에 따라 검사가 서류 등의 목록에 대한 열람·등사를 이행할 때까지 공판절차를 중지할 수 있도록 하고, 공판절차가 중지된 날부터 피고인과 다른 공범자에 대한 공

소시효는 진행하도록 함(안 제266조의3제5항).

다. 검사가 법원의 서류 등 열람·등사 또는 서면의 교부 결정을 이행하지 아니하는 경우에는 법원은 직권 또는 변호인이나 피고인의 신청에 따라 검사가 법원의 위 결정을 이행할 때까지 공판절차를 중지할 수 있도록 하며, 공판절차가 중지된 날부터 피고인과 다른 공범자에 대한 공소시효는 진행하도록 함(안 제266조의4제6항 신설).

라. 검사 또는 사법경찰관이 피의자의 진술을 기재한 조서와 피의자가 수사과정에서 작성한 진술서는 공판준비 또는 공판기일에 그 피의자였던 피고인이나 변호인이 그 내용을 인정할 때에 한하여 증거로 할 수 있고, 검사 또는 사법경찰관이 피의자 아닌 자의 진술을 기재한 조서와 피의자 아닌 자가 수사과정에서 작성한 진술서는 공판준비 또는 공판기일에 그 피의자였던 피고인이나 변호인이 동의할 때에 한하여 증거로 할 수 있도록 하며, 피고인 또는 피고인이 아닌 자의 자필이거나 그 서명 또는 날인이 있는 진술서 및 피고인 아닌 자의 진술을 기재한 서류로서 그 진술자의 서명 또는 날인이 있는 것 외의 피고인의 진술을 기재한 서류는 피고인이나 변호인이 그 내용을 인정할 때에 한하여 증거로 할 수 있도록 함(안 제312조 및 제313조).

마. 검사, 사법경찰관 또는 조사에 참여한 자가 공판준비 또는 공판기일에 피고인의 검사 또는 사법경찰관 앞에서의 진술내용에 관하여 진술하였음에도 불구하고, 그 진술의 진위에 관한 다툼이 계속되어 이를 확인할 필요가 있다고 인정되는 때에는 피고인의 검사 또는 사법경찰관 앞에서의 진술이 변호인의 참여하에 이루어지는 등 특히 신빙할 수 있는 상태하에서 행하여졌고, 그 진술의 전과정이 객관적으로 영상녹화된 경우에 한하여 피고인의 검사 또는 사법경찰관 앞에서의 진술을 내용으로 하는 영상녹화물의 전부 또는 일부를 증거로 할 수 있도록 함(안 제316조의2 신설).

바. 제195조제3항, 제266조의3제5항 및 제266조의4제5항을 위반하는

경우 등 피고인의 방어권에 중대한 침해가 발생한 때 공소기각의 판결을 할 수 있도록 함(안 제327조제7호 신설).

법률 제 호

형사소송법 일부개정법률안

형사소송법 일부를 다음과 같이 개정한다.

제198조에 제3항을 다음과 같이 신설한다.

③ 검사, 사법경찰관리, 그 밖에 직무상 수사에 관계있는 자는 수사과정에서 작성되거나 취득한 서류 또는 물건에 대한 목록을 빠짐없이 작성하여야 한다.

제266조의3제5항을 다음과 같이 한다.

⑤ 검사는 제2항에도 불구하고 서류등의 목록에 대하여는 열람 또는 등사를 거부할 수 없다. 검사가 피고인 또는 변호인이 서류등의 목록에 대한 열람·등사를 요청한 때부터 48시간 이내에 응하지 아니하는 때에는 법원은 직권 또는 피고인이나 변호인의 신청에 따라 검사가 서류등의 목록에 대한 열람·등사를 이행할 때까지 공판절차를 중지할 수 있다. 이 경우 공판절차가 중지된 날부터 피고인에 대한 공소시효는 진행하고, 다른 공범자에게도 그 효력이 미친다.

제266조의4에 제6항을 다음과 같이 신설한다.

⑥ 법원은 직권 또는 피고인이나 변호인의 신청에 따라 검사가 서류등 열람·등사 또는 서면의 교부를 이행할 때까지 공판절차를 중지할 수 있다. 이 경우 공판절차가 중지된 날부터 피고인에 대한 공소시효는 진행하고, 다른 공범자에게도 그 효력이 미친다.

…

327조에 제7호를 다음과 같이 신설한다.

7. 제195조제3항, 제266조의3제5항 및 제266조의4제5항을 위반하는 경우 등 피고인의 방어권에 중대한 침해가 발생한 때

부 칙

① (시행일) 이 법은 공포한 날부터 시행한다.

② (경과조치) 이 법은 이 법 시행 당시 수사 중이거나 법원에 계속 중인 사건에도 적용한다. 다만, 이 법 시행 전에 종전의 규정에 따라 행한 행위의 효력에는 영향을 미치지 아니한다.

신·구조문대비표

(생략)

【별첨 II-G】 사법정보법안

사법정보등 공개에 관한 특례법안 (박영선의원 대표발의)

의 안 번 호	8624

발의연월일 : 2010. 6. 17.

발 의 자 : 박영선·김동철·양승조이춘석·최문순·박은수정동영·박선숙·유선호박주선·이성남 의원 (11인)

제안이유

우리 헌법은 "재판의 심리와 판결은 공개한다."(제109조)고 규정하여 재판 공개 원칙을 선언하고 있음. 이는 사법 정보에 관하여 국민의 알권리를 보장함과 동시에 투명한 사법권행사를 통하여 국민의 신뢰를 고양한다는 의미를 가지고 있음.

그러나 모든 법원의 판결문은 판사와 법원 직원들만 법원 내부 전산망을 통하여, 그리고 전국 모든 검찰청의 결정문은 검사와 검찰청 직원들만 검찰청 내부 전산망을 통하여 검색·이용이 가능하도록 하고 있을 뿐 현재 대법원 홈페이지에 공개되는 판결문은 전체 판결문 수의 3～4% 수준에 불과함.

이와 같이 현재 우리나라는 일반에게는 선별된 소수의 판결문만이 공개되고 있고, 전 국민이 인터넷을 통하여 디지털화된 사법 정보에 쉽게 접근할 수 있는 방법은 제한되어 있어 결과적으로 국민의 알권리를 보장

받지 못하고 있다고 할 것임.

따라서 헌법재판소와 법원의 판결문은 물론 소장과 답변서, 준사법기관의 결정문 등의 사법정보의 공개를 통하여 판결에 대한 예측가능성을 높이고 사법정보 독점화에 따른 전관예우 폐단을 시정하는 등 사법 불신 해소에 기여함과 동시에 법학자 및 법조인들의 연구와 실무뿐만 아니라 국민들이 법률생활에 도움이 되도록 하고자 하는 것임.

다만, 프라이버시 보호를 위하여 당사자의 동의 절차와 개인정보 등을 편집하여 공개하도록 하고 일정한 사법정보는 법원의 결정에 의하도록 함.

주요내용

가. "사법기관 등"이란 법원, 헌법재판소, 검찰청, 군검찰부 및 특허심판원, 조세심판원, 노동위원회, 소청심사위원회, 교원징계재심위원회, 토지수용위원회, 언론중재위원회, 행정심판위원회, 공정거래위원회, 금융위원회, 국민권익위원회, 국가인권위원회, 중앙선거관리위원회 등 국민의 재판을 받을 권리와 직·간접적으로 관련이 있는 합의제 심판기관을 말하고, "사법정보"란 사법기관 등이 직무상 작성 또는 취득하여 관리하고 있는 문서(전자문서를 포함한다. 이하 같다), 도면, 사진, 필름, 영상물, 테이프, 슬라이드 및 그 밖에 이에 준하는 매체 등에 기록된 사항 중에서 법령(훈령·예규 등 내부규칙 포함), 판결, 결정, 재결, 그 밖의 처분과 그에 관련된 정보를 담고 있는 것을 말함(안 제2조제1호 및 제2호).

나. 사법기관 등이 보유·관리하는 사법정보는 이 법에서 정하는 바에 따라 정보통신망을 이용하여 공개하여야 하되 이 경우 비실명화하도록 함(안 제3조).

다. 사법기관 등은 사법정보를 이 법에서 정한 공개절차에 따라 정보통신망을 통하여 전자문서 또는 전자화문서로 공개함(안 제4조).

라. 누구든지 사법기관 등의 정보통신망을 통하여 검색·취득할 수 있는 사법정보는 헌법재판소 결정문, 대법원 및 각급 법원에 보존된 판결문과 결정문, 각급 검찰청 및 군검찰에 보존된 공소장, 불기소처분 결정문, 대법원 및 각급 법원에 재판확정재판기록 및 확정된 결정문 등으로 하고, 그 이외에 사법기관 등에 보존된 사법정보는 비공개사유가 없는 한 누구든지 법원의 결정 또는 당사자의 동의가 있으면 정보통신망의 실명인증절차를 거쳐 제공받을 수 있도록 함(안 제5조).

마. 사법기관 등은 사법정보의 적절한 보존과 신속한 검색이 이루어지도록 정보관리체계를 정비하고, 정보통신망을 활용한 정보공개시스템 등을 구축하여야 함(안 제6조제1항).

사. 사법기관 등은 사법정보의 공개에 관하여 대법원규칙, 헌법재판소규칙 및 대통령령으로 정하는 바에 따라 소정의 수수료를 징수할 수 있음(안 제8조).

아. 사법정보를 관리·보관·제공하는 사무에 종사하고 있거나 종사하였던 사람은 정당한 사유 없이 직무상 알게 된 비밀을 다른 사람에게 누설하여서는 아니 됨(안 제11조).

자. 사법정보를 위조·변경·훼손·말소한 사람은 10년 이하의 징역에 처하고, 공개가 금지된 사법정보를 공개한 자는 5년 이하의 징역 또는 5천만원 이하의 벌금에 처함(안 제13조제1항 및 제2항).

차. 사법기관 등은 전년도의 사법정보공개 운영에 관한 보고서를 매년 정기국회 개회 전까지 국회 법제사법위원회에 제출하여야 함(안 제14조).

법률 제 호

사법정보등 공개에 관한 특례법안

제1조(목적) 이 법은 사법정보의 공개에 대한 기본원칙과 절차를 규정함으로써 사법절차의 신속성, 투명성을 높이고 국민의 재판을 받을 권리와 알권리 실현에 이바지하기 위하여 「공공기관의 정보공개에 관한 법률」에 대한 특례를 규정함을 목적으로 한다.

제2조(정의) 이 법에서 사용하는 용어의 정의는 다음과 같다.

1. "사법기관 등"이란 법원, 헌법재판소, 검찰청, 군검찰부 및 특허심판원, 조세심판원, 노동위원회, 소청심사위원회, 교원징계재심위원회, 토지수용위원회, 언론중재위원회, 행정심판위원회, 공정거래위원회, 금융위원회, 국민권익위원회, 국가인권위원회, 중앙선거관리위원회 등 국민의 재판을 받을 권리와 직·간접적으로 관련이 있는 합의제 심판기관을 말한다.
2. "사법정보"란 사법기관 등이 직무상 작성 또는 취득하여 관리하고 있는 문서(전자문서를 포함한다. 이하 같다), 도면, 사진, 필름, 영상물, 테이프, 슬라이드 및 그 밖에 이에 준하는 매체 등에 기록된 사항 중에서 법령(훈령·예규 등 내부규칙 포함), 판결, 결정, 재결, 그 밖의 처분과 그에 관련된 정보를 담고 있는 것을 말한다.
3. "개인정보"란 제2호의 사법정보에 포함되어 있는 개인에 관한 정보로서 관련 당사자의 생년월일, 주민등록번호, 은행계좌번호, 전화번호, 주소, 그 밖에 개인을 식별할 수 있는 정보(해당 정보만으로는 특정개인을 식별할 수 없더라도 다른 정보와 용이하게 결합하여 식별할 수 있는 것을 포함한다)를 말한다.
4. "전자문서"란 컴퓨터 등 정보처리능력을 지닌 장치에 의하여 전자적인 형태로 작성되어 송·수신되거나 저장되는 표준화된 정보를 말

한다.

5. "전자화문서"란 종이문서와 그 밖에 전자적 형태로 작성되지 아니한 문서를 정보시스템이 처리할 수 있는 형태로 변환한 문서를 말한다.
6. "정보통신망"이란 「전기통신기본법」 제2조제2호에 따른 전기통신설비를 활용하거나 전기통신설비와 컴퓨터 및 컴퓨터 이용기술을 활용하여 정보를 수집·가공·저장·검색·송신 또는 수신하는 정보통신체제를 말한다.
7. "비실명화"란 제3호의 개인정보를 알 수 없게 삭제하거나 변조하는 것을 말한다.

제3조(사법정보 공개의 원칙) 사법기관 등이 보유·관리하는 사법정보는 이 법에서 정하는 바에 따라 정보통신망을 이용하여 공개하여야 한다. 이 경우 비실명화하여야 한다.

제4조(공개의 방법) 사법기관 등은 사법정보를 이 법에서 정한 공개절차에 따라 정보통신망을 통하여 전자문서 또는 전자화문서로 공개한다.

제5조(공개의 범위 및 절차)

① 다음 각 호의 사법정보는 누구든지 사법기관 등의 정보통신망을 통하여 검색·취득할 수 있다.

1. 헌법재판소 결정문
2. 대법원, 각급법원 및 군사법원에 보존된 판결문 및 결정문
3. 검찰청 및 군검찰부에 보존된 공소장, 불기소결정문
4. 특허심판원, 조세심판원, 노동위원회, 소청심사위원회, 교원징계재심위원회, 토지수용위원회, 언론중재위원회, 행정심판위원회, 공정거래위원회, 금융위원회, 국민권익위원회, 국가인권위원회 등 국민의 재판을 받을 권리와 직·간접적으로 관련이 있는 합의제 심판기관에 보존된 결정서 및 재결서
5. 법령(훈령·예규 등 내부규칙 포함)

② 사법기관 등에 보존된 제1항 이외의 사법정보는 누구든지 법원의 결정 또는 당사자의 동의가 있으면 정보통신망의 실명인증절차를 거쳐 제공받을 수 있다. 당사자의 동의에 의하여 제공하는 사법정보 중 제3자의 진술을 기록한 정보에 관하여는 그 제3자의 동의를 얻어야 한다.

③ 법원은 제2항의 사법정보에 관하여 다음 각 호의 사유가 있는 때에는 공개하지 아니한다는 결정을 할 수 있다.

1. 비공개로 심리된 기록
2. 사건관계인의 명예나 사생활의 비밀을 현저히 해할 우려가 있는 정보와 관련된 부분의 기록
3. 당사자가 가지는 영업비밀(「부정경쟁방지 및 영업비밀보호에 관한 법률」 제2조제2호에 규정된 영업비밀을 말한다) 정보와 관련된 부분의 기록
4. 소년에 관한 형사기록
5. 이혼, 양자에 관한 민사기록
6. 공범관계에 있는 자 등의 증거인멸 또는 도주를 용이하게 하거나 관련 사건의 재판에 중대한 영향을 초래할 우려가 있는 형사기록
7. 「군사기밀보호법」 제5조에 따라 보호 조치된 군사기밀과 밀접한 관련이 있는 부분의 기록

제6조(사법기관 등의 의무)

① 사법기관 등은 사법정보의 적절한 보존과 신속한 검색이 이루어지도록 정보관리체계를 정비하고, 정보통신망을 활용한 정보공개시스템 등을 구축하여야 한다.

② 사법기관 등은 정보공개업무를 주관하는 부서 및 담당하는 인력을 적정하게 배치하여야 한다.

③ 사법기관 등이 사법정보를 처리 또는 공개하는 과정에서 보유·관리하는 개인정보는 법령에서 정하는 경우를 제외하고는 당사자의

의사에 반하여 사용되어서는 아니 된다.

④ 사법기관 등의 장은 국민이 경제적·지역적·신체적 또는 사회적 여건 등으로 인하여 사법정보서비스에 접근하거나 이를 활용하는 데 어려움이 발생하지 아니하도록 필요한 대책을 마련하여야 한다.

⑤ 사법기관 등의 장은 사법정보서비스의 구현에 필요한 정보통신망과 사법정보의 안전성 및 신뢰성 확보를 위한 보안대책을 마련하여야 한다.

제7조(사법정보 공개계획의 수립)

① 사법기관 등의 장은 사법정보 공개의 구현·운영 및 발전을 위하여 다음 각 호의 사항을 포함하는 사법정보 공개에 관한 계획을 수립하여야 한다.

1. 사법정보 공개서비스의 제공 및 활용 촉진
2. 사법정보 공개서비스의 제공사업의 추진과 성과 관리
3. 사법정보 이용의 확대 및 안전성 확보
4. 정보기술아키텍처의 도입 및 활용
5. 정보자원의 효율적 관리
6. 그 밖에 국제협력 등 사법정보 공개의 구현·운영 및 발전에 필요한 사항

② 사법기관 등의 장은 사법정보 공개에 관한 계획을 수립하였을 때에는 국회 법제사법위원회에 보고하고, 대법원 규칙, 헌법재판소규칙 및 대통령령으로 정하는 바에 따라 국민들이 알 수 있도록 홈페이지에 게시하여야 한다.

제8조(비용부담) 사법기관 등은 사법정보의 공개에 관하여 대법원규칙, 헌법재판소규칙 및 대통령령으로 정하는 바에 따라 소정의 수수료를 징수할 수 있다.

제9조(다른 법률과의 관계) 사법정보의 공개에 관하여는 다른 법률에 우선하여 이 법을 적용한다.

제10조(금지행위) 누구든지 사법정보를 취급·이용할 때 다음 각 호의

행위를 하여서는 아니 된다.

1. 사법정보의 처리업무를 방해할 목적으로 사법정보를 위조·변경·훼손하거나 말소하는 행위
2. 제5조제3항 각호의 사유로 공개하여서는 아니 되는 사법정보를 당사자의 동의 또는 법원의 결정에 의하지 아니하고 정당한 이유 없이 공개하는 행위
3. 사법정보를 권한 없이 처리하거나 권한 범위를 넘어서 처리하는 행위

제11조(비밀누설 금지) 사법정보를 관리·보관·제공하는 사무에 종사하고 있거나 종사하였던 사람은 정당한 사유 없이 직무상 알게 된 비밀을 다른 사람에게 누설하여서는 아니 된다.

제12조(벌칙 적용에 있어서의 공무원 의제) 사법정보를 관리·보관·제공하는 사무에 종사하고 사람 중 공무원이 아닌 사람은 「형법」 제129조부터 제132조까지의 규정을 적용할 때에는 이를 공무원으로 본다.

제13조(벌칙)

① 제10조제1호를 위반하여 사법정보를 위조·변경·훼손·말소한 사람은 10년 이하의 징역에 처한다.

② 제10조제2호를 위반하여 공개가 금지된 사법정보를 공개한 자는 5년 이하의 징역 또는 5천만원 이하의 벌금에 처한다.

③ 각 호의 어느 하나에 해당하는 자는 3년 이하의 징역 또는 3천만원 이하의 벌금에 처한다.

1. 제10조제3호를 위반하여 사법정보를 권한 없이 처리하거나 권한의 범위를 넘어서 처리하는 자
2. 제11조를 위반하여 직무상 알게 된 비밀을 누설하는 행위를 한 자

제14조(국회에의 보고)

① 사법기관 등은 전년도의 사법정보공개 운영에 관한 보고서를 매년 정기국회 개회 전까지 국회 법제사법위원회에 제출하여야 한다.

② 제1항에 따른 보고서 작성에 필요한 사항은 대법원규칙으로 정한다.

제15조(준용규정) 이 법에서 정한 사항 외에 사법정보의 전자화에 관한 필요한 사항은 「전자정부법」 제3장 및 제4장을 준용한다. 이 경우 "행정기관"은 "사법기관 등"으로 본다.

제16조(위임규정) 이 법에 규정된 것 이외의 이 법의 시행에 관하여 필요한 사항은 대법원규칙으로 정한다.

부 칙

이 법은 공포 후 1년이 경과한 날부터 시행한다. 다만, 공포한 날부터 3년을 넘지 아니하는 범위에서 제5조 제1항 각 호의 기관별 및 제5조 제2항 절차별로 내부규칙으로 적용시기를 달리 정할 수 있다.

사법정보등 공개에 관한 특례법안 비용추계서 미첨부 사유서

1. 재정수반요인

안 제3조, 제4조의 사법기관 등이 보유, 관리하는 사법정보를 정보통신망을 이용하여 비실명화 처리 후 전자화문서로 공개하도록 하고, 안 제5조의 공개의 범위는 헌법재판소 결정문, 각급 법원의 판결문 및 결정문, 검찰청(군 검찰부 포함)의 공소장, 불기소결정문, 합의제 심판기관의 결정서 및 재결서, 법령을 공개하도록 하며, 안 제6조의 정보공개시스템 구축 및 인력 배치로 인하여 시스템 구축, 비실명화 처리, 운영비 등 비용이 소요될 것으로 예상됨.

2. 미첨부 근거 규정

「의안의 비용추계 등에 관한 규칙」 제3조제1항제3호에 해당함.

3. 미첨부 사유

법원의 판결문 및 결정문, 합의제 심판기관의 결정서 및 재결서, 법령(훈령, 예규 등 포함)은 각 기관별 홈페이지를 통해 일부 공개가 이루어지고 있고, 검찰의 경우에는 형사사법절차 전자화 촉진법에 의해 특정인에게 사법 정보 등이 공개되고 있음. 일부 공개되는 부분을 확대하여 모든 사법정보등을 전면 공개로 전환되더라도 소요될 수 있는 예산을 추정하기가 어려워 단순추정하기 어려움.

4. 작성자

작성자	박영선 의원실 안국형 비서관
연락처	02-788-2922

5. 참고자료

대법원 등 각급법원의 판결문 전면 공개 시 소요 예산내역 (단위: 백만원)

항 목	소요예산	소요예산 산출근거
판결문 검색시스템 구축비용	1,280	o 시스템 개발 3.1억원 o HW 구입 5.9억원 o SW 구입 3.8억원
판결문 비실명화 시스템 구축비용	250	o 시스템 개발 2.5억원
비실명화 처리비용	34,100	o 기존 판결문 비실명화 341억원
연간 운영비 등	1,020	o 시스템 유지보수 등 1.2억원 o 신규 등록판결문 비실명화 등 9억원
합 계	36,650	합계 중 운영비 10.2억 원은 매년 소요

〈위 자료는 대법원의 의견을 토대로 재구성 한 것임〉

※ 재판기록이 아닌 판결문 등 전면 공개를 전제로 작성하였음

※ 예상 접속자 수는 분당 약 1,200명 접속 가능 (동시접속자 6명 기준) 기준

※ 비실명화 대상 중 기존 판결문은 3,200만 건 기준(PDF 2,400만 건/아래아한글 800만 건), 신규 등록판결문은 연간 84만 건 기준

이상원

서울대학교 법과대학 (법학사)
서울대학교 대학원 (법학석사)
미국 UC Berkeley School of Law (LL.M.)
서울대학교 대학원 (법학박사)
판사(전)
헌법재판소 헌법연구관(전)
대법원 재판연구관(전)
서울대학교 법학전문대학교 부교수

[저서]
로스쿨 형법총론(공저)
로스쿨 형법각론(공저)
로스쿨 형사소송법(공저)
주요 국가의 변호사 윤리규범(공저)
법률가의 맥 형법각론

판결과 기록의 공개, 그리고 투명한 사법

초판 인쇄 ‖ 2012년 2월 22일
초판 발행 ‖ 2012년 2월 29일

지은이 ‖ 이상원
펴낸이 ‖ 한정희
펴낸곳 ‖ 경인문화사
주소 ‖ 서울시 마포구 마포동 324-3
전화 ‖ 718-4831 팩스 ‖ 703-9711
출판등록 ‖ 1973년 11월 8일 제10-18호
홈페이지 ‖ www.kyunginp.co.kr / 한국학서적.kr
이메일 ‖ kyunginp@chol.com

ISBN 978-89-499-0846-5 93360
값 20,000원